에듀윌과 함께 시작하면, 당신도 합격할 수 있습니다!

대학 진학 후 진로를 고민하다 1년 만에
서울시 행정직 9급, 7급에 모두 합격한 대학생

다니던 직장을 그만두고
어릴 적 꿈이었던 경찰공무원에 합격한 30세 퇴직자

용기를 내 계리직공무원에 도전해
4개월 만에 합격한 40대 주부

직장생활과 병행하며 7개월간 공부해
국가공무원 세무직에 당당히 합격한 51세 직장인까지

누구나 합격할 수 있습니다.
시작하겠다는 '다짐' 하나면 충분합니다.

마지막 페이지를 덮으면,

**에듀윌과 함께
공무원 합격이 시작됩니다.**

누적판매량 255만 부 돌파!
63개월 베스트셀러 1위 공무원 교재

7·9급공무원 교재

| 기본서 (국어/영어/한국사) | 기본서 (행정학/행정법총론) | 단원별 기출&예상 문제집 (국어/영어/한국사) | 단원별 기출&예상 문제집 (행정학/행정법총론) |

9급공무원 교재

기출문제집 (국어/영어/한국사) / 기출문제집 (행정학/행정법총론/사회복지학개론) / 기출PACK 공통과목(국어+영어+한국사) / 실전동형 모의고사 (국어/영어/한국사)

7급공무원 교재

민경채 PSAT 기출문제집 / 7급 PSAT 기출문제집

국어 집중 교재

매일 기출한자(빈출순) / 국어 문법 단권화 요약노트

영어 집중 교재

빈출 VOCA

매일 3문 독해(4주 완성)

빈출 문법(4주 완성)

한국사 집중 교재

한국사 흐름노트

계리직공무원 교재

기본서
(우편일반/예금일반/보험일반)

기본서
(컴퓨터일반·기초영어)

단원별 기출&예상 문제집
(우편일반/예금일반/보험일반)

단원별 기출&예상 문제집
(컴퓨터일반·기초영어)

군무원 교재

기출문제집
(국어/행정법/행정학)

파이널 적중 모의고사
(국어+행정법+행정학)

* 에듀윌 공무원 교재 누적판매량 합산 기준(2012년 5월 14일~2024년 1월 31일)
* YES24 수험서 자격증 공무원 베스트셀러 1위 (2017년 3월, 2018년 4월~6월, 8월, 2019년 4월, 6월~12월, 2020년 1월~12월, 2021년 1월~12월, 2022년 1월~12월, 2023년 1월~12월, 2024년 1월~2월 월별 베스트, 매월 1위 교재는 다름)

더 많은
공무원 교재

1초 합격예측
모바일 성적분석표

1초 안에 '클릭' 한 번으로 성적을 확인하실 수 있습니다!

활용 GUIDE

실시간 성적분석 방법!

- STEP 1: QR 코드 스캔
- STEP 2: 모바일 OMR 입력
- STEP 3: 자동채점 & 성적분석표 확인

STEP 1
QR 코드 스캔

- 교재의 QR 코드를 모바일로 스캔 후 에듀윌 회원 로그인
- QR 코드 하단의 바로가기 주소로도 접속 가능

STEP 2
모바일 OMR 입력

- 회차 확인 후 '응시하기' 클릭
- 모바일 OMR에 답안 입력
- 문제풀이 시간까지 측정 가능

STEP 3
자동채점 & 성적분석표 확인

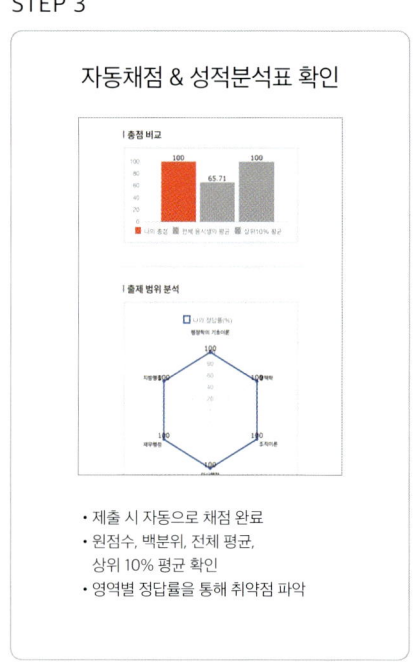

- 제출 시 자동으로 채점 완료
- 원점수, 백분위, 전체 평균, 상위 10% 평균 확인
- 영역별 정답률을 통해 취약점 파악

※ 본 서비스는 에듀윌 공무원 교재(연도별, 회차별 문항이 수록된 교재)를 구입하는 분에게 제공됨.

에듀윌 계리직공무원

계리직공무원,
에듀윌을 선택해야 하는 이유

합격자 수 수직 상승
2,100%

명품 강의 만족도
99%

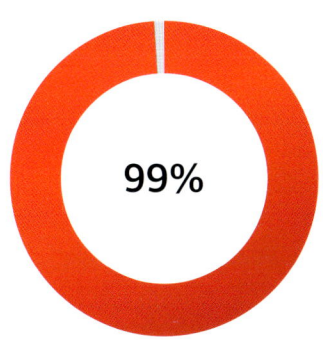

계리직 공무원

베스트셀러 1위
63개월(5년 3개월)

5년 연속 계리직공무원 교육
1위

* 2017/2022 에듀윌 공무원 과정 최종 환급자 수 기준   * 계리직공무원 교수진 2023년 9월 강의 만족도 평균
* YES24 수험서 자격증 공무원 베스트셀러 1위 (2017년 3월, 2018년 4월~6월, 8월, 2019년 4월, 6월~12월, 2020년 1월~12월, 2021년 1월~12월, 2022년 1월~12월, 2023년 1월~12월, 2024년 1월~2월 월별 베스트, 매월 1위 교재는 다름)
* 2023, 2022, 2021 대한민국 브랜드만족도 계리직공무원 교육 1위 (한경비즈니스) / 2020, 2019 한국브랜드만족지수 계리직공무원 교육 1위 (주간동아, G밸리뉴스)

계리직 단원별 기출&예상 문제집 플래너

PART	CHAPTER	1회독			2회독			3회독		
Ⅰ. 보험개론	보험일반 이론	☐	월	일	☐	월	일	☐	월	일
	생명보험 이론	☐	월	일	☐	월	일	☐	월	일
	보험윤리와 소비자보호	☐	월	일	☐	월	일	☐	월	일
	생명보험과 제3보험	☐	월	일	☐	월	일	☐	월	일
	보험계약법(인보험편)	☐	월	일	☐	월	일	☐	월	일
	우체국보험 일반현황	☐	월	일	☐	월	일	☐	월	일
	리스크관리 및 자금운용	☐	월	일	☐	월	일	☐	월	일
Ⅱ. 우체국보험 제도	우체국보험 모집 및 언더라이팅	☐	월	일	☐	월	일	☐	월	일
	우체국보험 계약유지 및 보험금 지급	☐	월	일	☐	월	일	☐	월	일
Ⅲ. 우체국보험 상품	우체국보험 상품	☐	월	일	☐	월	일	☐	월	일
실전동형 모의고사	제1회 실전동형 모의고사	☐	월	일	☐	월	일	☐	월	일
	제2회 실전동형 모의고사	☐	월	일	☐	월	일	☐	월	일
	제3회 실전동형 모의고사	☐	월	일	☐	월	일	☐	월	일

플래너 활용TIP

1. 문제풀이 전 플래너에 학습 계획을 세워보세요.
2. 계획한 날짜에 맞춰 단원별 기출&예상 문제집을 회독했다면, 해당 날짜에 ☑ 표시하세요.

계리직 단원별 기출&예상 문제집 약점체크표

에듀윌 계리직 기본서에서 개념 확인!

PART	CHAPTER	복습이 필요한 문항 번호	연계학습
Ⅰ. 보험개론	보험일반 이론		16~24p
	생명보험 이론		25~46p
	보험윤리와 소비자보호		47~61p
	생명보험과 제3보험		62~74p
	보험계약법(인보험편)		75~89p
	우체국보험 일반현황		90~96p
	리스크관리 및 자금운용		97~101p
Ⅱ. 우체국보험 제도	우체국보험 모집 및 언더라이팅		114~127p
	우체국보험 계약유지 및 보험금 지급		128~141p
Ⅲ. 우체국보험 상품	우체국보험 상품		154~272p
실전동형 모의고사	제1회 실전동형 모의고사		-
	제2회 실전동형 모의고사		-
	제3회 실전동형 모의고사		-

약점체크표 활용TIP

1. 문제풀이 후 복습이 필요한 문항 번호를 기록하고, 반복회독을 통해 복습 문항의 수를 줄여보세요.
2. 기본서 연계학습을 위해 제시된 에듀윌 계리직 기본서 페이지를 참고하여 부족한 개념을 보충하세요.

**에듀윌이
너를
지**지할게
ENERGY

처음에는 당신이 원하는 곳으로
갈 수는 없겠지만,
당신이 지금 있는 곳에서
출발할 수는 있을 것이다.

– 작자 미상

설문조사에 참여하고 스타벅스 아메리카노를 받아가세요!

에듀윌 계리직공무원 단원별 기출&예상 문제집을 선택한 이유는 무엇인가요?

소중한 의견을 주신 여러분들에게 더욱더 완성도 높은 교재로 보답하겠습니다.

참여 방법	QR코드 스캔 ▶ 설문조사 참여(1분만 투자하세요!)
이벤트 기간	2024년 3월 15일~2024년 11월 30일
추첨 방법	매월 1명 추첨 후 당첨자 개별 연락
경품	스타벅스 아메리카노(tall size)

에듀윌 계리직공무원
단원별 기출&예상 문제집

보험일반

머리말
INTRO

양을 줄이고 범위를 정한 뒤 부단히 반복하면,
합격을 이루어 낼 수 있습니다.

미치면 이기고 지치면 진다.
미친 듯이 즐겁게 공부하자.

적을 알고 나를 알아야 백전백승이다.
출제경향(범위, 깊이)을 파악하자.

반복학습이 기적을 만든다.
수험생에게 필요한 것은 노력, 끈기, 승부욕이다.

2024년 시험부터는 기존 '금융상식' 과목이 '예금일반'과 '보험일반'으로 분리되어 시행되므로, 꼼꼼한 학습이 필요합니다.

보험일반은 우체국 업무에 필요한 사전 지식을 습득하는 과목입니다. 따라서 잘하면 잘할수록 실무에서 많은 도움이 되는 과목입니다. 좋은 점수를 받기 위해서는 먼저 출제경향을 잘 파악하고, 우선순위를 정하여 출제빈도가 높은 부분 위주로 세밀하게 공부해야 합니다. 더불어 반복학습을 꾸준히 한다면 학습분량에 대한 부담이 줄어 들고 높은 점수를 받을 수 있을 것입니다.

이 시간에도 합격을 위해 최선을 다하고 있는 수험생을 위하여, 적어도 보험일반이라는 과목에서만큼은 확실한 합격의 믿음을 줄 수 있도록 심사숙고하면서 다음의 내용을 고려하여 집필했습니다.

첫째, 2023년 12월 28일 최신 학습자료 수정 내용 완벽반영!

2023년 12월에 게시된 학습자료 수정 내용을 충분히 반영한 기출문제와 예상문제로 구성되어 있습니다.

둘째, 문제적용력과 실전감각을 높이는 문제풀이

문제적용력을 쌓을 수 있도록 '기출문제'와 '예상문제'를 수록하였습니다. 2023년 6월 3일 시행된 최신 기출문제까지 수록하였으며, 출제경향에 기반하여 기초부터 심화까지 단계별 학습이 가능한 예상문제를 다양하게 수록하였습니다.

셋째, 모의고사로 최종점검까지!

충분히 문제풀이 연습을 한 후, 실전동형 모의고사 3회분을 풀어봄으로써 시험 전 최종 마무리와 실력 점검까지 할 수 있도록 하였습니다.

본 교재를 통해서 수험기간을 줄이고, 효율적으로 학습할 수 있기를 바랍니다. 또한 합격이라는 기쁨이 함께하기를 진심으로 기원합니다.

이 책이 나올 때까지 주위의 많은 분들의 사랑과 도움이 있었다는 사실을 오래도록 기억하며 그분들께 감사의 말씀을 전합니다. 아울러 좋은 교재 출간을 위해 노력하신 에듀윌 임직원 분들께도 감사의 마음을 전합니다.

교재와 강의에 대한 수험생들의 큰 사랑과 믿음에 항상 깊은 감사와 책임감을 느낍니다.
다시 한번 모두의 합격을 기원하겠습니다.
힘내시고 파이팅하세요!

구성과 특징
STRUCTURE

문제편

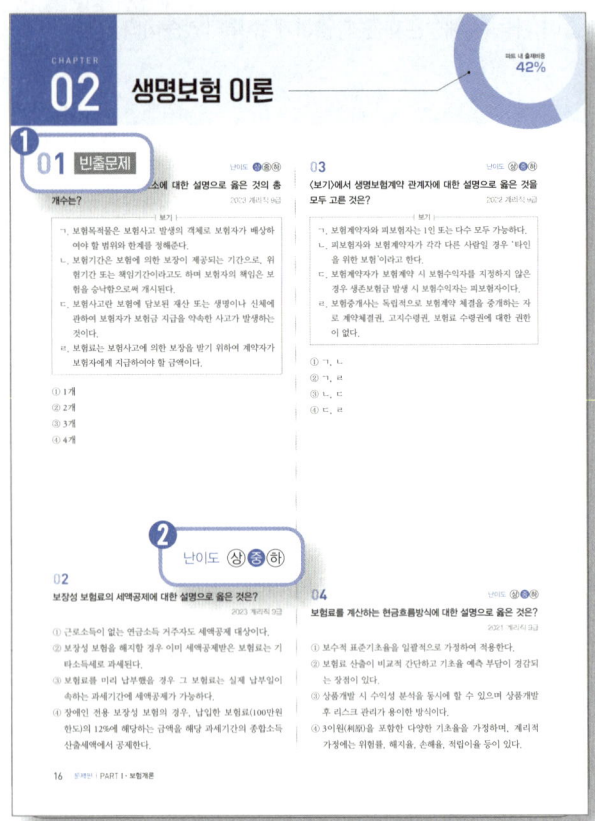

❶ 빈출문제
시험 전 꼭 풀어봐야 하는 빈출개념 체크

❷ 난이도
출제 문제의 난이도에 따라 기초~심화 단계별 학습 가능

❸ 실전동형 모의고사 3회분
최신 출제경향을 반영한 실전 문항으로 구성

❹ 1초 합격예측 서비스
모의고사 회차별 QR코드를 스캔한 후,
모바일 OMR을 이용하여 실전처럼 풀이 가능

무료 합격팩 최신기출 3회차 해설특강

- 보험일반 2024~2022 최신기출 3회차 해설특강 제공
  *2024년 해설특강은 24.7.20. 시험 이후 업로드될 예정
- 에듀윌 도서몰(book.eduwill.net) → 동영상강의실 → 공무원 → '계리직공무원' 검색 → 수강
  (또는 아래 QR코드를 통해 바로 접속)

해설편

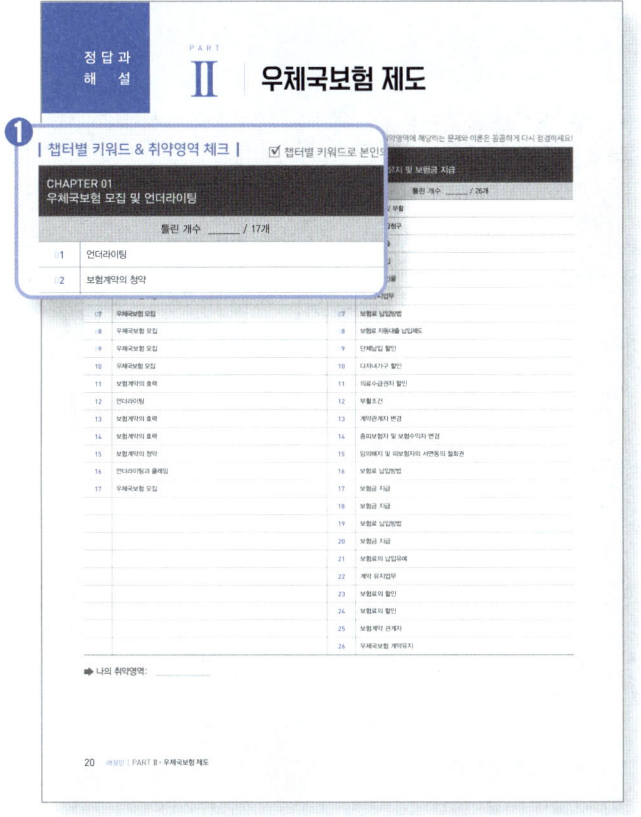

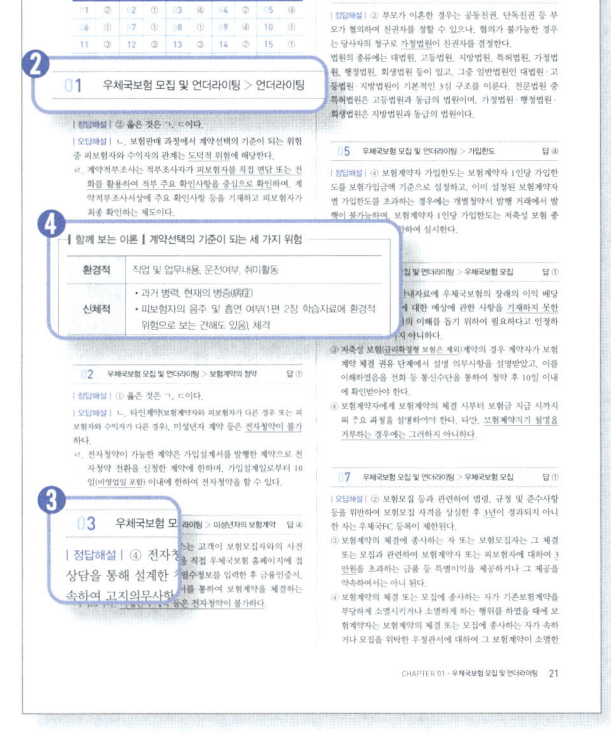

❶ 챕터별 키워드 & 취약영역 체크
문제풀이 후 챕터별로 틀린 개수를 파악하여 취약영역을 진단하고, 챕터별 키워드로 부족한 이론을 점검

❷ 개념 카테고리
개념을 바로 확인할 수 있는 기본서 카테고리와 키워드 수록

❸ 정답 & 오답해설
틀린 문제까지 정확히 짚어보는 상세한 정답 & 오답해설

❹ 함께 보는 이론 & 법령
함께 보면 도움이 되는 심화 이론 및 관련 법령 수록

플래너 & 약점체크표

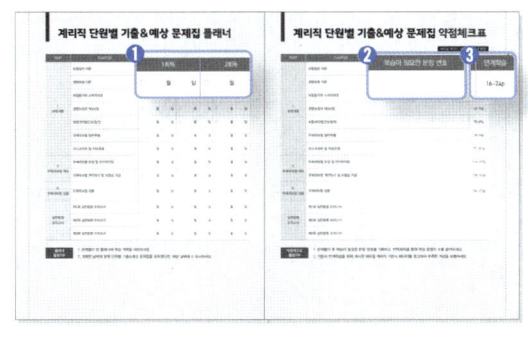

❶ 플래너
문제풀이 전 학습 계획을 세우고, 계획한 날짜에 맞춰 학습 진행 상황을 체크

❷ 취약문제 체크
복습이 필요한 문항 번호를 기재하여 반복회독 진행

❸ 기본서 연계학습
기본서 페이지를 연계하여 부족한 개념 바로 확인

차례
CONTENTS

빈출도 —: 미출제 | ★: 1~4문항 출제 | ★★: 5~8문항 출제 | ★★★: 9문항 이상 출제

PART I 보험개론

	문제편	해설편	빈출도
CHAPTER 01 보험일반 이론	12	3	★
CHAPTER 02 생명보험 이론	16	4	★★★
CHAPTER 03 보험윤리와 소비자보호	26	9	★
CHAPTER 04 생명보험과 제3보험	30	11	★
CHAPTER 05 보험계약법(인보험편)	34	12	★★
CHAPTER 06 우체국보험 일반현황	41	17	★
CHAPTER 07 리스크관리 및 자금운용	44	18	★

PART II 우체국보험 제도

	문제편	해설편	빈출도
CHAPTER 01 우체국보험 모집 및 언더라이팅	48	21	★
CHAPTER 02 우체국보험 계약유지 및 보험금 지급	53	23	★★

PART III 우체국보험 상품

	문제편	해설편	빈출도
CHAPTER 01 우체국보험 상품	62	29	★★★

실전동형 모의고사

		문제편	해설편
제1회	실전동형 모의고사	76	37
제2회	실전동형 모의고사	81	39
제3회	실전동형 모의고사	86	41

시험 출제경향
ANALYSIS

* 출제키워드는 전 10회(2008~2023) 시험에서 출제된 문항을 기준으로 분석하였습니다.

PART	CHAPTER	출제비중	출제키워드
Ⅰ. 보험개론	보험일반 이론	43%	위험관리와 보험
	생명보험 이론		보험계약의 요소, 보험료 계산, 보험료 구성, 생명보험계약 관계자, 생명보험용어, 세액공제, 월적립식 저축성 보험, 현금흐름방식
	보험윤리와 소비자보호		역선택
	생명보험과 제3보험		생명보험상품
	보험계약법(인보험편)		고지의무, 법적 성질, 보험계약, 보험 관련 세금, 생명보험계약
	우체국보험 일반현황		우체국보험 개요, 우체국보험의 역사, 우체국보험적립금
	리스크관리 및 자금운용		재무건전성
Ⅱ. 우체국보험 제도	우체국보험 모집 및 언더라이팅	16%	보험계약, 언더라이팅, 청약서비스
	우체국보험 계약유지 및 보험금 지급		보험계약, 보험금 지급, 보험료 납입, 보험료 할인율, 환급금 대출, 효력상실 및 부활
Ⅲ. 우체국보험 상품	우체국보험 상품	41%	보장개시일, 보장성 보험, 보험 상품, 보험 관련 세제, 연금보험상품, 연금저축보험, 제도성 특약

PART I 보험개론

CHAPTER 01 　 보험일반 이론
CHAPTER 02 　 생명보험 이론
CHAPTER 03 　 보험윤리와 소비자보호
CHAPTER 04 　 생명보험과 제3보험
CHAPTER 05 　 보험계약법(인보험편)
CHAPTER 06 　 우체국보험 일반현황
CHAPTER 07 　 리스크관리 및 자금운용

출제비중 43%
※ 전 10회 시험(2008~2023)을 기준으로 출제비중을 산출하였습니다.

CHAPTER 01 보험일반 이론

01
난이도 상 중 하

위험관리와 보험의 종류에 대한 설명으로 옳은 것은?

2021 계리직 9급(변형)

① 위험의 발생 상황에 따라 순수위험과 투기적 위험으로 분류하며, 사건 발생에 연동되는 결과에 따라 정태적 위험과 동태적 위험으로 분류한다.
② 자동차보험은 피보험자가 보험기간 중의 사고로 인하여 제3자에게 배상할 책임을 질 경우에 보험자가 이로 인한 손해를 보상할 것을 목적으로 하는 보험이다.
③ 동태적 위험은 사회적인 특정 징후로 예측이 가능한 면도 있으나, 위험의 영향이 광범위하며 발생 확률을 통계적으로 측정하기 어렵다.
④ 보험의 대상이 되는 불확실성(위험)의 조건 중 한정적 측정 가능 손실이란 보험회사 또는 인수집단의 능력으로 보상이 가능한 규모의 손실을 의미한다.

02
난이도 상 중 하

보험의 대상이 되는 위험에 대한 설명으로 옳지 않은 것은?

① 보험상품의 대상이 되는 위험은 순수위험, 정태적 위험이다.
② 보험의 대상이 되기 어려운 위험은 투기적 위험, 동태적 위험이다.
③ 순수위험은 불확실성의 결과가 이익 또는 손실의 발생 여부로 나뉜다.
④ 정태적 위험은 시간에 따른 사회·경제적 변화와 관계없이 발생할 수 있는 위험으로, 자연재해, 인적 원인에 의한 화재·상해 등 그리고 고의적인 사기·방화 등을 예로 들 수 있다.

03
난이도 상 중 하

다음 중 '위험관리와 보험'에 대한 설명으로 옳은 것을 〈보기〉에서 모두 고른 것은?

―― 보기 ――

ㄱ. 보험이란 보험자가 불의의 사고를 당했을 경우 보험회사가 그 손실에 상응하는 금전적 보상을 한다는 계약을 통해 보험회사에 전가된 보험자 위험의 집합체이다.
ㄴ. 보험은 손실을 보상 또는 회복할 자금을 제공해줄 수는 있으나 보험 그 자체가 손실발생을 방지해주는 것은 아니다.
ㄷ. 손실의 집단화란 손실을 한데 모아 개별위험을 집단의 위험으로 전환함으로써 개인이 부담해야 할 실제 손실을 위험그룹의 평균손실로 대체하는 것을 의미한다.
ㄹ. 손실을 집단화할 때 주의해야 할 점은 발생빈도와 평균손실의 규모 면에서 서로 다른 손실이거나 그와 비슷하지 않은 것이어야 한다는 것이다.

① ㄴ, ㄹ
② ㄴ, ㄷ
③ ㄱ, ㄴ, ㄷ
④ ㄱ, ㄴ, ㄷ, ㄹ

04 빈출문제 난이도 상중하

위험의 구분에 관하여 〈보기 1〉과 〈보기 2〉의 내용이 가장 적절하게 연결된 것은?

---- 보기 1 ----

ㄱ. "(　　)"은/는 주식투자, 복권, 도박 등과 같이 경우에 따라 이익 또는 손실이 발생할 수 있는 위험이다.

ㄴ. "(　　)"은/는 손실이 발생하거나 발생하지 않는 불확실성이며, 사건 발생이 곧 손실의 발생이므로 이익이 발생하지 않는다.

ㄷ. "(　　)"은/는 시간 경과에 따른 사회·경제적 변화와 관계가 있는 위험으로 산업구조 변화, 물가변동, 생활양식 변화, 소비자 기호 변화, 정치적 요인 등 사회의 동적 변화에 따라 발생할 수 있는 불확실성이다.

ㄹ. "(　　)"은/는 시간에 따른 사회·경제적 변화와 관계없이 발생할 수 있는 위험으로 자연재해, 인적 원인에 의한 화재·상해 등, 그리고 고의적인 사기·방화 등을 예로 들 수 있다.

---- 보기 2 ----

㉠ 순수위험　　㉡ 정태적 위험
㉢ 투기적 위험　㉣ 동태적 위험

	ㄱ	ㄴ	ㄷ	ㄹ
①	㉠	㉢	㉣	㉡
②	㉢	㉡	㉠	㉣
③	㉢	㉠	㉣	㉡
④	㉠	㉢	㉡	㉣

05 난이도 상중하

보험의 기능과 종류에 관한 설명으로 옳은 것은?

① 정부가 최저 수준의 국민생활을 보장해주는 사회보장, 기업이 종업원의 퇴직 후 생활을 보장해주기 위한 기업보장, 그리고 각 개인별 노후를 준비하는 개인보장의 3대 보장축 조화에 기반한 복지사회 구현을 3층 보장론이라 한다.

② 사회보장제도 보완, 손해감소 동기부여, 기업의 자본효율성 향상, 국가경제 발전에 기여, 피보험자의 사행성 자극은 보험의 긍정적 영향에 해당한다.

③ 운송보험은 육상운송의 목적인 운송물에 대하여 그 운송에 관한 사고로 인하여 생길 손해의 보상을 목적으로 하는 보험으로 운송보험의 목적은 운송물으로 운송에 이용되는 용구 자체나 승객도 운송보험에서 담보되는 보험의 목적에 해당한다.

④ 화재보험은 화재나 번개로 인하여 재산상의 손해가 발생할 경우 보험증권에 의해 사전에 약정된 보험금을 지급하며 화재보험상품은 태풍, 도난 등과 같은 손인들 및 소화활동을 할 때 발생한 피해 및 피난지에서의 피난 손해는 보상에 포함하지 아니한다.

06 난이도 상중하

보험과 위험의 분류에 대한 내용으로 가장 옳은 것은?

① 보험은 「상법」상 손해보험과 인보험으로 분류되며, 손해보험은 화재보험, 운송보험, 해상보험, 책임보험, 자동차보험, 보증보험으로 분류된다.

② 인보험은 생명보험, 상해보험, 재해보험으로 분류된다.

③ 위험은 사건발생에 연동되는 결과에 따라 순수위험(주식투자, 복권, 도박 등)과 투기적 위험(조기사망, 화재, 자연재해, 교통사고 등)으로 분류할 수 있다.

④ 위험은 위험의 발생상황에 따라 정태적 위험(사회적 위험, 산업구조 변화, 물가변동 등)과 동태적 위험(개인적 위험, 인적 원인에 의한 화재·상해 등)으로 분류한다.

07

생명보험의 역사에 관한 내용이다. 이와 관련하여 〈보기 1〉과 〈보기 2〉의 내용이 가장 적절하게 연결된 것은?

―― 보기 1 ――

ㄱ. 고대시대 "(　　)"은/는 집단 구성원이 사망하거나 어려운 일이 생길 때를 대비하여 서로 도움을 주는 종교적 공제단체였다.

ㄴ. 고대시대 "(　　)"은/는 사회적 약자나 소외계층 등 하층민들이 서로 돕기 위해 조직했던 상호부조조합으로, 구성원이 낸 회비를 추후에 구성원의 사망 장례금, 유가족 지원금 등으로 지급하거나 예배 등 종교활동에 필요한 비용으로 사용하였다.

ㄷ. 중세시대 "(　　)"은/는 해상교역 중에 발생하는 선박이나 화물의 손해를 공동으로 부담하고 구성원의 사망, 화재, 도난 등의 재해도 구제해 주었다.

ㄹ. 근대시대 "(　　)"은/는 대중의 출자로 대량의 자금을 만드는 방법으로, 출자자를 연령별 그룹으로 구분하여 그룹별로 결정된 일정 금액을 매년 국가에 납부하고 이를 그룹의 생존자 간에 분배하는 일종의 종신연금과 같은 제도였다.

―― 보기 2 ――

㉠ 콜레기아　　㉡ 에라노이
㉢ 톤틴연금　　㉣ 길드

	ㄱ	ㄴ	ㄷ	ㄹ
①	㉠	㉡	㉣	㉢
②	㉡	㉠	㉢	㉣
③	㉡	㉠	㉣	㉢
④	㉠	㉡	㉢	㉣

08

생명보험의 사상적 기원과 우리나라 생명보험의 역사에 대한 내용으로 옳지 않은 것은?

① 13~14세기경 독일에서 발달한 길드(Guild)는 교역의 발달에서 파생된 상호구제제도이다.
② 1876년 일본에 의한 강화도 조약 체결 이후 서양 열강의 보험회사들이 우리나라에 진출하기 시작하였고, 1921년 한상룡 씨가 우리나라 최초의 생명보험사인 '조선생명보험주식회사'를 설립하였다.
③ 우체국보험은 1929년 5월에 제정된 '조선간이생명보험령'에 따라 1929년 10월에 조선총독부 체신국에서 종신보험과 양로보험을 판매하기 시작한 것을 시초로 하고 있다.
④ 우리나라는 1980년대에 보험시장 개방, 금융자율화 정책 등으로 생명보험 시장 내에서 본격적인 경쟁이 시작되었으며, 규모 위주 성장전략에 따른 과다한 실효해약 등으로 경영부실이 확대되기 시작하였다.

09

보험의 대상이 되는 위험에 대한 설명으로 옳지 않은 것은?

① 동태적 위험은 보험의 대상이 되지만, 정태적 위험은 보험의 대상이 되기 어려운 특성을 가진다.
② '우연적이고 고의성 없는 위험'이란 손실사고 발생에 인위적이거나 의도가 개입되지 않으며 미리 예측할 수 없이 무작위로 발생하는 손실을 말한다.
③ 위험에 따른 보험료가 매우 높게 산정되어 가입자가 경제적으로 부담이 불가능한 경우 시장성이 없어 계약이 거래되지 않는다.
④ 재난적 손실의 예로는 천재지변, 전쟁, 대량실업 등이 있다.

10
난이도

보험의 대상이 되는 불확실성(위험)의 조건에 관한 설명이다. 이와 관련하여 〈보기 1〉과 〈보기 2〉의 내용이 가장 적절하게 연결된 것은?

― 보기 1 ―
ㄱ. 피해의 발생원인, 발생시점, 장소, 피해의 정도가 명확히 식별 가능하고 손실금액을 측정할 수 있어야 하며, 이를 위해서는 객관적 자료 수집과 처리를 통해 정확한 보험금 지급 및 적정 보험료 산정이 가능해야 한다.
ㄴ. 보험회사 혹은 인수집단의 능력으로 보상이 가능한 규모의 손실이어야 한다. 다만, 위험분산기법 발달, 보험사의 대규모화 등으로 전가 가능한 위험의 범위가 확대되는 추세이다.
ㄷ. 건물 화재, 자동차 접촉사고 등과 같이 유사한 속성(발생빈도 및 손실규모)의 위험이 발생의 연관이 없이 독립적으로 다수 존재해야 하며, 대수의 법칙을 적용하여 손실을 예측할 수 있고 보험료를 계산할 수 있어야 한다.
ㄹ. 적정 보험료 및 준비금 산정을 위해 손실사건 발생확률을 추정할 수 있는 위험이어야 한다.

― 보기 2 ―
㉠ 다수의 동질적 위험단위
㉡ 한정적 측정 가능 손실
㉢ 측정 가능한 손실확률
㉣ 비재난적 손실
㉤ 재난적 손실
㉥ 경제적으로 부담 가능한 보험료 수준

	ㄱ	ㄴ	ㄷ	ㄹ
①	㉡	㉣	㉠	㉢
②	㉡	㉤	㉠	㉣
③	㉢	㉤	㉥	㉡
④	㉢	㉣	㉠	㉤

CHAPTER 02 생명보험 이론

파트 내 출제비중 **42%**

01 빈출문제
난이도 상 중 하

〈보기〉에서 보험계약의 요소에 대한 설명으로 옳은 것의 총 개수는?

2023 계리직 9급

─── 보기 ───
ㄱ. 보험목적물은 보험사고 발생의 객체로 보험자가 배상하여야 할 범위와 한계를 정해준다.
ㄴ. 보험기간은 보험에 의한 보장이 제공되는 기간으로, 위험기간 또는 책임기간이라고도 하며 보험자의 책임은 보험을 승낙함으로써 개시된다.
ㄷ. 보험사고란 보험에 담보된 재산 또는 생명이나 신체에 관하여 보험자가 보험금 지급을 약속한 사고가 발생하는 것이다.
ㄹ. 보험료는 보험사고에 의한 보장을 받기 위하여 계약자가 보험자에게 지급하여야 할 금액이다.

① 1개
② 2개
③ 3개
④ 4개

02
난이도 상 중 하

보장성 보험료의 세액공제에 대한 설명으로 옳은 것은?

2023 계리직 9급

① 근로소득이 없는 연금소득 거주자도 세액공제 대상이다.
② 보장성 보험을 해지할 경우 이미 세액공제받은 보험료는 기타소득세로 과세된다.
③ 보험료를 미리 납부했을 경우 그 보험료는 실제 납부일이 속하는 과세기간에 세액공제가 가능하다.
④ 장애인 전용 보장성 보험의 경우, 납입한 보험료(100만원 한도)의 12%에 해당하는 금액을 해당 과세기간의 종합소득 산출세액에서 공제한다.

03
난이도 상 중 하

〈보기〉에서 생명보험계약 관계자에 대한 설명으로 옳은 것을 모두 고른 것은?

2022 계리직 9급

─── 보기 ───
ㄱ. 보험계약자와 피보험자는 1인 또는 다수 모두 가능하다.
ㄴ. 피보험자와 보험계약자가 각각 다른 사람일 경우 '타인을 위한 보험'이라고 한다.
ㄷ. 보험계약자가 보험계약 시 보험수익자를 지정하지 않은 경우 생존보험금 발생 시 보험수익자는 피보험자이다.
ㄹ. 보험중개사는 독립적으로 보험계약 체결을 중개하는 자로 계약체결권, 고지수령권, 보험료 수령권에 대한 권한이 없다.

① ㄱ, ㄴ
② ㄱ, ㄹ
③ ㄴ, ㄷ
④ ㄷ, ㄹ

04
난이도 상 중 하

보험료를 계산하는 현금흐름방식에 대한 설명으로 옳은 것은?

2021 계리직 9급

① 보수적 표준기초율을 일괄적으로 가정하여 적용한다.
② 보험료 산출이 비교적 간단하고 기초율 예측 부담이 경감되는 장점이 있다.
③ 상품개발 시 수익성 분석을 동시에 할 수 있으며 상품개발 후 리스크 관리가 용이한 방식이다.
④ 3이원(利原)을 포함한 다양한 기초율을 가정하며, 계리적 가정에는 위험률, 해지율, 손해율, 적립이율 등이 있다.

05 빈출문제

다음 보험료 계산의 기초에 대한 설명으로 옳지 않은 것은?

2016 계리직 9급

① 예정이율이 낮아지면 보험료는 비싸지고, 예정이율이 높아지면 보험료는 싸진다.
② 예정사업비율이 낮아지면 보험료는 싸지고, 예정사업비율이 높아지면 보험료는 비싸진다.
③ 순보험료는 장래의 보험금 지급의 재원(財源)이 되는 보험료로, 위험보험료와 저축보험료로 분리할 수 있다.
④ 보험료는 대수의 법칙에 의거하여 예정사망률, 예정이율, 예정사업비율의 3대 예정률을 기초로 계산한다.

06

보험료에 관한 설명으로 옳지 않은 것은?

2010 계리직 10급

① 예정사망률이 높아지면 위험보험료는 올라간다.
② 예정이율이 높아지면 연금보험의 보험료는 내려간다.
③ 예정사업비율이 높아지면 순보험료는 올라간다.
④ 예정사망률이 낮아지면 생존보험의 보험료는 올라간다.

07

보험료 구성에 대한 설명으로 옳지 않은 것은?

2008 계리직 10급

① 보험계약자가 실제로 보험회사에 내는 보험료를 '영업보험료'라고 하며 순보험료와 부가보험료로 구성된다.
② 만기보험금의 지급 재원이 되는 보험료를 '저축보험료'라고 하며 예정이율에 기초하여 계산한다.
③ '위험보험료'는 보험사고에 따른 지급 재원으로 순보험료에 해당하며 예정위험률에 기초하여 계산한다.
④ '부가보험료'는 신계약비, 유지비 및 전산비로 구분하며 예정사업비율에 기초하여 계산한다.

08

생명보험계약 관계자에 관한 설명으로 옳은 것은?

① 보험자의 주된 의무에는 보험료 납입의무, 보험계약 시 고지의무, 주소변경 통지의무, 보험금 지급사유 발생 통지의무가 있다.
② 보험계약자의 자격에는 제한이 없으나 미성년자, 피한정후견인, 피성년후견인의 경우에는 법정대리인의 동의를 필요로 한다.
③ 계약자가 보험계약 시 보험수익자를 지정하지 않은 경우 보험사고에 따라 보험수익자가 결정되는데, 장해·입원·수술·통원급부금 등은 보험계약자가 보험수익자로 결정된다.
④ 보험대리점은 독립적으로 보험계약 체결을 중개하는 자로서 계약체결권, 고지수령권, 보험료 수령권에 대한 권한이 없다.

09

보험계약의 요소에 관한 내용이다. 이와 관련하여 〈보기 1〉과 〈보기 2〉의 내용이 가장 적절하게 연결된 것은?

─ 보기 1 ─

ㄱ. (　　　)은/는 보험계약자가 보험사고에 의한 보장을 받기 위하여 보험자(보험회사)에게 지급하여야 할 금액으로 만약 (　　　)을/를 납부하지 않는다면 그 계약은 해제 혹은 해지된다.

ㄴ. (　　　)은/는 보험에 의한 보장이 제공되는 기간으로 위험기간 또는 책임기간이라고도 하며「상법」에서는 보험자의 책임을 최초의 보험료를 지급받은 때로부터 개시한다고 규정하고 있다.

ㄷ. (　　　)은/는 보험사고 발생의 객체로 생명보험에서는 피보험자의 생명 또는 신체를 말한다. (　　　)은/는 보험자(보험회사)가 배상하여야 할 범위와 한계를 정해준다.

ㄹ. (　　　)은/는 보험기간 내 보험사고가 발생하였을 때 보험자(보험회사)가 지급해야 하는 금액으로, 보험계약 체결 시 보험자와 보험계약자 간 합의에 의해 설정할 수 있다.

─ 보기 2 ─

㉠ 보험목적물(보험대상)
㉡ 보험사고(보험금 지급사유)
㉢ 보험기간
㉣ 보험금
㉤ 보험료
㉥ 보험료 납입기간

	ㄱ	ㄴ	ㄷ	ㄹ
①	㉣	㉤	㉢	㉥
②	㉣	㉤	㉥	㉠
③	㉤	㉢	㉡	㉥
④	㉤	㉢	㉠	㉣

10

생명보험의 기본원리에 대한 설명으로 옳지 않은 것은?

① 상부상조의 정신을 과학적이고 합리적인 방법으로 제도화한 것이 생명보험이며 이의 기초가 되는 것으로 대수의 법칙, 생명표, 수지상등의 원칙 등이 있다.
② 대수의 법칙에 각 연령대별 생사잔존상태(생존자 수, 사망자 수, 생존율, 평균여명)를 나타낸 표를 생명표 또는 사망표라 하며, 생명표는 국민생명표와 경험생명표로 분류할 수 있다.
③ 우체국보험생명표는 국민 또는 특정지역의 인구를 대상으로 그 인구 통계에 의해 사망상황을 작성한 생명표이다.
④ 경험생명표는 생명보험회사, 공제조합 등의 가입자에 대해 실제 사망 경험을 근거로 작성한 생명표이다.

11

배당금의 지급에 대한 설명으로 옳지 않은 것은?

① 생명보험회사는 계약자배당금을 현금지급·납입할 보험료와 상계·보험금 또는 제환급금 지급 시 가산방법 중 계약자가 선택하는 방법에 따라 지급하여야 한다.
② 보험안내자료에는 보험회사의 장래의 이익 배당 또는 잉여금 분배에 대한 예상에 관한 사항을 적지 못한다. 다만, 보험계약자의 이해를 돕기 위하여 금융위원회가 필요하다고 인정하여 정하는 경우에는 그러하지 아니하다.
③ 위 ②에서 금융위원회가 필요하다고 인정하여 정하는 경우는 계약자배당이 있는 저축성 보험이다.
④ 배당이 있는 연금보험의 경우 직전 5개년도 실적을 근거로 장래 계약자배당을 예시할 수 있으나, 보험계약자가 오해하지 않도록 장래의 배당금은 추정에 따른 금액으로 실제 배당금액과 차이가 발생할 수 있음을 명시해야 한다.

12

다음 언더라이팅이 필요한 위험 대상과 관련하여 〈보기 1〉과 〈보기 2〉의 내용이 가장 적절하게 연결된 것은?

―― 보기 1 ――
ㄱ. 운전 차량의 종류, 취미생활, 직업 및 거주지 위험
ㄴ. 연령, 성별, 체격, 과거 및 현재 병력, 가족 병력
ㄷ. 생활환경 및 소득수준
ㄹ. 보험사기, 보험범죄, 태만, 과실, 부주의

―― 보기 2 ――
㉠ 환경적 언더라이팅 ㉡ 신체적 언더라이팅
㉢ 도덕적 언더라이팅 ㉣ 재정적 언더라이팅

	ㄱ	ㄴ	ㄷ	ㄹ
①	㉡	㉠	㉣	㉢
②	㉠	㉡	㉣	㉢
③	㉠	㉡	㉢	㉣
④	㉡	㉠	㉢	㉣

13

생명보험계약 관계자에 대한 설명으로 옳지 않은 것은?

① '보험자'란 위험을 인수하는 보험회사를 말하며, 보험자는 유지된 계약에 대하여 보험금 지급사유가 발생하였을 경우 보험금을 지급할 의무가 있다.
② '보험계약자'는 보험자와 보험계약을 체결하는 보험계약 당사자로, 보험계약에 대한 보험료 납부 등의 의무와 보험금 청구에 대한 권리를 갖는다.
③ '피보험자'란 보험계약에서 정의한 보험사고가 발생함으로써 손해를 입는 사람을 말하며 1인이든 다수이든 상관없다.
④ '피보험수익자'란 피보험자에게 보험사고 발생 시 보험자에게 보험금 지급을 청구·수령할 수 있는 권리를 가진 사람을 말한다.

14

언더라이팅의 절차 및 보험에 관한 설명으로 옳은 것은?

① 현재 국내 대부분의 생명보험회사에서는 (1단계) 모집조직에 의한 선택, (2단계) 건강진단에 의한 선택, (3단계) 언더라이팅 부서에 의한 선택, (4단계) 계약적부확인, (5단계) 사고 및 사망 조사의 절차로 언더라이팅을 진행한다.
② 무심사 보험은 고령자의 경우 기존 병력으로 인해 일반 고객과 동일한 계약 기준으로 인수가 불가한 경우가 발생할 수 있어 이러한 경우 보험료를 일반보험에 비해 할인하여 보험계약을 인수하는 보험상품이다.
③ 간편심사 보험은 과거 병력 또는 현재 만성질환을 가지고 있는 고객이나 고령자를 대상으로 계약심사과정과 서류를 간소화한 보험상품이다. 일반적으로 사망보험금을 낮추는 대신 주요 질병에 대한 진단비와 노후 생활자금 보장 등에 초점이 맞춰져 있으며 심사과정 간소화로 가입절차는 간편하고 보험료는 비교적 낮게 책정된다.
④ 무진단 보험은 건강진단 절차를 생략할 수 있는 보험으로, 고지의무 등에서 일반보험과 차이가 있고 고지의무가 없는 무심사 보험과 동일하다.

15
난이도 상중하

다음은 생명보험의 기본원리에 관한 내용이다. ㉠, ㉡에 들어갈 내용을 바르게 연결한 것은?

- (㉠): 측정대상의 숫자 또는 측정횟수가 많아지면 많아질수록 예상치가 실제치에 근접한다는 원칙
- (㉡): 보험계약자가 납입하는 보험료 총액과 보험회사가 지급하는 보험금 및 사업비 등 지출비용의 총액이 동일한 금액이 되도록 하는 원칙

	㉠	㉡
①	대수의 법칙	수지균형의 원칙
②	대수의 법칙	수지상등의 원칙
③	수지상등의 원칙	수지균형의 원칙
④	수지균형의 원칙	대수의 법칙

16
난이도 상중하

보험료 산출 시 사용되는 기초율을 예정률이라 하며, 여기에는 예정이율, 예정위험률, 예정사업비율이 있다. 예정률은 적정수준의 안전성을 가정하고 있으므로, 수지계산에 있어서 과잉분을 낳는 것이 일반적이다. 보험료의 과잉분에 따른 잉여금에 대한 배당에 관한 내용으로 옳지 않은 것은?

① 유배당보험의 경우 보험회사는 계약에 대해 잉여금이 발생할 경우 잉여금의 일정 비율을 계약자배당준비금으로 적립하여 이를 보험계약자에게 배당금으로 지급한다.
② 생명보험회사는 계약자배당금을 현금지급·납입할 보험료와 상계·보험금 또는 제환급금 지급 시 가산방법 중 보험자가 선택하는 방법에 따라 지급하여야 한다.
③ 보험안내자료에는 보험회사의 장래의 이익 배당 또는 잉여금 분배에 대한 예상에 관한 사항을 적지 못한다. 다만, 보험계약자의 이해를 돕기 위하여 금융위원회가 필요하다고 인정하여 정하는 경우에는 그러하지 아니하다.
④ 보험료 과잉분에 따른 잉여금은 보험회사의 경영형태 여하에 불구하고 대부분 계약자에게 정산환원되어야 하는데, 이를 계약자배당이라 한다.

17 빈출문제
난이도 상중하

보험료 계산의 기초에 대한 설명으로 옳지 않은 것은?

① 순보험료는 장래의 보험금 지급의 재원이 되는 보험료로, 위험보험료와 저축보험료로 구분할 수 있다.
② 현금흐름방식은 상품개발 시 수익성 분석을 동시에 할 수 있으며 상품개발 후 리스크 관리가 용이하나 산출방법이 복잡하다는 단점이 있다.
③ 3이원방식은 예정사망률, 예정이율, 예정사업비율의 3대 예정률을 기초로 계산하는 방식이다.
④ 현금흐름방식은 기존의 3이원을 조합하여 정해진 수식으로 보험료를 산출하는 방식이다.

18
난이도 상중하

보험료 산정에 대한 설명으로 옳지 않은 것은?

① 자연보험료 방식은 매년 납입 순보험료 전액이 그해 지급되는 보험금 총액과 일치하도록 계산하는 방식으로 보험료가 매년 높아지게 된다.
② 평준보험료 방식은 정해진 시기에 매번 납입하는 보험료의 액수가 동일한 산정방식으로 사망률(위험률)이 높은 계약 전반기 동안에 납입된 평준보험료는 보험금 및 비용 지급분 대비 크다.
③ 일시납방식 보험계약에서는 미래에 예상되는 모든 보험금 지급비용 충당에 필요한 금액을 일시금으로 납입한다.
④ 유동적보험료 방식의 경우 보험계약자는 보험기간 중에 보험회사가 정한 납입보험료의 최저·최고치 규정에 따라 본인이 원하는 만큼의 보험료를 납입할 수 있다.

19

보장성 보험료의 세액공제에 관한 내용으로 가장 옳은 것은?

① 과세기간 중 보장성 보험을 중도에 해지한 경우에는 해지 시점까지 납입한 보험료는 세액공제를 받을 수 없다.
② 세액공제 대상을 근로소득자로 제한하고 있어 연금소득자 또는 개인사업자 등은 보장성 보험에 가입하더라도 세액공제를 받을 수 없다.
③ 일용근로자를 포함한 근로소득자가 기본공제대상자를 피보험자로 하는 일반 보장성 보험에 가입한 경우 과세기간에 납입한 보험료(100만원 한도)의 15%에 해당되는 금액을 종합소득산출세액에서 공제받을 수 있다.
④ 근로소득자란 사장·임원·직원 등이며, 일용근로자도 포함한다. 다만, 개인사업자에게 고용된 직원이 근로소득자일 경우에는 세액공제가 가능하다.

20

보험료에 대한 설명으로 옳지 않은 것은?

① 보험계약자가 보험사고에 의한 보장을 받기 위하여 보험회사에 지급하여야 할 금액으로 만약 납부하지 않는다면 그 계약은 해제 혹은 해지된다.
② 보험계약자가 실제로 보험회사에 내는 보험료를 영업보험료라고 하며, 이는 순보험료와 부가보험료로 구성된다.
③ 순보험료는 장래의 보험금 지급의 재원(財源)이 되는 보험료로, 저축보험료는 장해보험금 지급의 재원이 되는 보험료이고 위험보험료는 중도보험금 지급의 재원이 되는 보험료이다.
④ 부가보험료는 보험회사가 보험계약을 체결·유지·관리하기 위한 경비에 사용되는 보험료로, 예정사업비율을 기초로 하여 계산되며 신계약비·유지비·수금비로 구분된다.

21

계약자와 보험자 간의 계약 체결을 위해 중간에서 도와주는 보조자가 있다. 이와 관련하여 〈보기 1〉과 〈보기 2〉의 내용이 가장 적절하게 연결된 것은?

| 보기 1 |

ㄱ. "(　　　)"은/는 보험자를 위해 보험계약 체결을 대리하는 자로서 계약체결권, 고지수령권, 보험료 수령권의 권한을 가지고 있다.
ㄴ. "(　　　)"은/는 보험회사, 대리점, 중개사에 소속되어 보험계약 체결을 중개하는 자이다.
ㄷ. "(　　　)"은/는 독립적으로 보험계약 체결을 중개하는 자로서 계약체결권, 고지수령권, 보험료 수령권에 대한 권한이 없다.

| 보기 2 |

㉠ 보험설계사
㉡ 보험대리점
㉢ 보험중개사

	ㄱ	ㄴ	ㄷ
①	㉡	㉢	㉠
②	㉠	㉡	㉢
③	㉢	㉠	㉡
④	㉡	㉠	㉢

22

다음은 생명보험 용어에 관한 내용이다. ㉠, ㉡에 들어갈 내용을 바르게 나열한 것은?

- (　㉠　)은/는 보험회사 입장에서 보험가입을 원하는 피보험자의 위험을 각 위험집단으로 분류하여 보험가입 여부를 결정하는 일련의 과정을 말한다.
- (　㉡　)은/는 특정군의 특성에 기초하여 계산된 위험보다 높은 위험을 가진 집단이 동일 위험군으로 분류되어 보험계약을 체결함으로써 그 동일 위험군의 사고발생률을 증가시키는 현상을 말한다.

	㉠	㉡
①	언더라이팅	역선택
②	언더라이팅	생명표
③	표준미달체	생명표
④	도덕적 해이	역선택

23

다음 중 생명보험계약 관계자와 관련하여 〈보기 1〉과 〈보기 2〉의 내용이 가장 적절하게 연결된 것은?

―― 보기 1 ――
ㄱ. 보험수익자와 보험계약자가 동일한 경우
ㄴ. 피보험자와 보험계약자가 각각 다른 사람일 경우
ㄷ. 보험수익자와 보험계약자가 각각 다른 사람일 경우
ㄹ. 피보험자와 보험계약자가 동일할 경우

―― 보기 2 ――
㉠ 자기의 생명보험   ㉡ 타인의 생명보험
㉢ 자기를 위한 보험   ㉣ 타인을 위한 보험

	ㄱ	ㄴ	ㄷ	ㄹ
①	㉠	㉣	㉢	㉡
②	㉠	㉣	㉡	㉢
③	㉢	㉡	㉣	㉠
④	㉢	㉡	㉠	㉣

24 빈출문제

생명보험의 기본원리와 보험료 계산방식에 대한 내용으로 옳지 않은 것은?

① 상부상조의 정신을 과학적이고 합리적인 방법으로 제도화한 것이 생명보험이며, 이의 기초가 되는 것으로 대수의 법칙, 생명표, 수지상등의 원칙 등이 있다.
② 현금흐름방식은 3이원을 포함한 다양한 기초율을 가정하며 경제적 가정에는 투자수익률, 할인율, 적립이율 등이 있다.
③ 현금흐름방식은 새로운 가격요소 적용으로 정교한 보험료 산출이 가능하다.
④ 3이원방식은 기초율 예측 부담이 경감되나 산출방법이 복잡하고, 전산시스템 관련 비용이 많다.

25

생명보험계약 관계자에 대한 설명으로 옳은 것을 모두 고른 것은?

ㄱ. 보험계약자의 자격에는 제한이 없어 자연인, 법인 또는 1인, 다수 등 상관없이 보험계약자가 될 수 있다. 다만, 만 19세 미만자의 경우 친권자 또는 후견인(법정대리인)의 동의가 필요하다.
ㄴ. 보험자는 보험계약에서 정의한 보험사고가 발생함으로써 손해를 입는 사람을 말하며, 보험자는 1인 또는 다수이든 상관없다.
ㄷ. 보험수익자는 피보험자에게 보험사고 발생 시 보험자에게 보험금 지급을 청구·수령할 수 있는 권리를 가진 사람으로 그 수나 자격에 대한 제한이 없다.
ㄹ. 계약자가 보험계약 시 보험수익자를 지정하지 않은 경우 보험사고에 따라 보험수익자가 결정되는데 사망보험금은 보험계약자가 보험수익자가 된다.

① ㄱ, ㄴ
② ㄱ, ㄷ
③ ㄴ, ㄷ
④ ㄷ, ㄹ

26

3이원방식과 현금흐름방식에 대한 비교 내용으로 옳은 것은?

	구분	3이원방식	현금흐름방식
①	장점	상품개발 시 수익성 분석을 동시에 할 수 있음	보험료 산출이 비교적 간단
②	단점	산출방법이 복잡, 전산시스템 관련 비용이 많음	정교한 기초율 예측 부담
③	기초율 가정	경제적 가정과 계리적 가정 등 고려	위험률, 이자율, 사업비율
④	기초율 가정적용	기대이익 내재	기대이익 별도 구분

27

보장성 보험료 세제혜택 관련 기본공제대상자에 대한 내용으로 옳은 것은 모두 몇 개인가?

> ㄱ. 피보험자에 해당하는 기본공제대상자는 본인을 포함한 부양가족으로 근로소득자 본인에 대해서는 별도의 요건이 없다.
> ㄴ. 배우자 및 부양가족 등은 근로소득자 본인이 보험료를 납입하더라도 소득 및 연령 요건 미충족 시 세액공제를 받을 수 없다.
> ㄷ. 기본공제대상자가 장애인일 경우 연령과 소득금액에 상관없이 세액공제가 가능하다.
> ㄹ. 근로자 본인이 보험료를 납입하며 피보험자가 자녀인 경우 연간 소득금액 100만원 이하이면서 연령이 만 21세 이하라면 보장성 보험료 세액공제가 가능하다.

① 1개
② 2개
③ 3개
④ 4개

28

보장성 보험료 세액공제 가능 여부와 관련하여 세액공제 적용이 가능한 경우에 해당하는 것은 모두 몇 개인가?

> ㄱ. 근로소득자 본인이 보험료를 납입하는 보장성 보험의 피보험자가 연간 소득 100만원을 초과하는 배우자인 경우
> ㄴ. 근로소득자 본인이 보험료를 납입하는 보장성 보험의 피보험자가 연간 소득 100만원 미만의 부양가족 중 만 59세 부모일 경우
> ㄷ. 근로소득자 본인이 보험료를 납입하는 보장성 보험의 피보험자가 연간 소득 100만원 미만의 부양가족 중 만 20세 형제일 경우
> ㄹ. 보장성 보험의 피보험자가 태아인 경우

① 1개
② 2개
③ 3개
④ 4개

29

연금계좌의 세액공제에 해당하는 내용으로 옳은 것은 모두 몇 개인가?

> ㄱ. 연금계좌에는 연금저축계좌와 퇴직연금계좌가 있다.
> ㄴ. 퇴직연금계좌는 퇴직연금을 지급받기 위해 가입하는 계좌로 확정급여형(DB형), 확정기여형(DC형) 및 개인형 퇴직연금(IRP) 등이 있다. 3가지 모두 세액공제 대상이다.
> ㄷ. 종합소득자가 과세기간 중 연금저축계좌에 납입한 금액 600만원 한도의 12% 세액공제[종합소득금액 4천 500만원 이하(근로소득만 있는 경우 총 급여액 5천 500만원 이하)인 거주자는 15%]를 해당 과세기간 종합소득산출세액에서 공제한다.
> ㄹ. 연금계좌의 세액공제도 보장성 보험료 세액공제처럼 근로소득자에 한해 가능하다.

① 1개
② 2개
③ 3개
④ 4개

30

생명보험계약의 관계자 및 요소에 대한 내용으로 옳은 것은?

① 보험계약자의 자격에는 제한이 없으나 만 20세 미만자의 경우 친권자 또는 법정대리인의 동의가 필요하다.
② 보험수익자의 지정과 변경권은 보험계약자에게 있다. 보험계약자와 피보험자가 다른 '타인의 생명보험'일 경우 보험수익자 지정 또는 변경 시 피보험자의 동의가 필요하다.
③ 보험대리점은 계약체결권, 고지수령권, 보험료 수령권에 대한 권한이 없다.
④ 보험료 납입기간이란 보험에 의한 보장이 제공되는 기간으로 위험기간 또는 책임기간이라고 한다.

31

저축성 보험의 보험차익 비과세 내용으로 옳은 것은 모두 몇 개인가?

> ㄱ. 저축성 보험의 보험차익은 보험계약에 따라 만기 또는 해지환급금(피해자 사망, 질병, 부상, 상해 등에 따른 보험금을 포함) 등에서 납입보험료 총액을 뺀 금액을 뜻한다.
> ㄴ. 일반적으로 저축성 보험의 보험차익은 기타소득으로 「소득세법」상 과세대상이지만 조건 충족 시 기타소득세가 비과세된다.
> ㄷ. 월적립식 저축성 보험의 경우 최초 보험료 납입 시점부터 만기일 또는 중도해지일까지 기간이 8년인 경우 보험차익 비과세가 가능하다.
> ㄹ. 종신형 연금보험으로서 연금 외의 형태로 보험금·수익이 지급되는 계약은 보험차익 비과세가 가능하다.

① 0개
② 1개
③ 2개
④ 3개

32

생명보험 이론과 관련한 내용으로 옳지 않은 것은?

① 보험료 납입을 보험기간(보장기간)의 전 기간에 걸쳐서 납부하는 보험을 '전기납'보험이라고 하며, 보험료의 납입기간이 보험기간보다 짧은 기간에 종료되는 보험을 '단기납' 보험이라고 한다.
② 3이원방식의 보험료 산출은 상품개발 시 수익성 분석을 동시에 할 수 있으며 상품개발 후 리스크 관리가 용이하다.
③ 언더라이팅이 필요한 위험 대상은 크게 환경적·신체적·재정적·도덕적 위험으로 분류할 수 있다.
④ 표준약관에는 보험자(보험회사)가 피보험자의 고지의무 위반사실을 안 날로부터 1개월 이내, 계약체결일로부터 3년 이내에 계약을 해지할 수 있도록 규정하고 있다.

33

비과세 종합저축(보험)에 대한 과세특례의 내용으로 옳은 것은 모두 몇 개인가?

> ㄱ. 비과세종합저축은 만 65세 이상 또는 장애인 등을 가입대상으로 하며, 1인당 저축원금 5천만원까지(세금우대종합저축에 가입한 거주자로 그 계약을 유지하고 있는 대상은 5천만원에서 세금우대종합저축 계약금액 총액을 뺀 금액을 상한으로 함) 납입 가능하다.
> ㄴ. 비과세종합저축에서 발생한 이자소득은 한도 내에서 전액 비과세(직전 3개 과세기간 중 「소득세법」에 따른 소득의 합계액이 1회 이상 연 2천만원을 초과한 자는 제외)된다.
> ㄷ. 가입요건은 「금융실명거래 및 비밀보장에 관한 법률」에 따른 금융회사 등 및 군인공제회, 한국교직원공제회, 대한지방행정공제회, 경찰공제회, 대한소방공제회, 과학기술인공제회가 취급하는 저축(투자신탁·보험·공제·증권저축·채권저축 등 포함)으로 가입 당시 저축자가 비과세 적용을 신청한 저축이다.
> ㄹ. 고령자, 장애인 등에 대한 복지강화와 생활안정 지원 등을 위해 상시적으로 운용되는 상품이기 때문에 요건에 해당하면 언제든 가입이 가능하다.

① 1개
② 2개
③ 3개
④ 4개

34

생명보험계약 관계자 중 보험수익자에 대한 내용으로 옳지 않은 것은?

① 보험수익자와 보험계약자가 동일한 경우 '자기를 위한 보험', 양자가 각각 다른 사람일 경우 '타인을 위한 보험'이라고 한다.
② 보험수익자가 여러 명일 경우 대표자를 지정해야 하며 보험수익자의 지정과 변경권은 보험계약자에게 있다.
③ 보험계약자와 피보험자가 다른 '타인의 생명보험'일 경우 보험수익자 지정 또는 변경 시 보험수익자의 동의가 필요하다.
④ 계약자가 보험계약 시 보험수익자를 지정하지 않은 경우 보험사고에 따라 보험수익자가 결정된다. 사망보험금은 피보험자의 상속인, 생존보험금은 보험계약자, 장해·입원·수술·통원급부금 등은 피보험자가 보험수익자가 된다.

35

생명보험의 세제와 관련된 내용으로 옳지 않은 것은?

① 일용근로자를 제외한 근로소득자가 기본공제대상자를 피보험자로 하는 일반 보장성 보험에 가입한 경우 과세기간에 납입한 보험료(100만원 한도)의 12%에 해당되는 금액을 종합소득산출세액에서 공제받을 수 있다.

② 연금소득자 또는 개인사업자 등이 보장성 보험에 가입하게 되면 세액공제를 받을 수 있다.

③ 보장성 보험료 세액공제가 근로소득자에 한해 가능한 것과 달리, 연금계좌의 세액공제는 근로소득 외의 종합소득이 있는 경우에도 가능하다.

④ 근로소득자가 기본공제대상자 중 장애인을 피보험자 또는 수익자로 하는 장애인전용보험 및 장애인전용보험 전환특약을 부가한 보장성 보험의 경우 과세기간 납입 보험료(1년 100만원 한도)의 15%에 해당되는 금액을 종합소득산출세액에서 공제받을 수 있다.

CHAPTER 03 보험윤리와 소비자보호

파트 내 출제비중 **4%**

01 난이도 상 중 하

「금융소비자 보호에 관한 법률」상 '불공정영업행위의 금지(제20조)'의 내용에 해당하지 않는 것은?

① 금융상품판매업자등은 우월적 지위를 이용하여 금융소비자의 권익을 침해하는 대출성 상품, 그 밖에 대통령령으로 정하는 금융상품에 관한 계약체결과 관련하여 금융소비자의 의사에 반하여 다른 금융상품의 계약체결을 강요하는 행위를 해서는 아니 된다.
② 금융상품판매업자등은 우월적 지위를 이용하여 금융상품판매업자등 또는 그 임직원이 업무와 관련하여 편익을 요구하거나 제공받는 행위를 해서는 아니 된다.
③ 금융상품판매업자등은 계약 체결을 권유(금융상품자문업자가 자문에 응하는 것을 포함)하는 경우에 불확실한 사항에 대하여 단정적 판단을 제공하거나 확실하다고 오인하게 할 소지가 있는 내용을 알리는 행위를 해서는 아니 된다.
④ 금융상품판매업자등은 우월적 지위를 이용하여 금융소비자의 권익을 침해하는 연계·제휴서비스등이 있는 경우 연계·제휴서비스등을 부당하게 축소하거나 변경하는 행위로서 대통령령으로 정하는 행위를 해서는 아니 된다.

02 난이도 상 중 하

〈보기〉에 제시된 보험민원 주요 유형 중 '불완전판매'에 해당하는 내용으로 옳은 것은 모두 몇 개인가?

보기
ㄱ. 약관 및 청약서 부본 미교부
ㄴ. 자필서명 미이행
ㄷ. 고객불만 야기 및 부적절한 고객불만 처리
ㄹ. 고객의 니즈에 부합하지 않는 상품을 변칙 판매
ㅁ. 보험료 대납, 무자격자 모집 또는 경유계약

① 1개
② 2개
③ 3개
④ 4개

03 난이도 상 중 하

다음은 보험범죄 및 보험범죄와 구별되는 유형에 대한 설명이다. ㉠, ㉡에 들어갈 용어로 적절한 것은?

• (㉠): 우연히 발생한 보험사고의 피해를 부풀려 실제 발생한 손해 이상의 과다한 보험금을 청구하는 행위이다.
• (㉡): 특정군의 특성에 기초하여 계산된 위험보다 높은 위험을 가진 집단이 동일 위험군으로 분류되어 보험계약을 체결함으로써 그 동일 위험군의 사고발생률을 증가시키는 현상이다.

	㉠	㉡
①	연성사기	도덕적 해이
②	경성사기	역선택
③	연성사기	역선택
④	경성사기	도덕적 해이

04 난이도 상 중 하

보험안내자료에 반드시 기재해야 할 사항에 해당하지 않는 것은?

① 보험회사의 상호나 명칭 또는 보험설계사, 보험대리점 또는 보험중개사의 이름·상호나 명칭
② 보험 가입에 따른 권리·의무에 관한 주요 사항
③ 보험회사의 장래의 이익 배당 또는 잉여금 분배에 대한 예상에 관한 사항
④ 해약환급금에 관한 사항이나 「예금자보호법」에 따른 예금자보호와 관련된 사항

05

통신수단을 이용한 모집·철회 및 해지 등 관련 준수사항에 대한 내용으로 옳지 않은 것은?

① 보험모집자는 전화·우편·컴퓨터 등의 통신매체를 이용한 보험모집을 함에 있어 다른 사람의 평온한 생활을 침해하여서는 아니 된다.
② 통신수단을 이용하여 모집을 하는 자는 「보험업법」상 보험모집을 할 수 있는 자이어야 하며, 사전에 통신수단을 이용한 모집에 동의한 자를 대상으로 해야 한다.
③ 통신수단을 이용해 보험계약을 청약한 경우 청약의 내용 확인 및 정정, 청약 철회 및 계약해지도 통신수단을 이용할 수 있도록 해야 한다.
④ 계약을 해지하고자 하는 경우에는 보험계약자가 계약을 체결하기 전에 통신수단을 이용한 계약해지에 동의한 경우에 한한다.

06

보험영업활동에 대한 내용으로 옳지 않은 것은?

① 보험회사는 보험상품에 대한 판매광고 시 보험협회의 상품광고 사전심의 대상이 되는 보험상품에 대해서는 금융감독원으로부터 심의필을 받아야 한다.
② 보험모집자는 보험소비자에게 보험계약 체결 권유단계에서 상품설명서를 제공해야 하며, 보험계약 청약단계에서는 보험계약청약서 부본 및 보험약관을 제공하여야 한다.
③ 보험회사는 1년 이상 유지된 계약에 대해 보험계약 관리내용을 연 1회 이상 보험소비자에게 제공해야 하며, 변액보험에 대해서는 분기별로 1회 이상 제공하여야 한다.
④ 보험회사는 보험상품 판매를 위해 개인정보의 수집 및 이용이 필요할 경우 명확한 동의절차를 밟아야 하며, 그 목적에 부합하는 최소한의 정보만 수집·이용하여야 한다.

07

보험회사 영업행위 윤리준칙의 주요내용으로 옳지 않은 것은?

① 영업활동의 기본원칙 – 보험소비자 권익 제고를 위해 신의성실, 공정한 영업풍토 조성, 보험관계 법규 준수 등 보험상품 판매 과정에서 준수해야 할 기본원칙
② 판매 관련 보상체계의 적정성 제고 – 보험소비자의 권익 침해를 방지하기 위해 평가 및 보상체계에 판매실적 외 불완전판매건수, 고객수익률, 소비자만족도, 계약 관련 서류 충실성 등 관련 요소들을 충분히 반영하여 운영
③ 영업행위의 외부통제 강화 – 윤리준칙 준수 여부에 대한 주기적 점검 및 위법·부당행위 내부 신고제도 운영 등
④ 보험소비자와의 정보 불균형 해소 – 충실한 설명의무 이행, 계약체결 및 유지단계에서 필요한 정보 제공 등

08

보험범죄 방지활동에 대한 내용으로 옳지 않은 것은?

① 보험범죄란 보험계약을 악용하여 보험 원리상 지급받을 수 없는 보험금을 수령하거나 실제 손해액 대비 많은 보험금을 청구하는 행위 또는 보험 가입 시 실제 위험수준 대비 낮은 보험료를 납입할 목적으로 행하는 일체의 불법행위를 말한다.
② 연성사기는 우연히 발생한 보험사고의 피해를 부풀려 실제 발생한 손해 이상의 과다한 보험금을 청구하는 행위이며, 그 유형으로는 경미한 질병·상해에도 장기간 입원하는 행위, 보험료 절감을 위해 보험 가입 시 보험회사에 허위 정보를 제공(고지의무 위반)하는 행위 등이 있다.
③ 경성사기는 보험계약에서 담보하는 재해, 상해, 도난, 방화, 기타의 손실을 의도적으로 각색 또는 조작하는 행위를 말하며, 그 유형으로는 피보험자의 신체에 상해를 입히거나 방화·살인 등 피보험자를 해치는 행위 또는 생존자를 사망한 것으로 위장함으로써 보험금을 받으려는 행위가 있다.
④ 과거에는 경성사기가 보험범죄의 대부분을 차지했으나, 최근에는 보험금을 편취할 목적으로 고의의 보험사고를 일으키는 연성사기가 증가하고 있다.

09

보험범죄의 유형에 대한 내용이다. 이와 관련하여 〈보기 1〉 예시와 〈보기 2〉의 내용이 가장 적절하게 연결된 것은?

─── 보기 1 ───
ㄱ. 병원 입원기간 동안 외출, 외박 등을 통해 정상적인 사회활동을 하였음에도 입원한 것처럼 진단서를 발급받는 행위
ㄴ. 보험사고를 조작하여 병원 또는 의원으로부터 허위진단서를 발급받아 보험금을 청구하는 행위
ㄷ. 보험수익자가 보험금을 노리고 피보험자의 신체에 고의로 상해를 입히거나 살해하는 행위
ㄹ. 이미 사망한 자를 피보험자로 보험에 가입하는 행위

─── 보기 2 ───
㉠ 사기적 보험계약 체결
㉡ 보험사고 위장 또는 허위사고
㉢ 보험금 과다청구
㉣ 고의적인 보험사고 유발

	ㄱ	ㄴ	ㄷ	ㄹ
①	㉠	㉣	㉢	㉢
②	㉢	㉡	㉣	㉠
③	㉢	㉣	㉠	㉡
④	㉠	㉡	㉢	㉣

10

「보험업법」과 「금융소비자 보호에 관한 법률」에 관한 내용으로 옳은 것을 모두 고른 것은?

ㄱ. 보험회사의 임직원(대표이사, 사외이사, 감사 및 감사위원을 포함)은 보험을 모집할 수 있는 자격이 있다.
ㄴ. 우체국보험을 포함한 우정사업본부의 광고는 「정부기관 및 공공법인 등의 광고시행에 관한 법률」에 따라 기본계획을 수립하고, 광고를 동법 시행령 제6조(업무의 위탁)에 따라 정부광고 업무를 수탁한 한국언론진흥재단의 정부광고통합시스템에 의뢰하며 해당 시스템을 통해 소요경비를 지출한다.
ㄷ. 「보험업법」상 준수사항으로서 보험회사는 보험계약의 체결 시부터 보험금 지급 시까지의 주요 과정을 대통령령으로 정하는 바에 따라 일반보험계약자에게 설명하여야 한다. 다만, 일반보험계약자가 설명을 거부하는 경우에는 설명하지 않아도 된다.
ㄹ. 「금융소비자 보호에 관한 법률」상 준수사항으로서 금융상품판매업자등은 일반금융소비자에게 계약 체결을 권유(금융상품자문업자가 자문에 응하는 것을 포함)하는 경우 및 일반금융소비자가 설명을 요청하는 경우에는 각 금융상품에 관한 중요한 사항(일반금융소비자가 특정 사항에 대한 설명만을 원하는 경우 해당 사항으로 한정)을 일반금융소비자가 이해할 수 있도록 설명하여야 한다.

① ㄴ, ㄷ
② ㄱ, ㄴ, ㄷ
③ ㄴ, ㄷ, ㄹ
④ ㄱ, ㄴ, ㄷ, ㄹ

11 빈출문제

보험소비자 보호를 위한 금융분쟁조정위원회에 관한 내용으로 옳지 않은 것은?

① 금융회사, 예금자 등 금융수요자 및 기타 이해관계자는 금융 관련 분쟁 발생 시 금융감독원에 분쟁의 조정을 신청할 수 있다.
② 금융감독원은 분쟁 관계당사자에게 내용을 통지하고 합의를 권고할 수 있으며, 분쟁조정 신청일 이후 30일 이내로 합의가 이루어지지 않는 경우 금융감독원장은 지체 없이 이를 금융분쟁조정위원회로 회부해야 한다.
③ 금융분쟁조정위원회는 조정 회부로부터 90일 이내에 이를 심의하여 조정안을 마련해야 한다.
④ 금융감독원장은 신청인과 관계당사자에게 금융분쟁조정위원회 조정안을 제시하고 수락을 권고할 수 있다.

12

「금융소비자 보호에 관한 법률」상 설명의무(제19조)와 관련하여 〈보기 1〉과 〈보기 2〉의 내용이 가장 적절하게 연결된 것은?

―| 보기 1 |―
ㄱ. 금리 및 변동 여부, 중도상환수수료 부과 여부·기간 및 수수료율 등 대출성 상품의 내용
ㄴ. 보험료, 보험금, 위험보장의 범위
ㄷ. 이자율, 수익률 등 상품에 관한 중요한 사항
ㄹ. 투자에 따른 위험, 금융상품직접판매업자가 정하는 위험등급

―| 보기 2 |―
㉠ 보장성 상품   ㉡ 투자성 상품
㉢ 예금성 상품   ㉣ 대출성 상품

	ㄱ	ㄴ	ㄷ	ㄹ
①	㉣	㉠	㉡	㉢
②	㉢	㉠	㉣	㉡
③	㉣	㉡	㉣	㉠
④	㉣	㉠	㉢	㉡

13

「보험업법」상 보험계약의 체결 또는 모집에 종사하는 자가 그 체결 또는 모집에 관하여 해서는 안 되는 금지행위에 해당하지 않는 것은?

① 같은 보험회사에 소속된 다른 보험설계사에게 보험계약의 모집을 위탁하는 행위
② 보험계약자 또는 피보험자로 하여금 이미 성립된 보험계약을 부당하게 소멸시킴으로써 새로운 보험계약(기존보험계약과 보장 내용 등이 비슷한 경우)을 청약하게 하거나 새로운 보험계약을 청약하게 함으로써 기존보험계약을 부당하게 소멸시키거나 그 밖에 부당하게 보험계약을 청약하게 하거나 이러한 것을 권유하는 행위
③ 실제 명의인이 아닌 자의 보험계약을 모집하거나 실제 명의인의 동의가 없는 보험계약을 모집하는 행위
④ 다른 모집 종사자의 명의를 이용하여 보험계약을 모집하는 행위

CHAPTER 04 생명보험과 제3보험

01 빈출문제

생명보험상품의 종류에 관한 설명으로 옳지 않은 것은?

2012 계리직 10급

① 종신보험은 보험기간을 정해 놓고, 사망하였을 때 보험금을 지급하는 보험이다.
② 저축성 보험은 생존 시에 보험금이 지급되는 저축 기능을 강화한 보험이다.
③ 연금보험은 연금을 수령하여 일정 수준의 소득을 계속 유지하기 위한 보험이다.
④ 교육보험은 자녀의 교육자금을 종합적으로 마련할 수 있도록 설계된 보험이다.

02 빈출문제

제3보험에 관한 설명으로 옳지 않은 것은?

① 제3보험의 종류로는 상해보험, 질병보험, 간병보험이 있으며 생명보험사·손해보험사는 제3보험업 겸영이 가능하다.
② 생명보험업이나 손해보험업에 해당하는 보험종목의 전부(보증보험 및 재보험은 제외)에 관하여 허가를 받은 자는 제3보험업에 해당하는 보험종목에 대한 허가를 받은 것으로 본다.
③ 생명보험회사나 손해보험회사는 질병보험 주계약에 각종 특약을 부가하여 보장을 확대한 보험상품을 판매하고 있다. 다만, 생명보험회사에서 판매하는 질병사망 특약의 보험기간은 80세 만기, 보험금액 한도는 개인당 2억원 이내로 부가할 수 있으며, 만기 시 지급하는 환급금이 납입보험료 합계액 범위 내여야 하는 요건이 충족되는 경우 겸영이 가능하다.
④ 상해보험은 생명보험의 재해보험 상품과 손해보험의 상해보험 상품이 있다. 질병보험은 각종 암, 뇌혈관질환 등의 진단보험과 암 보험, CI보험 등의 상품이 있다. 그리고 간병보험의 경우에는 공적·민영 장기간병보험 상품을 판매하고 있다.

03

제3보험 중 상해보험에 관한 설명으로 옳지 않은 것은?

① 상해보험은 외부로부터의 급작스러운 사고로 인한 상해인정 여부가 중요한 조건이 되는데 단, 피보험자의 책임 있는 사유로 타인에게 상해 등을 입힌 경우는 보장하지 않는다.
② 상해보험의 상해사고의 요건은 급격성, 우연성, 외래성이다. 따라서 피보험자가 의도하거나 예상할 수 있었던 자살, 싸움 등의 원인에 의한 사고는 상해보험의 보험사고가 아니다.
③ 보장되는 사고에서는 치료 및 결과에 따라 면·부책 여부가 결정되는데 질병에 의해 발생되는 상해사고는 보상이 제외되는 데 반해 상해에 의해 발생되는 질병의 경우는 보상이 된다.
④ 보험기간 중에 사고발생 위험이 증가된 때에는 그 사실을 보험회사에 통지할 의무가 있으므로 보험 가입자는 피보험자의 직업이 위험한 직업으로 변경된 경우 보험회사에 알려야 한다. 만약, 변경된 직업 및 직무와 관계가 없는 사고가 발생한 경우라 해도 변경 사실을 알리지 않았다면 보험금은 지급되지 않는다.

04

제3보험 중 질병보험에 관한 설명으로 옳은 것은?

① 질병보험이란 암, 성인병 등의 각종 질병으로 인한 진단, 입원, 수술 시 보험금을 지급하는 상품을 의미하며 질병으로 인한 사망도 포함된다.
② 질병보험의 종류로는 만기환급금의 유무에 따라 암보험, 실손의료보험 등이 있고, 보장하는 내용에 따라 순수보장형과 만기환급형으로 구분할 수 있다.
③ 보험기간은 10년 이상이 대부분이며, 0세부터 가입이 가능하다(사망보장의 경우 만 15세 이상). 그러나 고연령이거나 건강상태에 따라 가입이 제한될 수 있다.
④ 보험금의 지급사유가 발생하기 전에 사망한 경우에는 보험계약은 소멸하게 되고 이때 책임준비금 대신 보험금을 지급하게 된다.

05

제3보험 중 간병보험에 관한 설명으로 옳지 않은 것은?

① 간병보험이란 피보험자가 보험기간 중 상해 또는 질병으로 '장기요양상태'가 되거나 '중증치매' 등으로 일상생활이 어려워졌을 때 간병을 필요로 하게 되면 이를 약관에 의거하여 보험금을 지급하는 상품이다.
② "장기요양상태"라 함은 거동이 불편하여 장기요양이 필요하다고 판단될 때 「노인장기요양보험법」에 따라 국민건강보험공단의 장기요양등급 판정위원회에서 장기요양 1등급 또는 장기요양 2등급 등으로 판정받은 경우를 말한다.
③ "중증치매"란 각종 상해 또는 질병 등으로 인지기능 장애가 발생한 상태를 말한다.
④ 「노인장기요양보험법」에 따라 2008년 7월 1일부터 민영 장기간병보험에 해당하는 노인장기요양보험제도가 시행되었고, 공적 장기간병보험은 2003년 8월부터 판매되기 시작하였다.

06

생명보험상품의 특성에 대한 설명으로 옳지 않은 것은?

① 생명보험은 형태가 보이지 않는 무형의 상품이므로 타 상품과 성능을 비교 검증하기 어렵다.
② 불확실한 미래에 대한 보장을 주기능으로 하는 미래지향적인 상품으로 가입과 효용이 동시에 발생하지 않는다.
③ 생명보험상품은 짧게는 수년부터 길게는 종신 동안 계약의 효력이 지속된다.
④ 대부분 스스로의 필요에 의해 자발적으로 가입하는 자발적인 상품이다.

07

생명보험상품의 종류가 바르게 연결된 것은 모두 몇 개인가?

> ㄱ. 주된 보장에 따라 – 저축성 보험, 보장성 보험, 교육보험, 연금보험(개인, 퇴직), 양로보험
> ㄴ. 가입 시 건강진단 유무에 따라 – 배당보험, 무배당보험
> ㄷ. 보험상품 성격에 따라 – 사망보험(정기, 종신), 생존보험, 생사혼합보험
> ㄹ. 피보험자의 수에 따라 – 개인보험(단생, 연생), 단체보험

① 1개
② 2개
③ 3개
④ 4개

08

생명보험상품에 대한 설명으로 옳지 않은 것을 모두 고른 것은?

> ㄱ. 정기보험은 보험기간을 정하지 않고 피보험자가 일생을 통하여 언제든지 사망했을 때 보험금을 지급하는 보험이다.
> ㄴ. 저축성 보험은 주로 사망, 질병, 재해 등 각종 위험보장에 중점을 둔 보험으로, 만기 시 환급되는 금액이 없거나 기납입 보험료보다 적거나 같다.
> ㄷ. 변액보험은 계약자가 납입한 보험료를 일반계정을 통해 기금을 조성한 후 주식, 채권 등에 투자하여 발생한 이익을 보험금 또는 배당으로 지급하는 상품이다.
> ㄹ. CI(Critical Illness)보험은 중대한 질병이며 치료비가 고액인 암, 심근경색, 뇌출혈 등에 대한 급부를 중점적으로 보장하여 주는 보험으로 생존 시 고액의 치료비, 장해에 따른 간병비, 사망 시 유족들에게 사망보험금 등을 지급해주는 상품이다.

① ㄱ, ㄴ
② ㄱ, ㄴ, ㄷ
③ ㄱ, ㄴ, ㄹ
④ ㄱ, ㄴ, ㄷ, ㄹ

09 난이도 상중하

생명보험, 손해보험, 제3보험에 대한 비교 내용으로 옳은 것은?

구분		생명보험	손해보험	제3보험
①	보상방법	실손보상	정액보상	정액보상, 실손보상
②	피보험자	보험사고 대상	손해에 대한 보상받을 권리를 가진 자	보험사고 대상
③	피보험 이익	인정	원칙적으로 불인정	원칙적으로 불인정
④	보험사고 대상	신체의 상해, 질병, 간병	피보험자 재산상의 손해	사람의 생존 또는 사망

10 난이도 상중하

생명보험상품의 종류에 대한 내용으로 옳지 않은 것은?

① 주된 보장에 따라 사망 시에 보험금이 지급되는 사망보험, 생존 시에만 보험금이 지급되는 생존보험, 사망보험과 생존보험의 혼합개념을 가진 생사혼합보험으로 분류된다.
② 배당 유무에 따라 저축성 보험, 보장성 보험, 교육보험, 연금보험, 양로보험으로 분류된다.
③ 개인보험은 피보험자의 수가 1인인 단생보험과 2인 이상인 연생보험으로 분류된다.
④ 가입 시 건강진단 유무에 따라 건강진단보험(유진단보험)과 무진단보험으로 분류된다.

11 빈출문제 난이도 상중하

생명보험에 대한 내용으로 옳지 않은 것은?

① 생명보험상품은 무형, 미래지향적·장기효용성, 장기계약·비자발적 상품이라는 특성을 가지고 있다.
② 생명보험상품은 일반적으로 주계약(기본보장계약)과 특약(추가보장계약)으로 구성된다.
③ 사망보험은 피보험자가 보험기간 중 사망하였을 때 보험금이 지급되는 보험으로 정기보험과 종신보험으로 구분된다.
④ 저축성 보험은 주로 사망, 질병, 재해 등 각종 위험보장에 중점을 둔 보험으로, 만기 시 환급되는 금액이 없거나 기납입 보험료보다 적거나 같다.

12 난이도 상중하

생명보험상품에 대한 설명으로 옳지 않은 것은?

① 특약이란 다수의 보험계약자들의 다양한 욕구를 모두 충족시키기 위하여 부가하는 것으로, 주계약 외에 별도의 보장을 받기 위해 주계약에 부과하는 계약이다.
② 계약자의 선택과 무관하게 주계약에 고정시켜 판매되는 특약을 종속특약이라고 한다.
③ 저축성 보험에서 보장 부분이란 위험보험료를 예정이율로 부리하여 피보험자가 사망 또는 장해를 당했을 때 보험금을 지급하는 부분을 말한다.
④ CI보험은 중대한 질병이며 치료비가 고액인 암, 심근경색, 뇌출혈 등에 대한 급부를 중점적으로 보장하여 주는 보험으로, 생존 시 고액의 치료비, 장해에 따른 간병비, 사망 시 유족들에게 사망보험금 등을 지급해주는 상품이다.

13

제3보험에 대한 내용으로 옳지 않은 것은?

① 위험보장을 목적으로 사람의 질병·상해 또는 이에 따른 간병에 관하여 금전 및 그 밖의 급여를 지급할 것을 약속하고 대가를 수수하는 계약으로서 대통령령으로 정하는 계약이다.
② 「보험업감독규정」에 따르면 질병보험은 우연한 사고로 인한 신체에 입은 상해에 대한 치료 등에 소요되는 비용을 보장하는 보험이다.
③ 제3보험의 경우 생명보험의 약정된 정액보상적 특성과 손해보험의 실손보상적 특성을 모두 가진다.
④ 제3보험의 종류로는 상해보험, 질병보험, 간병보험이 있으며, 생명보험사·손해보험사는 제3보험업 겸영이 가능하다.

14

제3보험에 대한 설명으로 옳지 않은 것은?

① 「보험업법」에서는 장기적으로 안정적 위험을 담보로 하는 생명보험업과 단기 거대위험 등을 담보로 하는 손해보험업이 서로 다른 성격으로 보험계약자에게 손해를 끼칠 리스크로 인해 생명보험업과 손해보험업의 겸영을 금지하고 있다.
② 보험회사가 생명보험업이나 손해보험업에 해당하는 전 종목에 관하여 허가를 받았을 때에는 제3보험업에 대해서도 허가를 받은 것으로 보고, 이 경우 제3보험업에 대해 겸영을 허용하고 있다.
③ 우리나라에서는 2003년 8월 「보험업법」 개정을 통해 최초로 제3보험이 제정되었다.
④ 손해보험회사에서 판매하는 질병사망 특약의 보험기간은 100세 만기, 보험금액 한도는 개인당 5억원 이내로 부가할 수 있으며, 만기 시 지급하는 환급금이 납입보험료 합계액 범위 내여야 하는 요건이 충족되는 경우 제3보험의 겸영이 가능하다.

CHAPTER 05 보험계약법(인보험편)

파트 내 출제비중 **29%**

01
난이도 상 중 하
보험계약에 대한 설명으로 옳은 것은?
2022 계리직 9급

① 고지의무자는 보험계약자, 피보험자 및 보험수익자이다.
② 보험계약자는 보험가입증서(보험증권)를 받은 날부터 30일 이내에 청약을 철회할 수 있다.
③ 보험자는 계약을 체결한 날부터 2년이 지난 경우에는 고지의무 위반으로 인한 계약해지를 할 수 없다.
④ 보험자는 보험계약이 성립하고 보험계약자가 보험료의 전부 또는 최초의 보험료를 지급한 때에는 지체 없이 보험가입증서(보험증권)를 작성하여 보험계약자에게 교부하여야 한다.

02 빈출문제
난이도 상 중 하
보험계약 고지의무에 대한 설명으로 옳은 것을 〈보기〉에서 모두 고른 것은?
2018 계리직 9급

┤ 보기 ├
ㄱ. 고지의무 당사자는 보험계약자, 피보험자, 보험수익자이다.
ㄴ. 고지의무는 청약 시에 이행하고, 부활 청약 시에는 면제된다.
ㄷ. 보험자가 고지의무 위반사실을 안 날로부터 1개월 이상 지났을 때에는 보험계약을 해지할 수 없다.
ㄹ. 보험자는 고지의무 위반사실이 보험사고 발생에 영향을 미치지 않았음이 증명된 경우 보험금을 지급할 책임이 있다.

① ㄱ, ㄴ
② ㄱ, ㄷ
③ ㄴ, ㄹ
④ ㄷ, ㄹ

03
난이도 상 중 하
〈보기〉에서 설명하는 보험계약의 법적 성질을 바르게 연결한 것은?
2018 계리직 9급(변형)

┤ 보기 ├
ㄱ. 우연한 사고의 발생에 의해 보험자의 보험금 지급의무가 확정된다.
ㄴ. 보험계약자는 보험료를 모두 납부한 후에도 보험자에 대한 통지의무 등을 진다.
ㄷ. 보험계약의 기술성과 단체성으로 인하여 계약내용의 정형성이 요구된다.

	ㄱ	ㄴ	ㄷ
①	계속계약성	쌍무계약성	부합계약성
②	사행계약성	계속계약성	부합계약성
③	부합계약성	계속계약성	상행위성
④	사행계약성	쌍무계약성	상행위성

04
난이도 상 중 하
생명보험계약에 대한 설명으로 옳지 않은 것은?
2014 계리직 9급(변형)

① 보험계약은 당사자 일방이 약정한 보험료를 지급하고 재산 또는 생명이나 신체에 불확정한 사고가 발생할 경우에 상대방이 일정한 보험금이나 그 밖의 급여를 지급할 것을 약정함으로써 효력이 생긴다.
② 생명보험계약의 보험자는 피보험자의 사망, 생존, 사망과 생존에 관한 보험사고가 발생할 경우에 약정한 보험금을 지급할 책임이 있다.
③ 피보험자의 사망, 생존 등에 관한 보험사고가 발생할 경우 보험계약관계인 보험계약자, 피보험자, 보험수익자 및 보험자 사이에 보험료 지급에 관한 권리·의무관계인 보험관계가 형성된다.
④ 보험기간은 보험에 의한 보장이 제공되는 기간으로, 「상법」에서는 보험자의 책임을 최초의 보험료 납입 여부와 상관없이 청약일로부터 개시된다고 규정하고 있다.

05

보험계약에 대한 설명으로 옳은 것은?

2012 계리직 10급

① 보험계약이 부활한 경우 계약이 실효된 이후 시점부터 부활될 때까지의 기간에 발생한 모든 보험사고에 대하여 보험자는 책임을 진다.
② 생명보험계약에서 보험계약자와 피보험자가 서로 다른 경우를 '타인의 생명보험'이라 하며, 보험계약자와 보험수익자가 서로 다른 경우를 '타인을 위한 보험'이라 한다.
③ 보험계약의 무효란 계약이 처음에는 유효하게 성립되었으나 계약 이후에 무효사유의 발생으로 계약의 법률상 효력이 계약시점으로 소급되어 없어지는 것을 말한다.
④ 보험계약자 또는 피보험자는 청약 시 청약서에서 질문한 사항에 대하여 보험자에게 사실대로 알려야 하나 부활청약 시에는 고지의무가 없다.

06

생명보험계약에 관한 설명으로 옳지 <u>않은</u> 것은?

2010 계리직 10급(변형)

① 보험계약자는 보험수익자를 변경할 수 있는 권리가 있다.
② 보험사고가 발생하기 전, 자기를 위한 보험의 보험계약의 경우 보험계약자가 피보험자의 동의를 얻지 않거나 보험증권을 소지하지 않으면 그 계약을 해지하지 못한다.
③ 생존보험 계약은 15세 미만자를 보험대상자로 할 수 있다.
④ 타인의 사망보험 계약체결 시 보험대상자의 서면 동의가 필요하다.

07 빈출문제

보험계약에 대한 설명으로 옳은 것은?

2008 계리직 10급

① 일반적으로 보험계약의 당사자라 함은 보험자, 보험계약자, 보험모집인, 피보험자 및 보험수익자를 말한다.
② 보험자가 청약과 함께 보험료를 받고 청약을 승낙하기 전에 보험사고가 생긴 때에는 해당 청약을 거절할 사유가 없는 한 보험자는 보험계약상의 책임을 진다.
③ 타인의 사망을 보험사고로 하는 보험계약은 보험계약 체결 시 보험대상자(피보험자)의 서면 또는 구두에 의한 동의를 얻도록 규정하고 있다.
④ 사망을 보험금 지급사유로 하는 생명보험계약에서 만 15세 미만자, 심신박약자, 신체허약자를 보험대상자(피보험자)로 하는 보험계약은 무효이다.

08

「보험업감독업무시행세칙」 별표 15(표준약관) 생명보험 제19조(계약의 무효)에 관한 내용으로 옳은 것은?

① 만 15세 미만자, 심신상실자 또는 심신박약자를 피보험자로 하여 사망을 보험금 지급사유로 한 계약의 경우에는 계약을 무효로 하며 이미 납입한 보험료를 돌려준다.
② 심신박약자가 계약을 체결하거나 소속 단체의 규약에 따라 단체보험의 피보험자가 되는 경우 의사능력이 있더라도 계약은 무효이다.
③ 타인의 사망을 보험금 지급사유로 하는 계약에서 계약을 체결할 때까지 피보험자의 서면(전자문서는 제외)에 의한 동의를 얻지 않은 경우에는 계약을 무효로 하며 이미 납입한 보험료를 돌려준다.
④ 회사가 나이의 착오를 발견하였을 때 이미 계약나이에 도달한 경우에는 유효한 계약으로 보며, 만 15세 미만자에 관한 예외가 인정된다.

09

난이도 상 중 하

「보험업감독업무시행세칙」 별표 15(표준약관) 생명보험 제14조(계약 전 알릴 의무 위반의 효과)에 관한 내용으로 옳지 <u>않은</u> 것은?

① 회사는 계약자 또는 피보험자가 계약 전 알릴 의무에도 불구하고 고의 또는 경과실로 중요한 사항에 대하여 사실과 다르게 알린 경우에는 회사가 별도로 정하는 방법에 따라 계약을 해지하거나 보장을 제한할 수 있다.

② 계약 전 알릴 의무 위반에 따라 계약을 해지하였을 때에는 해지환급금을 지급하며, 보장을 제한하였을 때에는 보험료, 보험가입금액 등이 조정될 수 있다.

③ 계약 전 알릴 의무를 위반한 사실이 보험금 지급사유 발생에 영향을 미쳤음을 회사가 증명하지 못한 경우에는 계약의 해지 또는 보장을 제한하기 이전까지 발생한 해당 보험금을 지급한다.

④ 회사는 다른 보험가입 내역에 대한 계약 전 알릴 의무 위반을 이유로 계약을 해지하거나 보험금 지급을 거절하지 않는다.

10

난이도 상 중 하

보험모집자를 통하여 보험 가입 시 보험자(보험회사)의 책임개시일과 보험계약자(가입자)의 청약철회 가능일로 적절한 것은?

보험계약자는 2024년 11월 2일 청약서를 작성하고, 11월 3일 제1회 보험료를 납입(보험증권 교부일 동일)하였다. 이후 보험회사는 승낙 여부에 대한 별도의 통지를 하지 않았다.

	보험자 책임개시일	보험계약자 청약철회가능일
①	11월 2일	11월 16일
②	11월 2일	11월 17일
③	11월 3일	11월 17일
④	11월 3일	11월 18일

11

난이도 상 중 하

「보험업감독업무시행세칙」 별표 15(표준약관) 생명보험 제14조(계약 전 알릴 의무 위반의 효과)에 따르면 회사는 계약 전 알릴 의무에도 불구하고 계약자 또는 피보험자가 고의 또는 중대한 과실로 중요한 사항에 대하여 사실과 다르게 알린 경우에는 계약을 해지하거나 보장을 제한할 수 있다. 〈보기〉에서 계약해지 및 보장제한이 될 수 없는 경우로 옳은 내용을 모두 고른 것은?

─ 보기 ─

ㄱ. 회사가 계약 당시에 그 사실을 알았거나 과실로 인하여 알지 못하였을 때

ㄴ. 회사가 그 사실을 안 날부터 1개월 이상 지났거나 또는 보장개시일부터 보험금 지급사유가 발생하지 않고 2년(진단계약의 경우 질병에 대하여는 1년)이 지났을 때

ㄷ. 계약을 체결한 날부터 3년이 지났을 때

ㄹ. 회사가 계약을 청약할 때 피보험자의 건강상태를 판단할 수 있는 기초자료(건강진단서 사본 등)에 따라 승낙한 경우 계약자 또는 피보험자가 회사에 제출한 기초자료의 내용 중 중요사항을 고의로 사실과 다르게 작성하였고 해당 기초자료에 명기되어 있는 사항으로 보험금 지급사유가 발생하였을 때

ㅁ. 계약자 또는 피보험자가 사실대로 고지하지 않거나 부실한 고지를 했다고 인정될 때

① ㄴ, ㄷ, ㅁ
② ㄱ, ㄴ, ㄷ
③ ㄱ, ㄴ, ㄷ, ㄹ
④ ㄱ, ㄴ, ㄷ, ㅁ

12 난이도 상중하

보험계약법(인보험편)에 관한 내용으로 가장 옳은 것은?

① 배달착오 등으로 인하여 보험계약자에게 보험가입증서(보험증권)가 도달되지 못한 경우 보험계약은 무효이다.
② 보험자가 청약을 승낙하기 전에 보험사고가 생긴 때에는 고지의무 위반, 건강진단 불응 등 해당 청약을 거절할 사유가 없는 한 보험자는 보험계약상의 책임을 진다.
③ 보험자는 보험금액의 지급에 관하여 약정기간이 있는 경우에는 그 기간 내에, 약정기간이 없는 경우에는 보험사고발생 통지를 받은 후 지체 없이 지급할 보험금액을 정하고 그 정하여진 날부터 15일 내에 피보험자 또는 보험수익자에게 보험금액을 지급하여야 한다.
④ 보험계약의 일부 또는 전부가 무효인 경우 보험계약자와 피보험자가 선의이며 중대한 과실이 없는 때에는 보험자는 해약환급금의 일부 또는 전부를 반환할 의무를 진다.

13 빈출문제 난이도 상중하

보험자(보험회사)는 고지의무자(보험계약자, 피보험자 및 이들의 대리인)가 고지의무를 위반한 경우 계약을 해지할 수 있으나 예외적으로 해지할 수 없는 경우로서 괄호 안에 들어갈 숫자의 합은?

> • 보험자가 고지의무 위반사실을 안 날로부터 (　)개월 이상 지났거나 보장개시일부터 보험금 지급사유가 발생하지 않고 (　)년 이상 지났을 때
> • 계약을 체결한 날부터 (　)년이 지났을 때

① 5
② 6
③ 7
④ 8

14 난이도 상중하

보험계약에 대한 설명으로 옳지 않은 것은?

① 보험계약은 당사자 일방이 약정한 보험료를 지급하고 재산 또는 생명이나 신체에 불확정한 사고가 발생할 경우에 상대방이 일정한 보험금이나 그 밖의 급여를 지급할 것을 약정함으로써 효력이 생긴다.
② 보험자가 보험계약자로부터 보험계약의 청약과 함께 보험료 상당액의 전부 또는 일부의 지급을 받은 때에는 다른 약정이 없으면 30일 내에 그 상대방에 대하여 낙부의 통지를 발송하여야 한다.
③ 보험자는 보험계약이 성립한 때에는 지체 없이 보험증권을 작성하여 보험계약자에게 교부하여야 한다.
④ 보험계약 당시에 보험사고가 이미 발생하였거나 또는 발생할 수 없는 것인 때에는 그 계약은 취소로 한다.

15

보험계약의 특성과 관련하여 〈보기 1〉과 〈보기 2〉의 내용이 가장 적절하게 연결된 것은?

보기 1

ㄱ. 보험단체를 통하여 대량적으로 관찰하면 사고의 발생은 상당히 규칙적인 성질을 가지고 있고, 여기에서 보험사업의 합리적인 경영이 가능하게 된다.

ㄴ. 보험자와 계약을 체결하는 많은 보험가입자(보험계약자)들은 경제적인 면에 있어서는 서로 연결이 되어 있고 이들은 하나의 위험단체 혹은 보험단체를 구성하게 된다.

ㄷ. 보험계약자는 자기의 개인적인 위험을 보험자에게 전가하고, 보험자는 위험을 인수하는 대가로 보험료를 받게 된다.

ㄹ. 보험계약법은 상대적 강행법규를 많이 정하여 둠으로써 약자인 보험계약자를 보호하도록 이루어져 있다.

보기 2

㉠ 사익조정성(영리성)　㉡ 단체성
㉢ 기술성　㉣ 사회성과 공공성
㉤ 상대적 강행법성

	ㄱ	ㄴ	ㄷ	ㄹ
①	㉢	㉣	㉠	㉤
②	㉢	㉡	㉠	㉤
③	㉡	㉢	㉠	㉤
④	㉡	㉢	㉣	㉠

16 빈출문제

보험계약에 대한 설명으로 옳지 <u>않은</u> 것은?

① 보험계약은 보험계약자의 청약과 보험자의 승낙으로 성립된다.

② 보험계약은 특별한 방식을 요구하지 않는 불요식계약이므로 보험계약을 서면으로 체결하지 않아도 효력이 있다.

③ 보험계약자 또는 피보험자는 청약 시 청약서에서 질문한 사항에 대해 보험자에게 사실대로 알려야 하는 고지의무가 있는데, 고지의무는 계약 청약 시에 발생하고 부활 시에는 발생하지 않는다.

④ 보험계약이 성립하면 보험자는 지체 없이 보험가입증서(보험증권)를 작성하여 교부할 의무가 있고 보험계약자는 보험자에 대하여 보험가입증서(보험증권)의 교부청구권을 가지게 된다.

17

보험계약의 철회, 무효, 취소, 실효에 대한 설명으로 옳은 것은?

① 보험계약자는 보험가입증서(보험증권)를 받은 날부터 15일 이내에 청약을 '철회'할 수 있다. 다만, 진단계약, 보험기간이 90일 이내인 계약 또는 전문금융소비자가 체결한 계약은 청약을 철회할 수 없으며, 청약일로부터 30일이 초과한 계약도 청약철회가 불가하다.

② 보험계약이 '취소'인 경우 보험금 지급사유가 발생하더라도 보험금 지급을 하지 않는다. 보험계약이 '무효'인 경우 보험자는 납입한 보험료에 일정 이자를 합한 금액을 계약자에게 반환한다.

③ 보험계약의 '취소'란 특정 원인이 발행하여 계약의 효력이 장래에 소멸되는 것을 말한다. '실효'의 경우 계약시점으로 소급되어 없어지는 데 반해, '취소'는 장래에 대해서만 효력을 가진다.

④ 보험회사가 파산선고를 받고 3개월이 경과하였을 때, 최초 보험료의 부지급, 보험기간의 만료, 사망사고 등 보험사고의 발생, 보험목적의 멸실은 보험계약의 '임의해지' 사유이다.

18 빈출문제   난이도 상 중 하

보험계약의 성립과 거절에 대한 내용으로 옳은 것을 모두 고른 것은?

> ㄱ. 보험자가 보험계약자로부터 보험계약의 청약과 함께 보험료 상당액의 전부 또는 일부의 지급을 받은 때에는 다른 약정이 없으면 15일 내에 그 상대방에 대하여 낙부의 통지를 발송하여야 한다.
> ㄴ. 보험자가 보험계약자로부터 보험계약의 청약과 함께 보험료 상당액의 전부 또는 일부를 받은 경우에 그 청약을 승낙하기 전에 보험계약에서 정한 보험사고가 생긴 때에는 그 청약을 거절할 사유가 없는 한 보험자는 보험계약상의 책임을 진다.
> ㄷ. 보험자는 보험계약이 성립한 때에는 지체 없이 보험증권을 작성하여 보험계약자에게 교부하여야 한다. 그러나 보험계약자가 보험료의 전부 또는 최초의 보험료를 지급하지 아니한 때에는 그러하지 아니하다.
> ㄹ. 계약이 성립한 후 보험가입증서(보험증권)가 배달착오 등으로 인해 보험계약자에게 도달되지 못하였다면 보험계약은 무효이다.

① ㄴ, ㄹ
② ㄴ, ㄷ
③ ㄱ, ㄴ, ㄷ
④ ㄱ, ㄴ, ㄷ, ㄹ

19 빈출문제   난이도 상 중 하

보험계약의 청약철회에 관한 다음의 설명에서 ㉠, ㉡ 안에 들어갈 숫자로 옳은 것은?

> 보험계약자는 보험가입증서(보험증권)를 받은 날부터 (㉠)일 이내에 청약을 철회할 수 있다. 다만, 진단계약, 보험기간이 90일 이내인 계약 또는 전문금융소비자가 체결한 계약은 청약을 철회할 수 없으며, 청약일로부터 (㉡)일이 초과한 계약도 청약철회가 불가하다.

① ㉠ 10, ㉡ 20
② ㉠ 14, ㉡ 20
③ ㉠ 15, ㉡ 30
④ ㉠ 30, ㉡ 60

20   난이도 상 중 하

고지의무와 관련된 내용이다. 〈보기〉의 지문에서 빈칸에 들어갈 숫자의 합은 모두 얼마인가?

> ─ 보기 ─
> ㄱ. 보험계약 당시에 보험계약자 또는 피보험자가 고의 또는 중대한 과실로 인하여 중요한 사항을 고지하지 아니하거나 부실의 고지를 한 때에는 보험자는 그 사실을 안 날로부터 ( )월 내에, 계약을 체결한 날로부터 ( )년 내에 한하여 계약을 해지할 수 있다. 그러나 보험자가 계약 당시에 그 사실을 알았거나 중대한 과실로 인하여 알지 못한 때에는 그러하지 아니하다.
> ㄴ. 보험기간 중에 보험계약자 또는 피보험자가 사고발생의 위험이 현저하게 변경 또는 증가된 사실을 안 때에는 지체 없이 보험자에게 통지하여야 한다. 이를 해태한 때에는 보험자는 그 사실을 안 날로부터 ( )월 내에 한하여 계약을 해지할 수 있다.
> ㄷ. 보험자가 위험변경증가의 통지를 받은 때에는 ( )월 내에 보험료의 증액을 청구하거나 계약을 해지할 수 있다.
> ㄹ. 보험기간 중에 보험계약자, 피보험자 또는 보험수익자의 고의 또는 중대한 과실로 인하여 사고발생의 위험이 현저하게 변경 또는 증가된 때에는 보험자는 그 사실을 안 날부터 ( )월 내에 보험료의 증액을 청구하거나 계약을 해지할 수 있다.

① 7
② 8
③ 9
④ 10

21   난이도 상 중 하

생명보험계약에 대한 설명으로 옳지 않은 것은?

① 보험에 담보된 재산 또는 생명이나 신체에 관하여 불확정한 사고, 즉 위험이 발생하는 것을 보험사고라고 한다.
② 보험기간에 대하여 「상법」에서는 보험자의 책임을 최초의 보험료 납입 여부와 상관없이 청약일로부터 개시된다고 규정하고 있다.
③ 보험계약에서 정의한 보험사고가 발생함으로써 손해를 입는 사람을 피보험자라고 한다.
④ 보험계약자가 보험사고에 의한 보장을 받기 위하여 보험자에게 지급하여야 할 금액을 보험료라고 한다.

22

보험계약의 효과에 관한 내용으로 옳지 <u>않은</u> 것은 모두 몇 개인가?

> ㄱ. 보험계약이 성립하면 보험자는 지체 없이 보험가입증서(보험증권)를 작성하여 교부할 의무가 있다. 보험계약자는 보험자에 대해 보험가입증서(보험증권)의 교부청구권을 가지게 된다.
> ㄴ. 보험자는 보험기간 내에 보험사고가 생긴 때에는 피보험자 또는 보험수익자에게 보험금을 지급할 의무를 진다.
> ㄷ. 보험계약의 일부 또는 전부가 무효인 경우 보험계약자와 피보험자가 선의이며 중대한 과실이 없는 때에는 보험자는 납입보험료에 대해서 반환할 의무가 없다.
> ㄹ. 보험계약자가 보험사고의 발생 전에 보험계약의 전부 또는 일부를 해지한 경우 보험자는 다른 약정이 없으면 미경과 보험료를 반환하여야 할 의무를 진다.

① 1개
② 2개
③ 3개
④ 4개

23

보험계약의 성립과 체결에 대한 내용으로 옳지 <u>않은</u> 것은?

① 보험자는 계약의 청약을 받고 제1회 보험료를 받은 경우에 건강진단을 받지 않는 계약은 청약일, 진단계약은 진단일부터 30일 이내에 계약을 승낙 또는 거절하여야 한다. 만일 30일 이내에 승낙 또는 거절의 통지를 하지 않으면 계약은 승낙된 것으로 본다.
② 보험자가 청약을 승낙하기 전에 보험사고가 생긴 때에는 고지의무 위반, 건강진단 불응 등 해당 청약을 거절할 사유가 없는 한 보험자는 보험계약상의 책임을 진다.
③ 보험자는 계약이 성립한 때에는 보험가입증서(보험증권)를 교부해야 하고, 보험가입증서를 교부하지 아니하면 보험계약의 효력은 무효가 된다.
④ 진단계약, 보험기간이 90일 이내인 계약 또는 전문금융소비자가 체결한 계약은 청약을 철회할 수 없으며, 청약일로부터 30일이 초과한 계약도 청약철회가 불가하다.

CHAPTER 06 우체국보험 일반현황

파트 내 출제비중 **13%**

01 빈출문제
난이도 상 중 하

우체국보험적립금에 대한 설명으로 옳지 <u>않은</u> 것은?

2022 계리직 9급

① 과학기술정보통신부장관이 운용·관리한다.
② 보험계약자를 위한 대출제도 운영에 사용된다.
③ 「우체국예금·보험에 관한 법률」에 근거를 두고 있다.
④ 순보험료, 운용수익 및 회계의 세입·세출 결산상 잉여금으로 조성한다.

02
난이도 상 중 하

우체국보험의 역사를 설명한 〈보기〉의 ㉠~㉢에 들어갈 내용을 바르게 나열한 것은?

2016 계리직 9급

---- 보기 ----
- 우체국보험은 (㉠)년 5월에 제정된 '조선간이생명보험령'에 따라 종신보험과 (㉡)으로 시판되었다.
- 1952년 12월 '국민생명보험법' 및 '우편연금법'이 제정되면서 '간이생명보험'이 (㉢)으로 개칭되었다.

	㉠	㉡	㉢
①	1925	양로보험	우편생명보험
②	1929	양로보험	국민생명보험
③	1925	연금보험	우편생명보험
④	1929	연금보험	국민생명보험

03
난이도 상 중 하

우체국보험에 관한 설명으로 옳지 <u>않은</u> 것은? 2010 계리직 10급

① 우체국보험은 인보험(人保險) 분야의 상품을 취급한다.
② 우체국보험은 금융감독원의 감독을 받는다.
③ 우체국보험의 계약보험금 한도액은 일정 금액 이하로 제한된다.
④ 우체국보험의 보험금 지급은 국가가 책임진다.

04
난이도 상 중 하

우체국보험과 민영보험에 대한 비교 내용으로 옳은 것은?

	구분	우체국보험	민영보험
①	보험료	상대적으로 고액	상대적으로 저렴
②	가입한도액	제한 없음	제한 있음
③	지급보장	제한 보장	전액 보장
④	취급제한	제한 있음	제한 없음

05

우체국예금·보험에 관한 법령상 '목적, 사업의 관장, 공익급여의 지급'에 대한 내용으로 옳지 <u>않은</u> 것은?

① 이 법은 체신관서로 하여금 간편하고 신용 있는 예금·보험사업을 운영하게 함으로써 금융의 대중화를 통하여 국민의 저축의욕을 북돋우고, 보험의 보편화를 통하여 재해의 위험에 공동으로 대처하게 함으로써 국민 경제생활의 안정과 공공복리의 증진에 이바지함을 목적으로 한다.
② 우체국예금사업과 우체국보험사업은 국가가 경영하며, 과학기술정보통신부장관이 관장한다.
③ 체신관서는 수입보험료의 일부를 공익급여로 지급할 수 있다.
④ 공익급여 지급대상 보험의 종류별 명칭과 공익급여의 지급대상, 지급범위 및 지급절차 등은 과학기술정보통신부장관이 정한다.

06

「우체국보험특별회계법」상 '보험적립금 및 결산서 작성'에 대한 내용으로 옳지 <u>않은</u> 것은?

① 보험금·환급금 등 보험급여를 지급하기 위한 **책임준비금**에 충당하기 위하여 세입·세출 외에 따로 우체국보험적립금을 둔다.
② 적립금은 과학기술정보통신부장관이 운용·관리한다.
③ 적립금을 운용할 때에는 안정성·유동성·수익성 및 공익성이 확보되도록 하여야 한다.
④ 과학기술정보통신부장관은 회계연도마다 「국가회계법」 등에 따라 회계의 결산서를 작성하는 외에 기업예산회계 관계법령에 따라 결산서(적립금은 **제외**)를 작성할 수 있다.

07 빈출문제

우체국보험의 특징에 대한 설명으로 옳은 것은 모두 몇 개인가?

> ㄱ. 우체국보험은 4천만원 이하의 소액보험(생명·신체·상해·연금 등) 상품개발과 판매 및 운영사업을 하면서 기타 보험사업에 부대되는 환급금 대출과 증권의 매매 및 대여를 업무범위로 하고 있다. 부동산의 취득·처분과 임대 서비스도 업무범위에 포함된다.
> ㄴ. 국가가 경영하고 행정안전부장관이 관장하며, 감사원의 감사와 국회의 국정감사를 받고 있다.
> ㄷ. 우체국보험은 국가가 운영함에 따라 정부예산회계 관계 법령의 적용을 받고 있으며 「우체국보험 건전성 기준」 제34조에 따라 외부 회계법인의 검사를 받고 있다.
> ㄹ. 우체국보험사업의 운영에 필요한 경비는 기획재정부와 협의하고 국회의 심의를 거쳐 정부예산으로 편성하며, 예산집행 내역 및 결산 결과를 국회 및 감사원에 보고한다.

① 1개
② 2개
③ 3개
④ 4개

08

우체국보험과 타 기관 보험과의 비교 내용으로 가장 옳은 것은?

① 우체국보험은 납입료 대비 수혜가 비례적이지만, 공영보험(건강보험, 국민연금, 고용보험, 산재보험)은 비례성이 약하다.
② 우체국보험은 변액보험, 퇴직연금, 손해보험 상품 취급이 가능하다.
③ 계약보험금 한도액은 보험종류별로 피보험자 1인당 5천만원으로 하되, 연금저축계좌에 해당하는 보험의 보험료 납입금액은 피보험자 1인당 연간 1,800만원 이하로 한다.
④ 우체국보험은 국가가 전액 지급을 보장하며, 과학기술정보통신부, 감사원, 국회, 금융위원회, 금융감독원 등의 감독을 받고 있다.

09

우체국보험의 사회공헌 활동 재원과 관련 있는 내용으로 가장 옳지 않은 것은?

① 「우체국예금·보험에 관한 법률 시행규칙」에 따르면 체신관서는 수입보험료의 일부를 공익급여로 지급할 수 있으며 공익급여 지급대상 보험의 종류별 명칭과 공익급여의 지급대상, 지급범위 및 지급절차 등은 우정사업본부장이 정한다.
② 「우체국보험특별회계법」에 따르면 과학기술정보통신부장관은 적립금 결산에 따른 잉여금의 일부로 보험계약자 및 소외계층을 위한 공익사업을 할 수 있다.
③ 우체국예금과 우체국보험의 공익준비금은 모두 정부예산에서 재원으로 삼고 있다.
④ 「우체국보험특별회계법 시행규칙」에 따르면 공익사업의 재원은 전(前) 회계연도에 대한 적립금 결산에 따른 이익잉여금의 100분의 5 이내의 금액으로 조성한다.

10

보험적립금 관련 내용 및 공익사업 재원조성에 관한 내용으로 옳지 않은 것은?

① 보험금·환급금 등 보험급여를 지급하기 위한 책임준비금에 충당하기 위하여 우체국보험특별회계의 세입·세출 외에 별도 우체국보험적립금을 설치·운영한다.
② 우체국보험적립금은 순보험료, 적립금 운용수익금 및 우체국보험특별회계의 세입·세출 결산에 따른 잉여금으로 조성한다.
③ 조성된 적립금은 주로 보험금 지급에 충당하고, 여유자금은 유가증권 매입 또는 금융기관에 예치하여 수익성을 제고한다.
④ 공익사업의 재원은 전(前) 회계연도에 대한 적립금 결산에 따른 이익잉여금의 100분의 10 이내의 금액으로 조성한다.

CHAPTER 07 리스크관리 및 자금운용

01 빈출문제
난이도 상중하

우체국보험 재무건전성 관리에 대한 설명으로 옳은 것은?

2023 계리직 9급

① 우체국보험은 자본의 적정성 유지를 위하여 지급여력비율을 반기별로 산출·관리하여야 한다.
② 과학기술정보통신부장관은 우체국보험사업에 대한 건전성을 유지하고 관리하기 위하여 필요한 경우에는 금융위원회에 검사를 요청할 수 있다.
③ 우정사업본부장은 지급여력비율이 150% 미만인 경우로서 보험계약자에게 보험금을 지급하지 못할 우려가 있다고 판단되는 경우에는 경영개선계획을 수립·시행하여야 한다.
④ 우정사업본부장은 자산건전성 분류 대상 자산에 해당하는 보유자산에 대해 건전성을 5단계로 분류하여야 하며 '고정', '회수의문' 또는 '추정손실'로 분류된 자산을 조기에 상각하여야 한다.

02
난이도 상중하

우체국보험 보험적립금의 운용에 관한 내용으로 옳지 않은 것은?

① 우정사업본부장은 적립금의 효율적인 운용을 위하여 연간 적립금 운용계획과 분기별 적립금 운용계획을 수립하여야 한다.
② 적립금 운용계획은 「우정사업 운영에 관한 특례법」에 의한 금융위원회의 심의를 받아야 한다.
③ 우정사업본부장은 적립금 운용상황 및 결과를 매월 분석하여야 하며, 연간 분석결과는 우체국보험적립금운용분과위원회에 보고하여야 한다.
④ 우체국보험의 회계처리 및 재무제표 작성은 「우체국보험특별회계법」,「국가재정법」,「국가회계법」, 같은 법 시행령 및 시행규칙에서 정하는 바에 따른다.

03
난이도 상중하

우체국보험 회계기준 및 재무재표, 결산, 경영공시에 관한 내용으로 가장 옳은 것은?

① 우체국보험적립금회계의 재무제표는 재무상태표, 손익계산서, 이익잉여금처분계산서 또는 결손금처리계산서, 현금흐름표로 한다.
② 우정사업본부장은 해당 회계연도의 경영성과와 재무상태를 명확히 파악할 수 있도록 법령을 준수하여 결산서류를 명료하게 작성하여야 하며, 매 회계연도마다 적립금의 결산서를 작성하고 감사원의 검사를 받아야 한다.
③ 공시는 결산이 확정된 날로부터 3개월 이내에 보험계약자 등 이해관계자가 알기 쉽도록 간단명료하게 작성하여 우체국보험 홈페이지 등에 게시하여야 한다.
④ 우정사업본부장은 인터넷 홈페이지에 상품공시란을 설정하여 보험계약자 등이 판매상품에 관한 판매상품별 상품요약서, 사업방법서 및 보험약관(변경 전 보험약관 및 판매중지 후 3년이 경과되지 아니한 보험약관을 포함함) 등의 사항을 확인할 수 있도록 공시하여야 한다.

04 빈출문제

우체국보험의 리스크 및 재무건전성 관리에 대한 내용으로 옳지 않은 것은?

① 재무적 리스크는 금융회사의 영업활동 또는 시스템 관리 등에 따라 발생할 수 있는 비정형화된 리스크로서 계량적인 산출과 관리가 어려운 리스크인 반면, 비재무적 리스크는 특성상 주가 및 금리와 같은 데이터를 활용하여 특정한 산식을 통해 산출 및 관리가 가능한 계량적인 성격을 갖는다.
② 우정사업본부장은 자산건전성 분류 대상 자산에 해당하는 보유자산에 대해 건전성을 '정상', '요주의', '고정', '회수의문', '추정손실'의 5단계로 분류하여야 한다.
③ 우정사업본부장은 해당 회계연도의 경영성과와 재무상태를 명확히 파악할 수 있도록 법령을 준수하여 결산서류를 명료하게 작성하여야 하며, 매 회계연도마다 적립금의 결산서를 작성하고 외부 회계법인의 검사를 받아야 한다.
④ 우정사업본부장은 경영의 투명성 확보를 위하여 우체국보험 경영공시를 하여야 하며, 공시는 결산이 확정된 날로부터 1개월 이내에 보험계약자 등 이해관계자가 알기 쉽도록 간단명료하게 작성하여 우체국보험 홈페이지 등에 게시하여야 한다.

05

리스크관리에 대한 내용으로 옳은 것은 모두 몇 개인가?

> ㄱ. 재무적 리스크의 종류에는 시장리스크, 신용리스크, 금리리스크, 유동성리스크, 보험리스크 등이 있다.
> ㄴ. 운영리스크는 재무적 리스크에 해당한다.
> ㄷ. 비재무적 리스크는 특성상 주가 및 금리와 같은 데이터를 활용하여 특정한 산식을 통해 산출 및 관리가 가능한 계량적인 성격을 갖는다.
> ㄹ. 재무적 리스크는 금융회사의 영업활동 또는 시스템 관리 등에 따라 발생할 수 있는 비정형화된 리스크로서 계량적인 산출과 관리가 어려운 리스크이다.

① 1개
② 2개
③ 3개
④ 4개

06 빈출문제

리스크관리에 대한 내용으로 옳지 않은 것은?

① 일반적으로 '위험(Danger)'은 화재, 자연재해, 교통사고와 같이 수익에 관계없이 손실만을 발생시키는 사건을 의미하는 반면, '리스크(Risk)'는 예측하지 못한 어떤 사실이나 행위가 자본 및 수익에 부정적인 영향을 끼칠 수 있는 잠재적인 가능성을 뜻한다.
② '리스크(Risk)'는 리스크관리 활동을 통해 최소화함으로써 손실관리를 할 수 있으며 적절한 리스크관리를 수행함으로써 투자에 대한 불확실성 수준에 따른 수익을 보존할 수도 있다.
③ 재무적 리스크는 특성상 주가 및 금리와 같은 데이터를 활용하여 특정한 산식을 통해 산출 및 관리가 가능한 계량적인 성격을 가진다.
④ 시장리스크란 자금의 조달, 운영기간의 불일치, 예기치 않은 자금 유출 등으로 지급불능상태에 직면할 리스크를 말한다.

07

우체국보험의 재무건전성 관리에 대한 내용으로 옳은 것은?

① 우정사업본부장은 우체국보험의 보험금 지급능력과 재무건전성을 확보하기 위하여 '건전 경영의 유지를 위한 준수사항'을 준수하여야 한다.
② 지급여력비율은 지급여력기준금액을 지급여력금액으로 나누어 산출한다.
③ 우정사업본부장은 우체국보험의 지급여력비율이 120% 미만인 경우로서 보험계약자에게 보험금을 지급하지 못할 우려가 있다고 판단되는 경우에는 경영개선계획을 수립·시행하여야 한다.
④ 우체국보험은 자산의 건전성 유지를 위하여 지급여력비율을 분기별로 산출·관리하여야 하며, 이에 따른 지급여력비율은 100% 이상을 유지하도록 노력하여야 한다.

PART II 우체국보험 제도

CHAPTER 01　우체국보험 모집 및 언더라이팅
CHAPTER 02　우체국보험 계약유지 및 보험금 지급

출제비중 16%
※전 10회 시험(2008~2023)을 기준으로 출제비중을 산출하였습니다.

CHAPTER 01 우체국보험 모집 및 언더라이팅

파트 내 출제비중 **33%**

01 빈출문제 난이도 상 중 하

〈보기〉에서 우체국보험 언더라이팅(청약심사)에 대한 설명으로 옳은 것을 모두 고른 것은?

2023 계리직 9급

― 보기 ―
ㄱ. 언더라이팅(청약심사)은 일반적으로 보험사의 "위험의 선택" 업무로서 위험평가의 체계화된 기법을 말한다.
ㄴ. 보험판매 과정에서 계약선택의 기준이 되는 위험 중 환경적 위험은 피보험자의 직업 및 업무내용, 운전여부, 취미활동, 음주 및 흡연여부, 피보험자와 수익자의 관계 등이다.
ㄷ. 체신관서는 피보험자의 신체적·환경적·도덕적 위험 등을 종합적으로 평가하여 정상인수, 조건부인수, 거절 등의 합리적 인수조건을 결정하는 언더라이팅(청약심사)을 하게 된다.
ㄹ. 계약적부조사는 적부조사자가 계약자를 직접 면담하여 계약적부조사서상의 주요 확인사항을 중심으로 확인하는 제도이다.

① ㄱ, ㄴ
② ㄱ, ㄷ
③ ㄴ, ㄹ
④ ㄷ, ㄹ

02 난이도 상 중 하

우체국보험 청약서비스에 대한 설명으로 옳은 것을 모두 고른 것은?

2022 계리직 9급

ㄱ. 보험계약자가 성인인 계약에 한해서 태블릿청약 이용이 가능하다.
ㄴ. 타인계약 또는 미성년자(만 19세 미만자) 계약도 전자청약이 가능하다.
ㄷ. 전자청약과 태블릿청약을 이용하는 고객에게는 제2회 이후 보험료 자동이체 시 0.5%의 할인이 적용된다.
ㄹ. 전자청약은 가입설계서를 발행한 계약으로 전자청약 전환을 신청한 계약에 한하며, 가입설계일로부터 10일(비영업일 제외) 이내에만 가능하다.

① ㄱ, ㄷ
② ㄱ, ㄹ
③ ㄴ, ㄷ
④ ㄴ, ㄹ

03 난이도 상 중 하

'미성년자의 보험계약'에 관한 내용으로 옳지 않은 것은?

① 청약일 현재 만 19세 미만으로 보험계약자 또는 피보험자, 보험수익자를 정할 경우에는 친권자, 후견인 등의 법정대리인의 동의가 있어야 계약이 유효하다.
② 미성년자 계약을 함에 있어 보험계약자가 친권자일 경우에는 나머지 친권자 1인의 자필서명을 득하여야 하며, 후견인일 경우에는 후견인란의 자필서명 생략이 가능하다.
③ 미성년자의 친권자는 부와 모이며, 부모가 혼인중일 경우 부모가 공동으로 친권을 행사한다.
④ 미성년자 계약 등은 전자청약서비스가 가능하다.

04

'친권의 행사'에 관한 내용으로 옳지 않은 것은?

① '사망, 친권상실 신고' 등으로 인하여 부모 중 1인이 친권행사를 할 수 없을 때는 다른 1인이 행사한다.
② 부모가 이혼한 경우는 공동친권, 단독친권 등 부모가 협의하여 친권자를 정할 수 있으나, 협의가 불가능한 경우는 당사자의 청구로 행정법원이 친권자를 결정한다.
③ 부모 이혼 후 단독 친권자 사망 시는 생존하고 있는 부 또는 모가 친권을 행사한다.
④ 양자일 경우는 양부모가 공동으로 친권을 행사하며, 만일 양부모 쌍방과 파양하였을 경우에는 친생부모의 친권이 부활된다.

05

피보험자 담보별 가입한도, 보험계약자 가입한도 제도에 관한 내용으로 옳지 않은 것은?

① 피보험자 담보별 가입한도 제도는 보장내용에 따라 피보험자 1인당 과도한 가입을 제한하여 역선택을 예방함으로써 우체국보험사업의 건전성을 도모하는 한편, 우체국보험의 근본 취지에 충실하기 위해 운영하는 제도이다.
② 피보험자 담보별 가입한도는 피보험자 1인당 담보별 가입한도를 설정하고, 피보험자별로 모든 가입계약의 각 담보별 보장금액을 계산하여, 이미 설정된 가입한도를 초과하는 경우에는 개별청약서 발행 거래에서 청약서 발행이 불가능하다.
③ 보험계약자 가입한도 제도는 소액보험 취급을 통한 보편적 보험서비스 제공을 위하여 보험계약자를 기준으로 보험가입한도액을 설정하여 제도적 보완 방안을 마련한 제도이다.
④ 보험계약자 가입한도는 보험계약자 1인당 가입한도를 보험가입금액 기준으로 설정하고, 이미 설정된 보험계약자별 가입한도를 초과하는 경우에는 개별청약서 발행 거래에서 발행이 불가능하며, 보험계약자 1인당 가입한도는 저축성 보험 종류(연금보험 제외)에 한하여 실시한다.

06

우체국보험 모집 준수사항에 대한 내용으로 옳은 것은?

① 보험안내자료에 우체국보험의 자산과 부채를 기재하는 경우 우정사업본부장이 작성한 재무제표에 기재된 사항과 다른 내용의 것을 기재하지 못한다.
② 보험안내자료에 우체국보험의 장래의 이익의 배당 또는 잉여금의 분배에 대한 예상에 관한 사항을 필수적으로 기재하여야 한다.
③ 저축성 보험(금리확정형 보험 포함)계약의 경우 계약자가 보험계약 체결 권유 단계에서 설명 의무사항을 설명받았고, 이를 이해하였음을 전화 등 통신수단을 통하여 청약 후 10일 이내에 확인받아야 한다.
④ 보험계약자에게 보험계약의 체결 시부터 보험금 지급 시까지의 주요 과정을 반드시 설명하여야 한다.

07 빈출문제

우체국보험 모집자 및 보험 모집 관련 준수사항에 대한 내용으로 가장 옳은 것은?

① 우체국보험 모집자에는 우정사업본부 소속 공무원·별정우체국 직원·상시집배원, 우체국FC, 우체국TMFC, 우편취급국장, 그 밖에 우정사업본부장이 인정한 자 등이 있다.
② 보험모집 등과 관련하여 법령, 규정 및 준수사항 등을 위반하여 보험모집 자격을 상실한 후 2년이 경과되지 아니한 자는 우체국FC 등록이 제한된다.
③ 보험계약의 체결에 종사하는 자 또는 보험모집자는 그 체결 또는 모집과 관련하여 보험계약자 또는 피보험자에 대하여 5만원을 초과하는 금품 등 특별이익을 제공하거나 그 제공을 약속하여서는 아니 된다.
④ 보험계약의 체결 또는 모집에 종사하는 자가 기존보험계약을 부당하게 소멸시키거나 소멸하게 하는 행위를 하였을 때에 보험계약자는 보험계약의 체결 또는 모집에 종사하는 자가 속하거나 모집을 위탁한 우정관서에 대하여 그 보험계약이 소멸한 날부터 3개월 이내에 소멸된 보험계약의 부활을 청구하고 새로운 보험계약은 취소할 수 있다.

08 빈출문제

우체국보험 모집 준수사항에 대한 내용으로 옳지 않은 것은?

① '보험모집'이란 우체국과 보험계약이 체결될 수 있도록 중개하는 모든 행위(계약체결의 승낙 포함)를 의미한다.
② 보험안내자료에 우체국보험의 장래의 이익의 배당 또는 잉여금의 분배에 대한 예상에 관한 사항을 기재하지 못한다.
③ 기존보험계약이 소멸된 날부터 1개월 이내에 새로운 보험계약을 청약하게 하거나 새로운 보험계약을 청약하게 한 날부터 1개월 이내에 기존보험계약을 소멸하게 하는 행위는 기존계약 부당소멸 행위에 해당한다(다만, 보험계약자가 기존 보험계약 소멸 후 새로운 보험계약 체결 시 손해가 발생할 가능성이 있다는 사실을 알고 있으며 본인의 의사에 따른 행위임이 명백히 증명되는 경우는 제외).
④ 보험계약의 체결에 종사하는 자 또는 보험모집자는 그 체결 또는 모집과 관련하여 보험계약자 또는 피보험자에 대하여 보험료로 받은 수표 등에 대한 이자상당액의 대납을 약속하여서는 안 된다.

09

우체국보험 모집 준수사항에 대한 내용으로 옳지 않은 것은?

① 보험계약 체결을 권유하는 경우 설명 단계별 의무사항 중 첫 번째 단계는 주계약 및 특약별 보험료 설명이다.
② 보험계약의 체결 또는 모집에 관한 금지행위에는 보험계약자 또는 피보험자에게 보험계약의 내용을 사실과 다르게 알리거나 그 내용의 중요한 사항을 알리지 아니하는 행위가 포함된다.
③ 보험계약 체결 시 보험계약자에게 보험모집 단계별로 서류를 제공해야 하나, 단체보험의 경우에는 가입설계서와 상품설명서를 제공하지 않는다.
④ 보험계약자가 설명을 거부하는 경우에도 보험계약의 체결 시부터 보험금 지급 시까지의 주요 과정을 보험계약자에게 설명하여야 한다.

10

우체국보험 모집에 대한 내용으로 옳지 않은 것은?

① 「우체국예금·보험에 관한 법률 시행규칙」에 따라 체신관서의 직원은 보험모집 업무를 할 수 없다.
② '우체국FC'란 우체국으로부터 위탁을 받아 우체국보험의 모집 업무를 행하는 개인을 의미한다.
③ '우체국TMFC'란 우체국장과 위촉계약을 체결하여 TCM을 통해 우체국보험을 모집하는 개인을 의미한다.
④ '우편취급국FC'란 우체국FC 중 「우체국 창구업무의 위탁에 관한 법률」 제3조 규정에 따라 우체국 창구업무의 일부를 수탁받은 자 또는 수탁받은 자가 설치한 장소에서 근무하는 자로서 「우체국보험 모집 및 보상금 지급 등에 관한 규정」 제28조에 따라 등록된 자를 말한다.

11 빈출문제

보험계약 체결에 대한 내용으로 옳지 않은 것을 모두 고른 것은?

> ㄱ. 계약을 체결할 때 계약에서 정한 피보험자의 나이에 미달되었거나 초과되었을 경우 원칙적으로 취소이다.
> ㄴ. 타인의 사망을 보험금 지급사유로 하는 계약에서 계약을 체결할 때까지 피보험자의 서면에 의한 동의를 얻지 않은 경우는 원칙적으로 취소사유이다.
> ㄷ. 만 15세 미만자, 심신상실자 또는 심신박약자를 피보험자로 하여 사망을 보험금 지급사유로 한 계약의 경우 원칙적으로 무효사유이다.
> ㄹ. 보험계약 시 보험모집자의 '3대 기본 지키기'는 약관 및 청약서 부본 전달, 약관 주요 내용 설명, 보험계약자 및 피보험자의 자필 서명이다. 만약, 모집자가 청약 시 이러한 의무(3대 기본 지키기)를 이행하지 않았을 경우에는 계약자는 6개월 이내에 취소권을 행사할 수 있다.

① ㄱ, ㄴ
② ㄴ, ㄷ
③ ㄱ, ㄴ, ㄹ
④ ㄱ, ㄴ, ㄷ, ㄹ

12

다음 중 언더라이팅에 대한 설명으로 옳지 <u>않은</u> 것은?

① 언더라이팅이란 체신관서가 보험계약에 대한 청약이 접수되면, 피보험자의 신체적·환경적·도덕적 위험 등을 종합적으로 평가하여 피보험자의 위험에 따라 정상인수, 조건부인수, 거절 등의 합리적 인수조건을 결정하는 청약심사를 말한다.
② 보험판매 과정에서 계약선택의 기준이 되는 위험에는 신체적 위험, 환경적 위험, 도덕적 위험(재정적 위험) 등이 있다.
③ 언더라이팅 관련 제도 중 환경적 언더라이팅이란 적부조사자가 피보험자를 직접 면담 또는 전화를 활용하여 적부 주요 확인사항을 중심으로 확인하며, 계약적부조사서상에 주요 확인사항 등을 기재하고 피보험자가 최종 확인하는 제도이다.
④ 모집자는 위험을 선별하는 1차적 언더라이터이며, 고객이 지닌 위험도에 대하여 가장 잘 알 수 있는 영업현장의 모집자의 역할이 매우 중요하다.

13

보험계약의 성립과 효력 등에 관한 내용으로 옳지 <u>않은</u> 것은?

① 보험계약은 보험계약자의 청약과 체신관서의 승낙으로 이루어진다.
② 보장개시일은 체신관서가 보장을 개시하는 날로서 계약이 성립되고 제1회 보험료를 받은 날을 말하나, 체신관서가 승낙하기 전이라도 청약과 함께 제1회 보험료를 받은 경우에는 제1회 보험료를 받은 날을 의미한다.
③ 만 15세 미만자, 심신상실자 또는 심신박약자를 피보험자로 하여 사망을 보험금 지급사유로 한 계약 중 심신박약자가 계약을 체결하거나 소속 단체의 규약에 따라 단체보험의 피보험자가 될 때에 의사능력이 있는 경우 계약 무효사유에 해당한다.
④ 보험모집자는 계약체결 시 계약자에게 약관 및 청약서 부본을 전달하고 약관의 주요 내용을 설명해야 하는데 만약 모집자가 청약 시 이러한 의무(3대 기본 지키기)를 이행하지 않았을 경우에는 계약자는 취소권을 행사할 수 있다.

14

우체국보험 약관에 따른 보험계약의 효력 중 계약의 취소에 대한 내용으로 옳지 <u>않은</u> 것은?

① 계약의 취소는 계약은 성립되었으나 후에 취소권자의 취소의 의사표시로 그 법률효과가 소급되어 없어지는 것을 의미한다.
② 보험모집자가 청약 시 3대 기본 지키기를 이행하지 않았을 경우 계약자는 취소권을 행사할 수 있고, 체신관서는 이미 납입한 보험료에 보험료를 받은 기간에 대하여 환급금대출 이율을 연단위 단리로 계산한 금액을 더하여 지급한다.
③ 체신관서, 계약자는 보험계약의 취소권자이다.
④ 피보험자가 청약일 이전에 암 또는 인간면역결핍바이러스(HIV) 감염의 진단 확정을 받은 후 계약자 또는 피보험자가 이를 숨기고 가입하는 등의 뚜렷한 사기의사에 의하여 계약이 성립되었음을 체신관서가 증명하는 경우에는 보장개시일부터 5년 이내(사기사실을 안 날부터는 1개월 이내)에 계약을 취소할 수 있다.

15

우체국보험 계약의 청약업무에 대한 내용으로 옳은 것은 모두 몇 개인가?

> ㄱ. 전자청약이 가능한 계약은 가입설계서를 발행한 계약으로 전자청약 전환을 신청한 계약에 한하며, 가입설계일로부터 10일(비영업일 제외) 이내에 한하여 전자청약을 할 수 있다.
> ㄴ. 타인계약(보험계약자와 피보험자가 다른 경우 또는 피보험자와 보험수익자가 다른 경우), 미성년자 계약 등은 전자청약이 불가하다.
> ㄷ. 전자청약서비스, 태블릿청약서비스를 이용하는 고객에게는 제1회 이후 보험료 자동이체 시 0.5%의 할인이 적용된다.
> ㄹ. 외국인이라 하더라도 국내에 거주 허가를 받은 자는 우체국보험에 가입할 수 있고, 외국에 거주하는 내국인 또한 가입할 수 있다.

① 1개
② 2개
③ 3개
④ 4개

16
난이도 상 중 **하**

생명보험에 관련된 내용 중 다음 ㉠, ㉡에 들어갈 용어를 바르게 연결한 것은?

- (㉠): 보험회사 입장에서 보험가입을 원하는 피보험자(보험대상자)의 위험을 각 위험집단으로 분류하여 보험 가입 여부를 결정(계약인수·계약거절·조건부인수 등)하는 일련의 과정이다.
- (㉡): 보험금 청구에서 지급까지 일련의 업무를 뜻하며 보험금 청구 접수, 사고 조사, 조사건 심사, 수익자 확정, 보험금 지급 등의 업무가 포함된다.

	㉠	㉡
①	내부통제	준법감시인
②	리스크관리	내부통제
③	준법감시인	언더라이팅
④	언더라이팅	클레임

17
난이도 **상** 중 하

우체국보험 모집 준수사항에 관한 내용으로 옳지 <u>않은</u> 것을 모두 고른 것은?

ㄱ. 「보험업법」에 따라 보험설계사·보험대리점 또는 보험중개사의 등록이 취소된 후 3년이 경과되지 아니한 자는 우체국FC로 등록할 수 없다.
ㄴ. 전자청약이 가능한 계약은 가입설계서를 발행한 계약으로 전자청약 전환을 신청한 계약에 한하며, 가입설계일로부터 10일(비영업일 포함) 이내에 한하여 전자청약을 할 수 있다. 더불어, 타인계약(보험계약자와 피보험자가 다른 경우 또는 피보험자와 보험수익자가 다른 경우), 미성년자 계약 등도 전자청약이 가능하다.
ㄷ. 우체국보험의 계약체결 대상자는 국내에 거주하는 자를 원칙으로 한다. 따라서 외국인이라 하더라도 국내에 거주 허가를 받은 자는 우체국보험에 가입할 수 있고, 내국인은 외국에 거주하더라도 가입할 수 있다.
ㄹ. 저축성 보험(금리확정형보험은 포함)계약의 경우 보험계약자가 보험계약 체결권유 단계에서 설명 의무사항을 설명 받았고, 이를 이해하였음을 전화 등 통신수단을 통하여 청약 후 10일 이내에 확인을 받아야 한다.

① ㄴ, ㄹ
② ㄱ, ㄷ, ㄹ
③ ㄱ, ㄴ, ㄷ
④ ㄱ, ㄴ, ㄷ, ㄹ

CHAPTER 02 우체국보험 계약유지 및 보험금 지급

파트 내 출제비중
67%

01 빈출문제
난이도 상 중 **하**

우체국보험의 효력상실 및 부활에 대한 설명으로 옳지 <u>않은</u> 것은?
2023 계리직 9급

① 보험료의 납입연체로 인한 해지계약이 해약환급금을 받지 않은 경우, 계약자는 해지된 날부터 3년 이내에 계약의 부활을 청약할 수 있다.
② 보험료 납입이 연체 중인 경우, 납입최고는 유예기간이 끝나기 15일 이전까지 서면(등기우편 등) 등으로 이루어진다.
③ 체신관서가 부활을 승낙한 경우, 계약자는 부활을 청약한 날까지의 연체된 보험료에 약관에서 정한 이자를 더하여 납입하여야 한다.
④ 보험료 납입 유예기간은 해당 월분 보험료의 납입기일부터 납입기일이 속하는 달의 다음 달의 말일까지이며, 유예기간의 마지막 날이 영업일이 아닌 때에는 그 다음 날로 한다.

02
난이도 상 **중** 하

우체국보험의 보험금 지급청구에 대한 설명으로 옳은 것은?
2023 계리직 9급

① 보험금청구권은 지급사유 발생일로부터 2년간 행사하지 않으면 소멸된다.
② 체신관서는 보험금 청구서류를 접수한 날부터 10일 이내에 보험금을 지급하여야 한다.
③ 소송제기, 분쟁조정신청, 수사기관의 조사, 해외에서 발생한 보험사고에 대한 조사는 보험금 지급예정일 30일 초과사유에 해당된다.
④ 사망보험금 선지급 제도는 피보험자의 남은 생존기간이 6개월 이내인 경우 사망보험금액의 60%를 선지급사망보험금으로 수익자에게 지급하는 제도이다.

03
난이도 **상** 중 하

우체국보험 환급금 대출에 대한 설명으로 옳은 것은?
2022 계리직 9급

① 보험계약자는 계약상태의 유효 또는 실효 여부에 관계없이 대출받을 수 있다.
② 무배당 파워적립보험 2109는 해약환급금의 최대 80% 이내에서 1만원 단위로 대출이 가능하다.
③ 즉시연금보험 및 우체국연금보험 1종은 해약환급금의 최대 85% 이내에서 1만원 단위로 대출이 가능하다.
④ 무배당 우체국하나로OK보험 2109는 해약환급금의 최대 95% 이내에서 1천원 단위로 대출이 가능하다.

04
난이도 **상** 중 하

〈보기〉에서 우체국보험 보험료 납입에 대한 설명으로 옳은 것은 모두 몇 개인가?
2022 계리직 9급

---- 보기 ----

ㄱ. 보험료의 납입기간에 따라 전기납, 단기납, 일시납으로 분류된다.
ㄴ. 보험료 자동이체 약정은 유지 중인 계약에 한해서 처리가 가능하며, 보험계약자 본인에게만 신청·변경 권한이 있다.
ㄷ. 계속보험료 실시간이체는 자동이체 약정 여부에 관계없이 처리가 가능하며, 계약상태가 정상인 계약만 가능하다.
ㄹ. 보험료의 자동대출납입기간은 최초 자동대출납입일부터 1년을 한도로 하며, 그 이후의 기간은 보험계약자의 별도 의사표시가 없으면 자동 연장된다.

① 1개
② 2개
③ 3개
④ 4개

05 빈출문제

보험료 할인율이 높은 순서부터 바르게 나열한 것은?

2021 계리직 9급

> ㄱ. 피보험자 300명이 단체로 무배당 win-win단체플랜보험 2109에 가입
> ㄴ. 주계약 보험가입금액 2,500만원을 무배당 우체국통합건강보험 2109에 가입
> ㄷ. B형 간염 항체보유자인 피보험자가 무배당 우리가족암보험 2109 일반형[1종(갱신형)]에 가입
> ㄹ. 의료급여 수급권자인 피보험자가 무배당 우체국급여실손의료비보험(계약전환·단체개인전환·개인중지재개용)(갱신형) 2109에 가입

① ㄱ-ㄹ-ㄴ-ㄷ
② ㄱ-ㄹ-ㄷ-ㄴ
③ ㄹ-ㄱ-ㄴ-ㄷ
④ ㄹ-ㄷ-ㄱ-ㄴ

06

우체국보험의 계약유지에 대한 설명으로 옳은 것은?

2019 계리직 9급

① 피보험자는 해지된 날부터 3년 이내에 체신관서가 정한 절차에 따라 계약의 부활을 청약할 수 있다.
② 보험계약자가 보험수익자를 변경하는 경우, 보험금의 지급사유가 발생하기 전에 변경 전 보험수익자의 동의를 받아야 한다.
③ 보험료의 자동대출 납입 기간은 최초 자동대출 납입일부터 1년을 한도로 하며 그 이후의 기간은 보험계약자가 재신청을 하여야 한다.
④ 보험계약자가 고의로 보험금 지급사유를 발생시킨 경우, 체신관서는 그 사실을 안 날부터 1개월 이내에 계약을 해지할 수 있으며 책임준비금을 보험계약자에게 지급한다.

07

보험료의 카드납입과 계속보험료 실시간이체, 우체국페이 납입방법에 관한 설명으로 옳은 것은?

① 카드납과 직불전자지급수단의 방법으로 보험료를 납입할 수 있는 우체국보험의 종류 및 보험료 납입방법 등은 과학기술정보통신부장관이 정하여 고시한다. 보험계약자는 보험료 납입주기 및 납입방법의 변경을 청구할 수 있다.
② 실시간이체는 고객요청 시 즉시 계약자의 계좌 또는 보험료 자동이체 계좌에서 현금을 인출하여 보험료를 납부하는 제도로 자동이체 약정여부에 관계없이 처리가 가능하며, 계약상태가 정상인 계약만 가능하다. 대상 보험료는 연체 보험료 및 당월분 보험료이며, 선납보험료도 납입이 가능하다.
③ 실시간이체는 수금방법이 자동이체인 계약은 실시간이체 출금계좌와 자동이체 약정계좌가 달라도 자동이체 할인이 적용된다.
④ 우체국페이 납입은 온라인 납부방법에 우체국페이 결제 방식을 도입하여 보험료를 납부하는 제도로 초회보험료(1회)를 포함한 계속보험료를 대상으로 하고 보장성 및 저축성을 제외한 전 보험상품의 보험료를 납입할 수 있다.

08

〈보기〉에서 '보험료 자동대출 납입제도' 신청불가 대상에 해당하는 내용을 모두 고른 것은?

> ─── 보기 ───
> ㄱ. 순수보장성 보험, 어깨동무보험 1종(생활보장형), 평생OK보험
> ㄴ. 실효(보험료납입 연체로 인한 계약 해지)계약, 일반단체 계약
> ㄷ. 납입완료(면제)계약, 환급금대출(이자) 기연체자
> ㄹ. 계약내용 변경·정정, 사고지급 등 계류 중인 계약

① ㄱ, ㄴ, ㄹ
② ㄴ, ㄷ, ㄹ
③ ㄱ, ㄷ, ㄹ
④ ㄱ, ㄴ, ㄷ, ㄹ

09

보험료의 '단체납입 할인'에 관한 설명으로 옳은 것은?

① 우체국보험은 선납할인, 자동이체 할인, 단체할인, 다자녀가구 할인, 실손보험료 할인(무사고 할인, 의료수급권자 할인), 우리가족암보험 건강체 할인, 고액계약 보험료 할인 등 다양한 보험료 할인 제도를 운영하고 있다.
② 보험계약자는 3명 이상의 단체를 구성하여 보험료의 단체납입을 청구할 수 있으며, 우정사업본부장은 보험계약자가 보험료를 단체 납입하는 경우에는 보험료의 3%에 해당하는 금액의 범위에서 보험료를 할인할 수 있다.
③ 단체계약 할인율은 우체국 자동이체납입 할인율과 동일하며, 당월납입(선납 제외)에 한하여 할인 적용을 하고 유예기간 중의 보험료는 할인하지 아니한다.
④ 해당 단체가 자동이체납입을 선택하여 자동이체로 납입하는 경우 보험료를 중복하여 할인한다.

10

보험료의 '다자녀가구 할인'에 관한 설명으로 옳지 않은 것은?

① 다자녀가구 할인은 두 자녀 이상을 둔 가구의 미성년(0~만 19세 미만) 자녀가 피보험자인 계약에 한하여, 판매 중인 보장성 보험(2011. 1. 1. 이후 신규가입분부터 적용)에 가입하여 보험료의 자동이체 납입 시 할인하는 제도이다.
② 할인율은 두 자녀 0.3%, 세 자녀 이상 0.5%로 차등 적용되며, 자동이체 할인과 중복할인이 가능하다. 자녀 수는 신청 시점(신규청약, 부활청약, 유지 중) 기준이다.
③ 계약 중 계약자 변경, 자녀 수 변동, 피보험자의 성년 나이 도달 등에 관계없이 만기까지 보험료 할인이 적용된다.
④ 보험기간 중 피보험자의 형제(자매·남매)가 출생한 경우 우체국에 신청한 이후 차회 보험료부터 할인이 적용된다.

11

보험료의 '의료수급권자 할인'에 관한 설명으로 옳지 않은 것은?

① 의료급여 수급권자에게 실손의료비 보험의 보험료를 할인하는 제도이다. 「의료급여법」상의 '의료급여 수급권자'로서의 증명서류를 제출해야 하며 영업보험료의 3%를 할인하고 있다.
② 증명서류는 Fax로도 제출이 가능하며, 피보험자의 수급권 자격만 확인하기 때문에 누구나 대신 제출이 가능하므로 별도의 위임서류 및 신분증 등이 필요 없다.
③ 계약 갱신 시 할인이 자동으로 적용되지 않으므로 증명서류를 반드시 제출해야만 할인이 적용되며 증명서류 제출 시에는 소급하여 할인이 적용된다.
④ 피보험자가 수급권자 자격상실 시에는 자격을 상실한 날부터 할인되지 않은 영업보험료를 납입해야 한다.

12

보험계약의 '부활조건'에 관한 설명으로 옳지 않은 것은?

① 계약해지(효력상실) 후 만기 또는 해지 후 환급금을 수령한 경우에는 부활이 불가능하다.
② 최초 가입 시와 직종(운전 등 제외)이 다른 경우 위험등급별 가입한도 초과 및 상품별 가입거절 직종에 해당하지 않아야 한다.
③ 환급금대출이 있는 계약은 대출이자(최종상환일로부터 부활 신청일까지) 납부 후 부활 청약이 가능하다.
④ 계약해지(효력상실)일로부터 3년 이내, 보험기간 만기일까지 부활을 청구한 계약이어야 한다. 보험기간 만기일이 비영업일인 경우는 그 다음 업무 개시 영업일까지 가능하며 계약해지(효력상실) 후 3년 이내라도 만기일이 경과하면 부활이 불가능하다.

13

보험계약의 '계약관계자 변경'에 관한 설명으로 옳지 않은 것은?

① 보험계약자가 사망하여 그 법정상속인이 권리·의무 일체를 상속하는 경우 보험계약자의 법정상속인 전원의 동의로 보험계약자 변경이 가능하다.
② 법정상속인 전원의 동의 또는 피보험자 동의(2014. 10. 1. 이전 계약)를 얻지 못하여 보험계약자 변경 없이 보험계약을 해약하는 경우 상속에 의한 분할지급 절차에 따라 해약환급금(시효완성계약 포함)을 지급한다.
③ 보험계약자가 제3자에게 보험계약의 권리·의무를 승계하는 임의승계로 2014. 10. 1. 이전 계약은 피보험자의 동의를 얻어야 한다.
④ 2001. 1. 1. 이후 체결된 연금저축계약(세제혜택이 있는 세제적격 연금저축보험)의 가입자 사망 시 배우자(상속인)가 상속을 통해 계약을 유지할 수 있으며, 가입자가 사망한 날이 속하는 달의 말일부터 1년 이내에 신청해야 한다.

14

보험계약의 '종피보험자 및 보험수익자 변경'에 관한 설명으로 옳지 않은 것은?

① 부부형 보험계약(백년연금보험, 암치료보험)에서 배우자(종피보험자)와 이혼 후, 타인과 재혼 시 종피보험자 변경이 가능하며, 종피보험자가 사망하거나 1급 장해 시에는 변경이 불가하다.
② 보험계약자는 언제든지 보험수익자 변경이 가능하며, 타인의 생명보험(계약자≠피보험자)인 경우 보험수익자 변경 시에는 피보험자의 동의가 필요하다.
③ 보험금 지급사유 발생시점의 정당 보험수익자 여부를 확인하여야 하며, 보험사고 발생 후 보험수익자를 변경한 경우 보험금은 변경 후 보험수익자에게 지급해야 한다.
④ 순수보장성보험, 종신보험 등 만기보험금이 없는 상품의 경우 만기 시 보험수익자 변경이 불필요하며, 사망보장이 없는 상품은 피보험자 사망 시 보험계약자에게 책임준비금을 지급하고 계약 소멸되므로 사망 시 보험수익자 지정·변경이 불가하다.

15

보험계약자의 '임의해지 및 피보험자의 서면동의 철회권'에 관한 설명으로 옳은 것은?

① 보험계약자는 계약이 소멸하기 전에 언제든지 계약을 해지할 수 있다.
② 보험계약자의 계약 해지 시 체신관서는 해당 상품의 약관에 따라 납입된 보험료를 보험계약자에게 지급한다.
③ 사망을 보험금 지급사유로 하는 계약에서 서면으로 동의를 한 피보험자는 계약의 효력이 유지되는 기간에는 언제든지 서면동의를 과거로 소급하여 철회할 수 있다.
④ 피보험자의 서면동의 철회로 계약이 해지되어 체신관서가 지급하여야 할 해약환급금이 있을 때에는 체신관서는 피보험자에게 해약환급금을 지급한다.

16

보험료의 납입방법과 자동대출 납입제도 및 보험료 할인에 대한 설명으로 옳지 않은 것은?

① 보험계약자는 보험료 납입주기 및 납입방법의 변경을 청구할 수 있다.
② 우체국보험의 보험료 카드납부 취급대상은 TM(Tele Marketing), 온라인(인터넷, 모바일)을 통해 가입한 저축성 보험계약에 한해 처리가 가능하다.
③ 보험료의 자동대출납입 기간은 최초 자동대출납입일부터 1년을 한도로 하며, 그 이후의 기간에 대한 보험료의 자동대출 납입을 위해서는 계약자가 재신청을 하여야 한다.
④ 우체국보험은 선납할인, 자동이체 할인, 단체할인, 다자녀 가구 할인, 실손보험료 할인(무사고 할인, 의료수급권자 할인), 우리가족암보험 건강체 보험료 할인, 고액계약 보험료 할인 등 다양한 보험료 할인 제도를 운영하고 있다.

17 난이도 상중하

우체국보험 계약유지 및 보험금 지급에 관한 내용으로 가장 옳지 않은 것은?

① 합산자동이체란 동일 계약자의 2건 이상의 보험계약이 동일계좌에서 같은 날에 자동이체 되는 경우, 증서별 보험료를 합산하여 1건으로 출금하는 제도이다.
② 보험료의 자동대출납입 기간은 최초 자동대출납입일부터 1년을 한도로 하며 그 이후의 기간에 대한 보험료의 자동대출 납입을 위해서는 재신청을 하여야 한다.
③ 보험의 종류에 따라 보험약관에서 정한 보험료의 납입면제사유에 해당하는 경우에는 「우체국예금·보험에 관한 법률 시행규칙」 제51조(보험료의 납입면제)에 의거 납입을 면제한다.
④ 체신관서가 보험금 청구서류를 접수한 때에는 원칙적으로 접수증을 교부하고 휴대전화 문자메시지 또는 전자우편 등으로도 송부하며, 그 서류를 접수한 날부터 5영업일 이내에 보험금을 지급하거나 보험료 납입을 면제한다.

18 난이도 상중하

우체국 보험금 지급에 대한 내용으로 옳지 않은 것은?

① 피보험자가 고의로 자신을 해친 경우, 보험수익자 또는 계약자가 고의로 피보험자를 해친 경우는 원칙적으로 보험금 지급 면책사유이다.
② 사망보험금 선지급은 해당 약관 '선지급서비스특칙'에 의거하여, 보험기간 중에 「의료법」 제3조(의료기관) 제2항에서 정한 종합병원의 전문의 자격을 가진 자가 실시한 진단 결과 피보험자의 남은 생존기간이 6개월 이내라고 판단한 경우에 체신관서가 정한 방법에 따라 사망보험금액의 전액을 선지급사망보험금으로 피보험자에게 지급하는 제도이다.
③ 우체국보험 계약에 관하여 분쟁이 있는 경우 분쟁당사자 또는 기타 이해관계인과 체신관서는 과학기술정보통신부장관이 정하는 바에 따라 우체국보험분쟁조정위원회의 심의조정을 받을 수 있다.
④ 보험금청구권, 보험료 반환청구권, 해약환급금청구권 및 책임준비금 반환청구권은 3년간 행사하지 않으면 소멸시효가 완성된다.

19 빈출문제 난이도 상중하

보험료 납입방법에 대한 내용으로 옳은 것을 모두 고른 것은?

> ㄱ. 자동화기기(CD, ATM 등)에 의한 보험료 납입은 우체국 계좌에 납입하고자 하는 보험료 상당의 잔고가 있어야 거래가 가능하다. 연체분 납입은 물론 선납도 가능하다.
> ㄴ. 우체국보험의 보험료 카드납부 취급대상은 TM(Tele Marketing), 온라인(인터넷, 모바일)을 통해 가입한 보장성 보험계약 및 2021년 이후 신규 출시한 대면채널의 저축성 보험 계약에 한해 처리가 가능하다. 초회보험료(1회), 계속보험료(2회 이후)를 대상으로 하고 있으며, 부활보험료는 포함한다.
> ㄷ. 실시간이체는 고객요청 시 즉시 계약자의 계좌 또는 보험료 자동이체 계좌에서 현금을 인출하여 보험료를 납부하는 제도로 자동이체 약정여부에 관계없이 처리가 가능하며, 계약상태가 정상인 계약만 가능하다.
> ㄹ. 보험료의 자동대출납입 기간은 최초 자동대출납입일부터 1년을 한도로 하며 그 이후의 기간에 대한 보험료의 자동대출납입을 위해서는 별도의 재신청을 필요로 하지 않는다.

① ㄱ, ㄷ
② ㄴ, ㄹ
③ ㄱ, ㄴ, ㄹ
④ ㄱ, ㄴ, ㄷ, ㄹ

20 난이도 상중하

보험금을 지급하지 않는 사유에 해당하지 않는 것은?

① 보험수익자가 고의로 피보험자를 해친 경우
② 계약자가 고의로 피보험자를 해친 경우
③ 소송 제기, 수사기관의 조사 중인 경우
④ 계약의 보장개시일[부활(효력회복)계약의 경우는 부활(효력회복)청약일]부터 2년이 지나기 전에 자살한 경우

21

보험료의 납입유예와 보험계약의 납입최고에 관한 내용으로 가장 옳은 것은?

① 「우체국예금·보험에 관한 법률 시행규칙」에 따라 보험료 납입 유예기간은 해당 월분 보험료의 납입기일(계약자가 제2회 이후의 보험료를 납입하기로 한 날을 의미)부터 납입기일이 속하는 달의 다음 달의 말일까지로 한다.
② 계약자가 제3회 이후의 보험료를 납입기일까지 납입하지 않아 보험료 납입이 연체 중인 경우에 체신관서는 납입최고(독촉)하고, 유예기간이 끝나는 날까지 보험료가 납입되지 않은 경우 유예기간이 끝나는 날의 다음 날에 계약은 해지(효력상실)된다.
③ 체신관서의 납입최고는 유예기간이 끝나기 20일 이전까지 서면(등기우편 등) 등으로 이루어지며 보험료 납입최고 안내사항에 대해 안내한다.
④ 계약자와 보험수익자가 다른 경우 계약자뿐만 아니라 보험수익자에게도 보험료 납입최고 안내를 한다.

22

우체국 보험계약 유지업무에 대한 내용으로 옳은 것은 모두 몇 개인가?

ㄱ. 보험료 납입주기에 따라 전기납, 단기납으로 분류된다.
ㄴ. 보험료 납입기간에 따라 연납, 6월납, 3월납, 월납, 일시납 등의 종류가 있다.
ㄷ. 보험료 납입방법에는 창구수납, 자동이체, 카드납, 직불전자지급수단 등의 종류가 있다.
ㄹ. 자동이체 약정은 유지 중인 계약에 한해서 처리가 가능하며, 관계법령 「전자금융거래법」 제15조(추심이체의 출금 동의)에 따라 보험계약자에게 신청·변경 권한이 있다.

① 1개
② 2개
③ 3개
④ 4개

23

보험료 할인과 관련하여 〈보기 1〉과 〈보기 2〉의 내용이 가장 적절하게 연결된 것은?

― 보기 1 ―

ㄱ. '(   )'은/는 우정사업본부장은 보험계약자가 보험료(최초의 보험료 제외)를 자동이체(우체국 또는 은행)로 납입하는 계약에 대해 보험료의 2%에 해당하는 금액의 범위에서 할인할 수 있다.
ㄴ. '(   )'은/는 우정사업본부장은 보험계약자가 보험료를 단체납입하는 경우에는 보험료의 2%에 해당하는 금액의 범위에서 보험료를 할인할 수 있다.
ㄷ. '(   )'은/는 「의료급여법」상의 '의료급여 수급권자'로서의 증명서류를 제출해야 하며 영업보험료의 5%를 할인하고 있다.
ㄹ. '(   )'은/는 보험가입금액 2천만원 이상 가입 시 주계약 보험료(특약보험료 제외)에 대해서 1~3%의 보험료 할인혜택을 적용한다.

― 보기 2 ―

㉠ 선납할인
㉡ 자동이체 할인
㉢ 단체납입 할인
㉣ 다자녀 할인
㉤ 의료수급권자 할인
㉥ 실손의료비보험 무사고 할인
㉦ 우리가족암보험 보험료 할인
㉧ 고액계약 보험료 할인

	ㄱ	ㄴ	ㄷ	ㄹ
①	㉡	㉢	㉦	㉧
②	㉡	㉢	㉤	㉧
③	㉠	㉣	㉤	㉦
④	㉠	㉣	㉥	㉦

24 빈출문제 난이도 상중하

보험료 할인에 대한 내용으로 옳은 것은 모두 몇 개인가?

> ㄱ. 단체계약 할인율은 우체국 자동이체납입 할인율과 동일하며, 해당 단체가 자동이체납입을 선택하여 자동이체로 납입하는 경우에 자동이체 할인과 중복할인이 가능하다.
> ㄴ. 자동이체 할인과 다자녀 할인은 중복하여 할인하지 아니한다.
> ㄷ. (무)우체국하나로OK보험 2109, (무)우체국든든한종신보험 2109, (무)우체국통합건강보험 2109, (무)온라인정기보험 2109, (무)우체국와이드건강보험 2112는 2023년 12월 판매상품 기준, 고액계약 보험료 할인 대상상품이다.
> ㄹ. 우리가족암보험 보험료 할인은 피보험자가 B형 간염 항체보유 시 영업보험료의 3%를 할인하는 B형 간염 항체보유 할인과 고혈압 또는 당뇨병 중 한 가지가 없을 때 할인되는 우리가족암보험 3종(실버형) 건강체 할인이 있으며, 이 경우 영업보험료의 5%를 할인하고 있다.

① 1개
② 2개
③ 3개
④ 4개

25 난이도 상중하

「상법」의 보험수익자의 지정 또는 변경의 권리에 대한 설명으로 옳지 않은 것은?

① 보험계약자는 보험수익자를 지정 또는 변경할 권리가 있다.
② 보험계약자가 보험수익자 지정권을 행사하지 아니하고 사망한 때에는 피보험자를 보험수익자로 하고, 보험계약자가 보험수익자 변경권을 행사하지 아니하고 사망한 때에는 보험수익자의 권리가 확정된다.
③ 보험수익자가 보험존속 중에 사망한 때에는 보험계약자는 다시 보험수익자를 지정할 수 있는데 이 경우에 보험계약자가 보험수익자 지정권을 행사하지 아니하고 사망한 때에는 보험계약자의 상속인을 보험수익자로 한다.
④ 보험계약자가 보험수익자 지정권을 행사하기 전에 보험사고가 생긴 경우에는 피보험자 또는 보험수익자의 상속인을 보험수익자로 한다.

26 난이도 상중하

우체국보험 계약유지에 대한 내용으로 옳은 것은 모두 몇 개인가?

> ㄱ. 무배당 우체국 우리가족암보험은 피보험자가 B형 간염 항체보유 시 영업보험료의 3%를 할인하는 B형 간염 항체보유 할인과 고혈압과 당뇨병이 모두 없을 때 할인되는 우리가족암보험 3종(실버형) 건강체 할인이 있으며, 이 경우 영업보험료의 5%를 할인하고 있다.
> ㄴ. 우체국보험의 보험료 카드납부 취급대상은 TM, 온라인(인터넷, 모바일)을 통해 가입한 보장성 보험계약 및 대면 채널의 보장성 보험계약에 한해 처리가 가능하다. 초회보험료(1회), 계속보험료(2회 이후)를 대상으로 하고 있으며, 선납 및 부활보험료도 납입이 가능하다.
> ㄷ. 계약내용의 변경은 계약자의 이익을 보호하기 위하여 일정한 범위 내에서 계약의 내용을 변경할 수 있게 하여 계약을 유지시켜 나가는 제도이다. 계약자는 체신관서의 승낙을 얻어 보험료의 납입기간, 보험가입금액의 감액, 보험계약자, 기타 계약의 내용을 변경할 수 있다.
> ㄹ. 보험계약자는 보험수익자를 변경할 수 있으며 이 경우에는 체신관서의 승낙이 필요하지는 않다. 다만, 변경된 보험수익자가 체신관서에 권리를 대항하기 위해서는 계약자가 보험수익자가 변경되었음을 체신관서에 통지하여야 한다. 보험수익자를 변경하고자 할 경우에는 보험금의 지급사유가 발생하기 전에 보험수익자가 서면으로 동의하여야 한다.

① 1개
② 2개
③ 3개
④ 4개

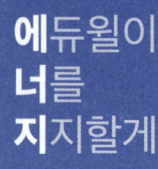

모든 꽃이 봄에 피지는 않는다.

– 노먼 프랜시스(Norman Francis)

PART

Ⅲ 우체국보험 상품

CHAPTER 01 우체국보험 상품

출제비중 41%
※ 전 10회 시험(2008~2023)을 기준으로 출제비중을 산출하였습니다.

CHAPTER 01 우체국보험 상품

파트 내 출제비중 **100%**

01 빈출문제
난이도 상❶하

우체국보험 상품에 대한 설명으로 옳은 것은? 2023 계리직 9급

① 무배당 청소년꿈보험 2109는 체신관서가 공익재원으로 보험료를 50% 지원하는 상품이다.
② 무배당 우체국예금제휴보험 2109는 체신관서가 공익재원으로 보험료를 80% 지원하는 상품이다.
③ 무배당 우체국나르미안전보험 2109는 체신관서가 공익재원으로 보험료를 50% 지원하는 상품이다.
④ 무배당 만원의행복보험 2109는 성별·나이에 상관없이 체신관서가 공익재원으로 보험료 1만원(1년 만기 기준)을 지원하는 상품이다.

02
난이도 상❷하

〈보기〉에서 월적립식 저축성 보험의 보험차익 비과세 요건에 대한 설명으로 옳은 것은 모두 몇 개인가? 2022 계리직 9급

―― 보기 ――
ㄱ. 최초 납입일로부터 납입기간이 5년 이상인 월적립식 보험계약
ㄴ. 최초로 보험료를 납입한 날부터 만기일 또는 중도해지일까지의 기간이 10년 이상
ㄷ. 2017년 4월 1일 이후 가입한 보험계약에 한하여 보험계약자 1명당 매월 납입하는 보험료 합계액이 250만원 이하
ㄹ. 최초 납입일로부터 매월 납입하는 기본보험료가 균등(최초계약 기본보험료의 1배 이내로 기본보험료를 증액하는 경우 포함)하고 기본보험료의 선납기간이 6개월 이내

① 1개
② 2개
③ 3개
④ 4개

03
난이도 상중❸

우체국보험 상품별 보장개시일에 대한 설명으로 옳은 것은? 2022 계리직 9급

① 무배당 우체국당뇨안심보험 2109의 당뇨보장개시일은 계약일(부활일)부터 그날을 포함하여 180일이 지난 날의 다음 날이다.
② 무배당 우체국치매간병보험 2109의 치매보장개시일은 질병으로 인하여 치매상태가 발생한 경우, 계약일(부활일)부터 그날을 포함하여 1년이 지난 날의 다음 날이다.
③ 무배당 우리가족암보험 2109의 피보험자 나이가 10세인 경우, 암보장개시일은 계약일(부활일)부터 그날을 포함하여 90일이 지난 날의 다음 날이다.
④ 무배당 우체국간병비보험 2309의 장기요양상태 보장개시일은 재해를 직접적인 원인으로 장기요양상태가 발생한 경우, 계약일(부활일)부터 그날을 포함하여 180일이 지난날의 다음날이다.

04
난이도 상중❸

무배당 우체국급여실손의료비보험(갱신형) 2109에 대한 설명으로 옳은 것은? 2022 계리직 9급

① 보장내용 변경주기는 3년이며, 종신까지 재가입이 가능하다.
② 최초계약 가입나이는 0세부터 60세까지이며, 임신 23주 이내의 태아도 가입이 가능하다.
③ 갱신 직전 '무사고 할인판정기간' 동안 보험금 지급 실적이 없는 경우, 갱신일부터 차기 보험기간 1년 동안 보험료의 5%를 할인해준다.
④ 비급여실손의료비특약의 갱신보험료는 갱신 직전 '요율상대도 판정기간' 동안의 비급여특약에 따른 보험금 지급 실적을 고려하여 영업보험료에 할인·할증요율을 적용한다.

05

난이도 상 중 하

우체국 연금보험 상품에 대한 설명으로 옳은 것은?

2022 계리직 9급

① 무배당 우체국연금저축보험(이전형) 2109는 기본보험료가 일시납일 경우에는 납입한도액이 없다.
② 어깨동무연금보험 2109는 장애인전용 연금보험으로 55세부터 연금수령이 가능하다.
③ 무배당 우체국연금보험 2109는 연간 400만원 한도 내에서 납입한 보험료에 대해 세액공제 혜택을 제공한다.
④ 우체국연금저축보험 2109는 계약일 이후 1개월이 지난 후부터 연금개시나이 계약 해당일까지 보험료 추가납입이 가능하다.

06

난이도 상 중 하

우체국보험 상품에 대한 설명으로 옳은 것은?

2021 계리직 9급(변형)

① 무배당 우체국안전벨트보험 2109의 보험료는 성별에 따른 차이는 없으나 연령별로 차이가 있다.
② 우체국연금저축보험 2109의 경우, 연금 지급구분에는 종신연금형, 상속연금형, 확정기간연금형, 더블연금형이 있다.
③ 무배당 우체국간병비보험 2309는 장기요양 3~4등급으로 진단 확정되고, 진단 확정된 날을 최초로 하여 매년 생존 시 최대 5년 동안 간병자금을 매월 지급(장기요양간병비특약Ⅱ 가입 시, 최대 60개월 한도)한다.
④ 무배당 우체국New100세건강보험 2203에 가입한 피보험자가 '국민체력100' 체력인증을 받은 경우, 보험료 일부를 지원받을 수 있다.

07

난이도 상 중 하

40세인 A씨의 우체국연금저축보험 2109 가입 현황이 〈보기〉와 같을 때 연금수령 1차년도 산출세액(지방소득세 포함)으로 옳은 것은?

2021 계리직 9급(변형)

┤ 보기 ├

- 연금 지급구분: 종신연금형
- 연금수령 개시나이: 만 55세
- 연금수령 한도 이내 연금수령액: 1,200,000원
- 연금수령 한도 초과 연금수령액: 1,000,000원

(단, 납입보험료 전액을 세액공제 받았으며, 의료목적 또는 부득이한 사유로 인한 연금수령액 및 다른 연금소득은 없는 것으로 한다.)

〈적용세율〉

연금소득세율(지방소득세 포함)		기타소득세율 (지방소득세 포함)
연금수령 나이 (만 70세 미만)	종신연금형	
5.5%	4.4%	16.5%

① 96,800원
② 121,000원
③ 217,800원
④ 231,000원

08 빈출문제

난이도 상 중 하

우체국보험 상품에 대한 설명으로 옳은 것은?

2019 계리직 9급(변형)

① 우체국연금저축보험의 연금개시나이는 만 50세부터이다.
② 무배당 우체국나르미안전보험은 운송업종사자전용 공익형 교통상해보험 상품으로, 나이에 상관 없이 성별에 따라 1회 보험료 납입으로 1년 만기 보장이 가능하다.
③ 무배당 우체국간편가입건강보험(갱신형)의 경우, 주계약은 종신까지 갱신 가능하고 특약은 100세까지 갱신 가능하다.
④ 무배당 우체국든든한종신보험은 보험기간 중 계약이 해지될 경우, 예정해약환급금은 1종(해약환급금 50% 지급형)이 2종(표준형)보다 적다.

09
난이도 상 중 하

현행 「우체국예금·보험에 관한 법률 시행규칙」에서 정한 우체국보험에 대한 설명으로 옳은 것은?

2019 계리직 9급

① 재보험의 가입 한도는 영업보험료의 100분의 80 이내이다.
② 우체국보험의 종류에는 보장성 보험, 저축성 보험, 연금보험, 단체보험이 있다.
③ 계약보험금 한도액은 보험종류별(연금보험 제외)로 피보험자 1인당 5천만원이다.
④ 세액공제혜택이 없는 연금보험의 최초 연금액은 피보험자 1인당 1년에 900만원 이하이다.

10
난이도 상 중 하

우체국보험 상품의 보험 세제에 대한 설명으로 옳은 것은?

2019 계리직 9급(변형)

① 무배당 어깨동무보험 2109의 경우, 연간 납입보험료 100만원 한도 내에서 연간 납입보험료의 12%가 세액공제금액이 된다.
② 무배당 그린보너스저축보험플러스 2203은 보험계약자, 피보험자, 보험수익자가 동일하여야 월적립식 저축성 보험 비과세를 받을 수 있다.
③ 무배당 파워적립보험 2109는 보험기간이 10년인 경우, 납입기간은 보험종류에 관계없이 월적립식 저축성 보험 비과세 요건의 납입기간을 충족한다.
④ 무배당 우체국연금보험 2109에 가입한 만 65세 연금소득자가 종신연금형으로 연금수령 시 연금소득에 대해 적용되는 세율은 종신연금형을 기준으로 한다.

11
난이도 상 중 하

보장성 보험에 대한 설명으로 옳지 않은 것은?

2018 계리직 9급

① 만기 시 환급되는 금액이 없거나 이미 납입한 보험료보다 적거나 같다.
② 주계약뿐만 아니라 특약으로 가입한 보장성 보험도 세액공제를 받을 수 있다.
③ 보장성 보험료를 산출할 때에 예정이율, 예정위험률, 예정사업비율이 필요하다.
④ 근로소득자와 사업소득자는 연간 납입보험료의 일정액을 세액공제 받을 수 있다.

12
난이도 상 중 하

〈보기〉의 내용을 모두 충족하는 보험 상품으로 옳은 것은?

2018 계리직 9급(변형)

┤ 보기 ├
- 최초 계약 가입 나이는 0~65세
- 보험기간은 10년 만기(종신갱신형)
- 보험가입금액(구좌 수) 1구좌 기준으로 3대질병 진단(최대 3,000만원), 중증 수술(최대 500만원) 및 중증 장해(최대 5,000만원) 시 치료비 보장
- '국민체력100' 체력 인증 시 보험료 지원혜택 제공
- 10년 만기 생존 시마다 건강관리자금 지급

① 무배당 우체국New100세건강보험 2203
② 무배당 우체국급여실손의료비보험(갱신형) 2109
③ 무배당 우체국건강클리닉보험(갱신형) 2109
④ 무배당 우체국간편가입건강보험(갱신형) 2109

13

난이도 상 중 하

우체국보험 상품에 대한 설명으로 옳지 않은 것은?

2016 계리직 9급(변형)

① 무배당 우체국건강클리닉보험(갱신형) 2109의 최초계약 가입 나이는 0~65세이다.
② 무배당 내가만든희망보험 2109는 20세부터 60세까지 가입 가능한 건강보험으로, 각종 질병과 사고 보장을 본인이 선택하여 설계 가능하며, 보험기간 중 매 10년마다 생존 시 건강관리자금을 지급한다.
③ 무배당 우체국온라인암보험 2109의 보험료는 나이의 증가, 적용기초율의 변동 등의 사유로 인상 가능하다.
④ 무배당 파워적립보험 2109는 기본보험료 30만원 초과금액에 대해 수수료를 인하함으로써 수익률을 증대시킨 보험상품이다.

14

난이도 상 중 하

다음의 우체국보험 상품 중 보장성 보험 상품만으로 바르게 짝지어진 것은?

2016 계리직 9급(변형)

① 우체국안전벨트보험, 만원의행복보험, 청소년꿈보험
② 우체국안전벨트보험, 하나로OK보험, 어깨동무연금보험
③ 우체국치매간병보험, 파워적립보험, 어깨동무보험
④ 우리가족암보험, 우체국치아보험, 우체국간병비보험

15

난이도 상 중 하

우체국의 장애인전용 무배당 어깨동무보험 2109에 대한 설명으로 옳은 것은?

2014 계리직 9급

① 보험수익자가 장애인인 경우 연간 4,000만원 한도로 증여세 면제혜택이 있다.
② 1종(생활보장형)은 50세 이상의 자가 가입할 경우 80세 만기 10년납에 한한다.
③ 2종(암보장형)의 피보험자 가입 나이는 15~70세이다.
④ 3종(상해보장형)은 가입 후 매 5년마다 건강진단자금을 지급한다.

16

난이도 상 중 하

우체국의 보험 상품에 대한 설명으로 옳지 않은 것은?

2014 계리직 9급(변형)

① 무배당 그린보너스저축보험플러스 2203은 만기 유지 시 계약일로부터 최초 1년간 보너스금리를 추가 제공한다.
② 무배당 우체국하나로OK보험 2109는 보험가입금액 1,000만원에서 4,000만원까지 500만원 단위로 가입이 가능하다.
③ 무배당 우체국통합건강보험 2109는 피보험자가 가입 당시 61세 이상인 경우에는 보험가입금액이 2,000만원 한도이다.
④ 무배당 우체국간병비보험 2309는 장기요양 1~2등급으로 진단 확정되고, 매년 생존 시 최대 5년 동안 간병자금을 매월 지급(장기요양간병비특약Ⅱ 가입 시, 최대 60개월 한도)한다.

17 빈출문제

보험 관련 세금에 대한 설명으로 옳은 것은?

2012 계리직 10급(변형)

① 저축성 보험의 경우 2017년 4월 1일 이후 계약은 최초로 보험료를 납입한 날부터 만기일 또는 중도해지일까지의 기간이 10년 이상으로, 계약자 1명당 납입할 보험료 합계액이 2억원 이하인 저축성 보험은 보험차익 비과세 요건에 해당한다.

② 연금저축보험을 중도에 해지하는 경우에는 분리과세를 적용하는데 이는 일반연금 외 수령으로 이자소득세가 부과되나, 부득이한 사유로 인한 연금 외 수령이 인정되는 경우에는 연금소득세를 부과한다.

③ 장애인전용보험은 장애인을 계약자로 하는 보험을 가입한 경우 실제로 납입한 보험료(연간 100만원 한도)의 15%에 해당하는 금액을 해당 과세기간의 종합소득산출세액에서 공제받을 수 있다.

④ 일용근로자를 제외한 근로소득자가 보장성 보험에 가입한 경우 납입한 보험료(연간 100만원 한도)의 12%에 해당하는 금액을 해당 과세기간의 종합소득산출세액에서 공제받을 수 있다.

18

우체국보험 상품에 관한 설명으로 옳지 않은 것은?

2012 계리직 10급(변형)

① 무배당 우체국건강클리닉보험(갱신형) 2109에서 3대질병 진단(최대 3,000만원), 중증 수술(최대 500만원) 및 중증 재해장해(최대 5,000만원)는 고액이 보장된다.

② 무배당 우체국 안전벨트보험 2109는 성별에 따른 차이는 있으나 나이(연령)에 관계 없이 동일한 보험료를 부담하고 근로소득자는 납입한 보험료에 대하여 세액공제혜택을 받을 수 있다.

③ 장애인전용 무배당 어깨동무보험 2109(2종)에서 암 보장 개시일은 계약일(부활일)로부터 그날을 포함하여 90일이 지난 날로 한다.

④ 무배당 에버리치상해보험 2109는 한 번 가입으로 90세까지 보장하고 휴일재해 사망보장을 강화한 상품이다.

19

무배당 우체국급여실손의료비보험(갱신형)에 관한 설명으로 옳지 않은 것은?

2010 계리직 10급(변형)

① 입원·통원 합산 5천만원, 통원(외래 및 처방 합산) 회당 30만원까지 보장된다.

② 보험금 지급 실적이 없는 경우 보험료 할인혜택이 가능하다.

③ 개인별 의료이용량에 따라 보험료가 차등(할인·할증)적용되며, 주계약 판매형태는 종합형, 질병형, 상해형이 있다.

④ 보험계약 갱신 시 연령 증가 및 의료수가 인상, 적용기초율 변경, 요율상대도(할인·할증요율) 적용 등으로 보험료는 인상될 수 있다.

20

<보기>에서 우체국보험 제도성 특약에 대한 설명으로 옳은 것의 총 개수는?

| 보기 |

ㄱ. 장애인전용보험전환특약 2007의 대상계약은 전환대상 상품의 피보험자 또는 수익자가 「소득세법」상 장애인인 계약이다.
ㄴ. 지정대리청구서비스특약 2109에서 지정대리청구인은 피보험자의 가족관계등록부상의 배우자 또는 4촌 이내의 친족이다.
ㄷ. 지정대리청구서비스특약 2109의 대상계약은 계약자, 피보험자 및 수익자(사망 시 수익자 제외)가 모두 동일한 계약이다.
ㄹ. 이륜자동차 운전 및 탑승 중 재해부담보특약 2109의 가입 대상은 이륜자동차 운전자 및 소유자이며, 관리하는 경우는 포함되지 않는다.

① 1개
② 2개
③ 3개
④ 4개

21

우체국보험 상품에 대한 설명으로 옳은 것은?

① 무배당 알찬전환특약 2109의 일시납 보험료는 전환 전 계약의 만기보험금과 배당금의 합계액이다.
② 무배당 에버리치상해보험 2109는 보험 만기일 1개월 전부터 만기일 전일까지 무배당 알찬전환특약 2109로 가입 신청이 가능하다.
③ 무배당 파워적립보험 2109는 기본보험료 20만원 초과금액에 대해 수수료를 인하함으로써 수익률을 증대한 상품이다.
④ 무배당 우체국온라인저축보험 2109는 계약일 이후 1년이 지난 후부터 보험기간 중에 보험년도 기준 연 12회에 한하여 적립금액의 일부를 인출할 수 있다.

22

우체국보험 상품에 대한 설명으로 옳지 않은 것은?

① 무배당 우체국더간편건강보험(갱신형) 2109는 1가지 건강 관련 간편고지로 가입이 가능한 상품이다.
② 무배당 우체국와이드건강보험 2112에 보험가입금액 2,500만원을 가입하는 경우, 주계약 보험료에 대해서 고액계약 보험료 할인을 받을 수 있다.
③ 무배당 우체국치매간병보험 2109의 해약환급금 50% 지급형에 가입한 경우, 보험기간 중 계약이 해지될 경우에는 표준형 해약환급금의 50%를 해약환급금으로 지급받는다.
④ 무배당 우체국실속정기보험 2109 2종(간편가입)에 가입 후 계약일부터 3개월 이내에 1종(일반가입)으로 가입을 희망하는 경우, 일반계약 심사를 통하여 1종(일반가입)에 청약할 수 있다.

23

무배당 우체국간병비보험 2309에 대한 내용으로 옳지 않은 것은?

① 병원에서 발생하는 간병인 사용 비용을 보장하며, 장기요양 1~2등급으로 진단 확정되고, 매년 생존 시 최대 10년 동안 간병자금을 매월 지급(장기요양간병비특약Ⅱ 가입 시, 최대 120개월 한도)한다.
② 장기요양 진단보험금(1~2등급, 1~5등급) 설계 가능하여 고객 맞춤형 혜택을 제공한다.
③ 병이 있어도 3가지(건강 관련) 간편고지로 간편하게[2종(간편가입)] 가입할 수 있다.
④ 30세부터 70세까지 폭넓게 가입 가능한 간병비보험[1종(일반가입 기준)]이다.

24

우체국보험 상품에 대한 설명으로 가장 옳은 것은?

① 무배당 우체국와이드건강보험 2112는 4대질병(암·뇌출혈·뇌경색증·급성심근경색증)으로 진단 시 사망보험금의 일부를 선지급하여 치료비를 지원(주계약 1종 가입 시)해 준다.
② 무배당 우체국더간편건강보험(갱신형) 2109는 1가지(건강관련) 간편고지로 간편하게 가입할 수 있고 암보장형, 2대질병보장형으로 구성하여 꼭 필요한 보장만 가입 가능하며, 10년 만기 생존 시마다 건강관리자금을 지급(주계약)한다.
③ 무배당 우체국당뇨안심보험 2109는 당뇨 중증도(당화혈색소 6.5%/7.5%/9.0%)에 따라 체계적인 보장금액을 설정할 수 있고, 당뇨보장개시일은 계약일(부활일)부터 그날을 제외하고 1년이 지난 날로 한다.
④ 무배당 우체국온라인3대질병보험 2109는 30% 이상 장해상태가 되었거나 암, 뇌출혈 또는 급성심근경색증으로 진단 시 보험료 납입을 면제한다.

25

보험료 납입에 대한 설명으로 가장 옳지 않은 것은?

① 무배당 우체국온라인3대질병보험 2109는 50% 이상 장해상태가 되었거나, 암, 뇌출혈 또는 급성심근경색증으로 진단 시 보험료 납입을 면제한다.
② 무배당 우체국온라인암보험 2109는 보험료 인상 없이 처음과 동일한 보험료로 보험기간 동안 보장한다.
③ 무배당 우체국온라인정기보험 2109는 생존기간 1년 이내 판단 시 사망보험금의 80%를 선지급한다.
④ 무배당 우체국온라인입원수술보험 2112는 질병 또는 재해로 50%이상 장해상태가 되었을 때 차회 이후의 보험료 납입을 면제한다.

26

상속세란 사망으로 그 재산이 가족이나 친족 등에게 무상으로 이전되는 경우에 당해 상속재산에 대하여 부과하는 세금을 의미한다. 상속세 관련 내용으로 옳지 않은 것은?

① 금융재산상속공제는 사망으로 인하여 상속이 개시되는 경우로서 상속재산가액 중 순금융재산가액이 포함되어 있는 경우 이를 상속세 과세가액에서 공제하여 주는 제도이다.
② 금융재산에는 예금, 적금, 부금, 계금, 출자금, 금융신탁재산, 보험금, 공제금, 주식, 채권, 수익증권, 출자지분, 어음 등의 금액 및 유가증권 등을 모두 포함한다.
③ 금융재산상속공제는 순금융재산이 2천만원 초과 시 순금융재산가액의 20% 또는 2천만원 중 큰 금액으로 2억원 한도에서 공제해 주는 제도이다.
④ 「민법」상 사망보험금의 상속순위는 1순위는 배우자, 2순위는 직계비속, 3순위는 직계존속, 4순위는 형제자매, 5순위는 4촌 이내의 방계혈족이다.

27

무배당 우체국연금보험 2109에 대한 내용으로 옳지 않은 것은?

① 관련 세법이 정한 바에 따라 납입한 보험료에 대하여 세액공제혜택을 제공한다.
② 연금개시연령은 45세 이후부터이다.
③ 실세금리 등을 반영한 신공시이율Ⅳ로 적립되며, 시중금리가 하락하더라도 최저 1.0%(다만, 가입 후 10년 초과 시 0.5%)의 금리를 보장한다.
④ 연금 지급구분에는 종신연금형, 상속연금형, 확정기간연금형, 더블연금형이 있다.

28

난이도 상 중 하

무배당 만원의행복보험 2109에 대한 설명으로 옳지 않은 것은?

① 성별·나이에 상관없이 보험료 1만원(1년 만기 기준)이다.
② 보험기간은 1년 또는 3년이고, 만 15~65세인 자가 가입할 수 있다.
③ 보험계약자는 개별 보험계약자와 과학기술정보통신부장관을 공동 보험계약자로 하며, 과학기술정보통신부장관을 대표자로 한다.
④ 보험료 납입은 개별 보험계약자는 1년 만기의 경우 1만원, 3년 만기의 경우 3만원의 보험료를 납입하며, 나머지 보험료는 과학기술정보통신부장관이 납입한다.

29

난이도 상 중 하

우체국보험 상품 중 무배당 우체국나르미안전보험 2109에 대한 설명으로 옳지 않은 것은?

① 업무상 이륜차운전자를 포함한 운송업종사자전용 공익형 교통상해보험이다.
② 나이에 상관없이 성별에 따라 1회 보험료 납입으로 보장이 가능하다(1년 만기).
③ 보험료의 50%를 체신관서가 공익재원으로 지원한다.
④ 교통재해로 인한 사망, 장해 및 교통사고에 대한 의료비(중환자실 입원 등) 보장을 받을 수 있다.

30

난이도 상 중 하

우체국보험 상품별 보장개시일에 대한 설명으로 옳은 것을 모두 고른 것은?

> ㄱ. 무배당 우체국든든한종신보험 2109의 암보장개시일은 계약일(부활일)부터 그날을 포함하여 90일이 지난 날의 다음 날이다.
> ㄴ. 무배당 우체국건강클리닉보험(갱신형) 2109의 암보장개시일은 계약일(부활일)부터 그날을 포함하여 90일이 지난 날의 다음 날이다[피보험자 나이가 15세 미만인 경우 암보장개시일은 계약일(부활일)이다].
> ㄷ. 무배당 우체국와이드건강보험 2112은 재진단암진단보험금 특약 가입 시 재진단암 보장개시일은 '첫 번째 재진단암 보장개시일'과 '두 번째 이후 재진단암 보장개시일'을 합한 것을 말하며, 첫 번째 재진단암 보장개시일은 '첫 번째 암(갑상선암, 기타피부암 및 대장점막내암 제외)' 진단 확정일부터 그날을 포함하여 1년(갱신 계약을 포함)이 지난 날의 다음 날이다. 두 번째 이후 재진단암 보장개시일은 직전 '재진단암(갑상선암, 기타피부암 및 대장점막내암 제외)' 진단 확정일부터 그날을 포함하여 1년(갱신 계약을 포함)이 지난 날의 다음 날이다.
> ㄹ. 무배당 우체국통합건강보험 2109의 특정파킨슨병보장개시일은 계약일(부활일)부터 그날을 포함하여 2년이 지난 날의 다음 날이다.

① ㄱ, ㄴ
② ㄱ, ㄷ
③ ㄱ, ㄹ
④ ㄴ, ㄹ

31

우체국보험 상품에 대한 내용으로 옳지 <u>않은</u> 것은 모두 몇 개인가?

> ㄱ. 무배당 우체국치매간병보험 2109의 치매보장개시일은 계약일(부활일)부터 그날을 포함하여 2년이 지난 날의 다음 날이다. 다만, 질병으로 인한 '경도치매상태', '중등도치매상태' 및 '중증치매상태'가 없는 상태에서 재해로 인한 뇌의 손상을 직접적인 원인으로 '경도치매상태', '중등도치매상태' 및 '중증치매상태'가 발생한 경우 치매보장개시일은 계약일(부활일)이다.
> ㄴ. 무배당 우체국치아보험(갱신형) 2109의 치과치료보장개시일 및 촬영보장개시일은 계약일(부활일)부터 그날을 포함하여 180일이 지난 날의 다음 날이다. 단, 재해를 직접적인 원인으로 치과치료, 구내 방사선 촬영 또는 파노라마 촬영을 받은 경우 치과치료보장개시일 및 촬영보장개시일은 계약일(부활일)이다.
> ㄷ. 무배당 우체국당뇨안심보험 2109의 당뇨보장개시일은 계약일(부활일)부터 그날을 포함하여 2년이 지난 날의 다음 날이다.
> ㄹ. 무배당 우체국간병비보험 2309의 장기요양상태 보장개시일은 계약일(부활일)부터 그날을 포함하여 90일이 지난 날의 다음 날이다. 단, 재해를 직접적인 원인으로 장기요양상태가 발생한 경우 장기요양상태 보장개시일은 계약일(부활일)이다.

① 1개
② 2개
③ 3개
④ 4개

32

무배당 우체국치아보험(갱신형) 2109에 대한 설명으로 옳지 <u>않은</u> 것은?

① 보철치료(임플란트, 브릿지, 틀니), 크라운치료, 충전치료, 치수치료, 영구치 발거, 치석제거(스케일링), 구내 방사선·파노라마 촬영, 잇몸질환치료 및 재해로 인한 치과치료 등을 보장하는 치과치료 전문 종합보험이다.
② 특약 가입 시 임플란트(영구치 발거 1개당 최대 150만원), 브릿지(영구치 발거 1개당 최대 75만원), 틀니(보철물 1개당 최대 150만원) 치료보험금을 지급한다.
③ 충전[치아치료 1개당 최대 30만원(인레이·온레이 충전치료 시)] 및 크라운(치아치료 1개당 최대 15만원) 치료보험금을 지급한다.
④ 근로소득자는 납입한 보험료(연간 100만원 한도)에 대하여 12% 세액공제혜택을 받을 수 있다.

33

무배당 우리가족암보험 2109에 대한 설명으로 옳지 <u>않은</u> 것은?

① 보험료가 저렴하며, 고액암을 제외한 암 진단 시 3,000만원까지 지급한다.
② 고액암(백혈병, 뇌종양, 골종양, 췌장암, 식도암 등) 진단 시 6,000만원까지 지급한다.
③ 실버형의 경우 고연령이나 만성질환(고혈압 및 당뇨병질환자)이 있어도 가입이 가능하다.
④ 암진단생활비특약 가입 후 암 진단 시 소득상실을 보전하기 위해 암진단생활자금이 매월 최고 100만원씩 5년간 지급(1구좌 기준)된다.

34

무배당 우체국간편가입건강보험(갱신형) 2109에 대한 설명으로 옳지 않은 것은?

① 종신갱신형은 종신토록 의료비를 보장함으로써 경제적 부담을 완화한다. 다만, 사망보장은 최대 85세까지 보장한다.
② 갱신의 경우 보험기간 만료일 30일 전까지 계약자에게 서면 또는 전화(음성녹음)로 보험료 등 변경내용을 안내하며, 보험기간 만료일 15일 전까지 계약자의 별도 의사표시가 없으면 자동갱신된다.
③ 무배당 간편사망보장특약(갱신형) 2109의 경우, 갱신시점의 피보험자 나이가 85세 이상인 경우에도 이 특약을 갱신할 수 있다.
④ 갱신계약의 보험료는 나이의 증가, 적용기초율의 변동 등의 사유로 인상이 가능하다.

35

우체국보험 상품별 보험가입금액에 대한 설명으로 옳은 것을 모두 고른 것은?

> ㄱ. 무배당 우체국통합건강보험 2109는 피보험자가 가입 당시 61세 이상인 경우 주계약 보험가입금액은 2,000만원 한도이다.
> ㄴ. 무배당 우체국더간편건강보험(갱신형) 2109는 피보험자가 가입 당시 66세 이상인 경우 주계약 보험가입금액이 1,000만원이다.
> ㄷ. 무배당 우체국치매간병보험 2109는 피보험자가 가입 당시 66세 이상인 경우 주계약 보험가입금액은 1,000만원 (2종은 500만원) 한도이다.
> ㄹ. 무배당 우체국당뇨안심보험 2109는 피보험자가 가입 당시 61세 이상인 경우 주계약 보험가입금액은 1,000만원 한도이다.

① ㄱ, ㄴ, ㄷ
② ㄱ, ㄴ, ㄹ
③ ㄱ, ㄷ, ㄹ
④ ㄴ, ㄷ, ㄹ

36

우체국보험 상품에 대한 설명으로 옳은 것을 모두 고른 것은?

> ㄱ. 무배당 우체국온라인치매간병보험 2201은 '중증치매상태'로 최종 진단이 확정되고, 매년 생존 시 최대 20년 동안 중증치매진단간병자금을 매월 지급한다. 비갱신형 상품으로 보험료 인상 없이 처음과 동일한 보험료로 만기까지 보장된다.
> ㄴ. 무배당 우체국온라인정기보험 2109는 고객의 보험료 부담을 완화하기 위해 보험가입금액 2천만원 이상에서 3천만원 미만인 경우 보험료 2%를 할인한다.
> ㄷ. 무배당 우체국온라인종합건강보험(갱신형) 2201은 현대인의 건강한 생활을 위하여 사망부터 생존(진단, 입원, 수술 등)까지 종합적으로 보장하는 온라인전용 종합건강보험 상품이다.
> ㄹ. 무배당 우체국더든든한자녀지킴이보험 2203은 보험금 면책 및 감액기간 없이 가입 즉시 100%를 보장한다.

① ㄱ, ㄴ
② ㄱ, ㄷ
③ ㄴ, ㄹ
④ ㄷ, ㄹ

37

무배당 우체국급여실손의료비보험(갱신형) 2109에 대한 설명으로 옳지 않은 것을 모두 고른 것은?

> ㄱ. 최초계약은 0세부터, 갱신계약은 1세부터, 재가입은 5세부터 가입할 수 있고, 임신 13주 이내의 태아도 가입 가능하다.
> ㄴ. 보장내용 변경주기는 10년이고, 재가입 종료 나이는 종신까지이다.
> ㄷ. 보험금 지급 실적이 없는 경우 보험료 할인은 1회차 갱신계약부터 적용하며, 주계약만 가입한 계약은 할인대상에서 제외된다.
> ㄹ. '무사고 할인판정기간'은 갱신일(또는 재가입일)이 속한 달의 3개월 전 해당 월의 말일을 기준으로 직전 2년을 적용하며, 최초계약으로부터 2회차 갱신계약은 예외로 한다.

① ㄱ, ㄹ
② ㄱ, ㄴ, ㄷ
③ ㄴ, ㄷ, ㄹ
④ ㄱ, ㄴ, ㄷ, ㄹ

38 빈출문제 난이도 상(중)(하)

우체국보험 관련 세제 중 상속·증여 관련 세제에 대한 내용으로 옳지 않은 것은?

① 보험차익이란 보험계약에 따라 만기에 받는 보험금·공제금 또는 계약기간 중도에 해당 보험계약이 해지됨에 따라 받는 환급금에서 납입보험료를 뺀 금액을 의미하는 것으로, 보험차익은 「소득세법」상 기타소득으로 분류되어 기타소득세(지방소득세 포함 16.5%)가 과세된다.

② 배우자는 직계비속과 같은 순위로 공동상속인이 되며, 직계비속이 없는 경우에는 제2순위인 직계존속과 공동상속인이 되며, 직계비속과 직계존속이 없는 경우에는 단독상속인이 된다.

③ 「상속세 및 증여세법」 제34조(보험금의 증여)에 의거 계약자와 보험수익자가 서로 다른 경우에는 계약자가 납부한 보험료 납부액에 대한 보험금 상당액을 증여재산으로 간주하여 증여세를 부과한다.

④ 「상속세 및 증여세법」 제46조(비과세되는 증여재산)에 의한 장애인을 보험금수취인으로 하는 보험 가입 시, 장애인이 수령하는 보험금에 대해서는 연간 4,000만원을 한도로 증여세가 비과세된다.

39 난이도 상(중)(하)

우체국보험 상품에 대한 설명으로 옳은 것은?

① 무배당 우체국든든한종신보험 2109에 주계약 보험가입금액 2천만원 이상 가입할 경우, 주계약뿐만 아니라 특약 보험료도 할인받을 수 있다.

② 무배당 내가만든희망보험 2109는 30세부터 80세까지 가입 가능한 건강보험이다.

③ 무배당 우체국실속정기보험 2109는 1종(일반가입)과 2종(간편가입)을 중복 가입할 수 없다.

④ 어깨동무연금보험 2109는 장애인 부모의 부양능력 약화 위험 및 장애아동을 고려하여 15세부터 연금수급이 가능하다.

40 난이도 상(중)(하)

연금저축보험 관련 세제에 관한 설명으로 옳은 것을 모두 고른 것은?

ㄱ. 연금저축보험에 대한 세액공제는 납입하는 보험료에 대해 종합소득산출세액에서 일정금액을 공제해주어 소득세 절세 효과를 주는 대신에 연금을 수령할 때 과세를 하는 제도이다.

ㄴ. 세액공제 한도액은 연금저축 연간 납입한 보험료에 대하여 세액공제[연간 600만원 한도로 납입금액의 12% 세액공제(종합소득금액이 4천 500만원 이하(근로소득만 있는 경우에는 총급여액 5천 500만원 이하)인 거주자는 15% 세액공제)]된다.

ㄷ. 연금저축보험을 중도에 해지하는 경우에는 분리과세를 적용한다. 이는 일반연금 외 수령으로 기타소득세(지방소득세 포함 16.5%)가 부과되나, 만약 부득이한 사유로 인한 연금 외 수령이 인정되는 경우에는 연금소득세(지방소득세 포함 3.3~5.5%)를 부과한다.

ㄹ. 연금저축보험이 연금수령 요건에 부합하는 경우에는 그 지급금액은 연금소득으로 인정하여 연금소득세를 부과한다[단, 연간 연금액이 연금수령한도를 초과하는 경우, 그 초과금액은 연금 외 소득으로 간주하여 기타소득세(지방소득세 포함 16.5%)를 부과함]. 다만, 연간 연금액이 900만원 이하인 경우에는 분리과세할 수 있고, 900만원을 초과하면 종합과세를 또는 15% 분리과세를 선택할 수 있다.

① ㄱ, ㄷ
② ㄱ, ㄴ, ㄷ
③ ㄱ, ㄴ, ㄹ
④ ㄱ, ㄴ, ㄷ, ㄹ

41 난이도 상(중)(하)

무배당 우체국연금보험 2109의 종신연금형 상품의 계약기간을 10년 이상 유지한 만 65세인 甲의 연금소득에 대한 원천징수세율은?

① 5.5%
② 4.4%
③ 3.3%
④ 비과세

42

우체국보험 상품에 관련된 내용으로 옳지 않은 것을 〈보기〉에서 모두 고른 것은?

―――――――― 보기 ――――――――

ㄱ. 보험료 고액할인은 주계약 보험료(특약보험료 포함)에 한해 적용한다.
ㄴ. 암보장개시일은 계약일(부활일)부터 그날을 포함하여 90일이 지난 날의 다음 날로 한다. 다만, 피보험자 나이가 15세 미만인 경우 암보장개시일은 계약일(부활일)로 한다.
ㄷ. 장기요양상태 보장개시일은 원칙적으로 계약일(부활일)부터 그날을 포함하여 180일이 지난 날의 다음 날로 한다.
ㄹ. 치매보장개시일은 원칙적으로 계약일(부활일)부터 그날을 포함하여 1년이 지난 날의 다음 날로 한다.
ㅁ. 무배당 어깨동무보험 2109는 근로소득자가 납입한 보험료(연간 100만원 한도)에 대하여 15% 세액공제되고, 증여세가 면제(피보험자가 장애인인 경우 연간 4,000만원 한도)된다.

① ㄱ, ㄷ
② ㄱ, ㅁ
③ ㄴ, ㅁ
④ ㄷ, ㄹ

43

보장성 보험에 대한 설명으로 옳지 않은 것은?

① 보장성 보험료를 산출할 때에는 예정이율, 예정위험률, 예정사업비율이 필요하다.
② 근로소득자와 사업소득자는 연간 납입보험료의 일정액을 세액공제 받을 수 있다.
③ 만기 시 환급되는 금액이 없거나 이미 납입한 보험료보다 적거나 같다.
④ 주계약뿐만 아니라 각 보장성 특약도 세액공제를 받을 수 있다.

44

우체국보험 상품의 보장개시일에 대한 내용으로 옳은 것은 모두 몇 개인가?

ㄱ. 암보장개시일은 계약일(부활일)부터 그날을 포함하여 90일이 지난 날로 한다. 다만, 피보험자 나이가 15세 미만인 경우 암보장개시일은 계약일(부활일)로 한다.
ㄴ. 재진단암 보장개시일은 '첫 번째 재진단암 보장개시일'과 '두 번째 이후 재진단암 보장개시일'을 합한 것을 말하며, 특약을 부활(효력회복)하는 경우에도 동일하다.
ㄷ. 첫 번째 재진단암 보장개시일은 '첫 번째 암(갑상선암, 기타피부암 및 대장점막내암 제외)' 진단 확정일부터 그날을 포함하여 2년(갱신계약을 포함)이 지난 날의 다음 날이다.
ㄹ. 이차암보장개시일은 첫 번째 암 진단 확정일부터 그날을 포함하여 2년이 지난 날로 한다.

① 1개
② 2개
③ 3개
④ 4개

45

우체국보험 상품에 대한 설명으로 옳지 않은 것은?

① 무배당 우체국실속정기보험 2109는 1종(일반가입)과 2종(간편가입)의 중복가입이 불가능하다.
② 무배당 우체국건강클리닉보험(갱신형) 2109의 최초계약 가입나이는 0~65세이다.
③ 무배당 우체국온라인저축보험 2109는 가입 10개월 유지 후 언제든지 해약해도 납입보험료의 100% 이상을 보장하는 신개념 저축보험이다.
④ 무배당 파워적립보험 2109는 기본보험료 30만원 초과 금액에 대해 수수료를 인하함으로써 수익률을 증대시킨 보험 상품이다.

46
우체국보험 관련 세제에 대한 내용으로 옳지 않은 것은?

① 연금저축보험은 연간 연금액이 연금수령 한도를 초과하는 경우, 그 초과 금액은 연금 외 소득으로 간주하여 기타소득세(지방소득세 포함 16.5%)를 부과한다.
② 보험차익은 「소득세법」상 이자소득으로 분류되어 이자소득세(지방소득세 포함 15.4%)가 과세되지만 저축성 보험의 보험차익 비과세 요건을 충족할 경우 이자소득세가 비과세된다.
③ 비과세종합저축(보험)은 해당 저축에서 발생하는 이자소득 또는 배당소득에 대해서는 소득세를 부과하지 아니한다. 다만, 중도 해지 시에는 과세가 적용된다.
④ 우체국보험 중 비과세종합저축에 해당하는 상품으로는 무배당 그린보너스저축보험플러스(비과세종합저축)가 있다.

47
우체국보험 관련 세제 내용으로 옳은 것은 모두 몇 개인가?

ㄱ. 보험차익이란 보험계약에 따라 만기에 받는 보험금·공제금 또는 계약기간 중도에 해당 보험계약이 해지됨에 따라 받는 환급금에서 납입보험료를 뺀 금액을 의미한다. 「소득세법」상 이자소득으로 분류되어 이자소득세(지방소득세 포함 15.4%)가 과세되지만, 저축성 보험은 보험차익 비과세 요건을 충족할 경우 이자소득세가 비과세된다.
ㄴ. 연금소득의 종합소득 확정 신고 시에는 연금소득공제(필요경비)를 적용받을 수 있다. 다만, 공제액이 900만원을 초과하는 경우에는 900만원을 공제한다.
ㄷ. 금융재산상속공제는 순금융재산이 2천만원 초과 시 순금융재산가액의 20% 또는 2천만원 중 큰 금액으로 1억 한도에서 공제해 주는 제도이다.
ㄹ. 연금소득은 연간 연금액이 2천만원 이하인 경우에는 분리과세할 수 있고, 2천만원을 초과하면 종합과세 또는 15% 분리과세를 선택할 수 있다.

① 1개
② 2개
③ 3개
④ 4개

48
「우체국예금·보험에 관한 법률 시행규칙」에서 정한 우체국보험에 대한 설명으로 옳지 않은 것은?

① 재보험의 가입 한도는 사고 보장을 위한 보험료(순보험료)의 100분의 80 이내로 한다.
② 우체국보험의 종류에는 보장성 보험, 저축성 보험, 연금보험이 있다.
③ 계약보험금 한도액은 보험종류별(연금보험 제외)로 피보험자 1인당 4천만원이다.
④ 세액공제혜택이 없는 연금보험의 최초 연금액은 피보험자 1인당 1년에 1,800만원 이하이다.

49
39세인 H씨의 우체국연금저축보험 2109 가입 현황이 다음과 같을 때 연금수령 1차년도 산출세액(지방소득세 포함)으로 옳은 것은?

- 연금 지급구분: 종신연금형
- 연금수령 개시나이: 만 55세
- 연금수령 한도 이내 연금수령액: 1,000,000원
- 연금수령 한도 초과 연금수령액: 2,000,000원

(단, 납입보험료 전액을 세액공제 받았으며, 의료목적 또는 부득이한 사유로 인한 연금수령액 및 다른 연금소득은 없는 것으로 한다.)

〈적용세율〉

연금소득세율(지방소득세 포함)		기타소득세율 (지방소득세 포함)
연금수령 나이 (만 70세 미만)	종신연금형	
5.5%	4.4%	16.5%

① 132,000원
② 374,000원
③ 462,000원
④ 495,000원

실전동형
모의고사

제1회　실전동형 모의고사

제2회　실전동형 모의고사

제3회　실전동형 모의고사

제1회 실전동형 모의고사

1초 합격예측! 모바일 성적분석표

QR 코드로 접속하여 문제 풀이시간을 측정하고, 〈1초 합격예측 & 모바일 성적분석표〉 서비스를 통해 지금 바로! 실력을 점검해 보세요.
http://eduwill.kr/eale

01

다음 중 보험과 위험에 대한 설명으로 옳지 않은 것은?

① 계약상의 보험금 지급 사유 발생 시, 보험사가 보상하는 것은 실제로 발생한 손실을 원상회복하거나 교체할 수 있는 금액으로 한정하기 때문에 이론적으로 보험보상을 통해 이익을 보는 경우는 없다.
② 정태적 위험은 손실이 발생하거나 발생하지 않는 불확실성이며, 사건 발생이 곧 손실의 발생이므로 이익이 발생하지 않는다.
③ 투기적 위험은 주식투자, 복권, 도박 등과 같이 경우에 따라 이익 또는 손실이 발생할 수 있는 위험을 말하며, 원칙적으로 보험의 대상이 아니다.
④ 위험의 발생상황에 따라 개인적 위험과 사회적 위험으로도 구분이 가능하다.

02

생명보험계약에 관한 설명으로 옳지 않은 것은?

① 보험계약자의 자격에는 제한이 없으나 미성년자, 피한정후견인, 피성년후견인의 경우에는 법정대리인의 동의를 필요로 한다.
② 타인의 생명보험일 경우 반드시 그 타인의 서면동의(또는 전자서명 등)를 받아야 하는 제한이 있다.
③ 보험계약자와 피보험자가 다른 '타인의 생명보험'일 경우 보험수익자 지정 또는 변경 시 피보험자의 동의가 필요하다.
④ 보험수익자와 보험계약자가 동일한 경우 '자기의 보험', 양자가 각각 다른 사람일 경우 '타인의 보험'이라 한다.

03

보험료 계산에 대한 설명으로 옳지 않은 것은?

① 예정사망률이 높아지면 사망보험의 보험료는 올라가고 생존보험의 보험료는 내려간다.
② 현금흐름방식은 다양한 기초율을 가정하여 미래 현금흐름을 예측하고, 이에 따른 목표 수익률을 만족시키는 영업보험료를 역으로 산출하는 방식이다.
③ 현금흐름방식의 경제적 가정에는 투자수익률, 할인율, 적립이율 등이 있다.
④ 현금흐름방식은 상품개발 시 별도의 수익성 분석이 필요하고, 상품개발 후 리스크 관리가 어렵다.

04

보험범죄와 관련된 설명으로 옳지 않은 것은?

① 경성사기는 손실을 의도적으로 각색 또는 조작하는 행위이다.
② 보험범죄는 보험계약을 악용하여 보험료를 낮추거나, 보험 원리상 지급받을 수 없는 보험금을 수령하는 행위로 과거에는 연성사기가 많았지만 최근에는 경성사기가 증가하고 있다.
③ 역선택은 특정군의 특성에 기초하여 계산된 위험보다 높은 위험을 가진 집단이 동일 위험군으로 분류되어 보험계약을 체결함으로써 그 동일 위험군의 사고발생률을 증가시키는 현상이다.
④ 도덕적 해이는 보험사고의 발생 가능성을 높이거나 손해를 증대시킬 수 있는 보험계약자 또는 피보험자의 고의 또는 불성실에 의한 행동으로 내적 도덕적 해이와 외적 도덕적 해이로 구분되며, 외적 도덕적 해이는 피보험자가 직접적으로 보험제도를 악용·남용하는 행위에 의해 야기된다.

05

제3보험에 관한 설명으로 옳지 않은 것은?

① 「상법」에서는 제3보험을 위험보장을 목적으로 사람의 질병·상해 또는 이에 따른 간병에 관하여 금전 및 그 밖의 급여를 지급할 것을 약속하고 대가를 수수하는 계약으로서 대통령령으로 정하는 계약으로 정의하고 있다.
② 사람의 신체에 대한 보험의 성격에 따라 분류하면 생명보험이라 할 수 있으나, 비용손해와 의료비 등 실손 부분에 대해 보상한다고 분류하게 되면 손해보험으로 볼 수 있다.
③ 생명보험사·손해보험사는 제3보험업 겸영이 가능하다.
④ 제3보험은 원칙적으로 피보험이익을 인정하지 않는다.

06

제3보험에 관한 설명으로 옳지 않은 것은?

① 상해보험의 상해사고는 외래성, 급격성, 우연성을 요건으로 한다.
② 질병 등의 경우 급격성을 충족시키지 못하므로, 상해보험의 보험사고라 볼 수 없다.
③ 질병보험의 보험가입자는 피보험자의 직업이 위험한 직업으로 변경된 경우 보험회사에 알려야 한다.
④ 질병보험의 책임개시일은 보험계약일로 하나, 일부 질병담보의 경우 보험계약일(당일 포함)로부터 일정 기간의 면책기간을 둔다.

07

보험계약의 효과에 관한 설명으로 옳지 않은 것은?

① 보험계약의 체결 후 보험계약자가 보험료의 전부 또는 제1회 보험료를 납입하여야 함에도 불구하고, 납입하지 아니하는 경우에 다른 약정이 없는 한 계약 성립 후 1월이 경과하면 그 계약은 해제된 것으로 본다.
② 보험계약이 성립하면 보험자는 지체 없이 보험가입증서(보험증권)를 작성하여 교부할 의무가 있다.
③ 보험계약의 일부 또는 전부가 무효인 경우 보험계약자와 피보험자가 선의이며 중대한 과실이 없는 때에는 보험자는 납입보험료의 일부 또는 전부를 반환할 의무를 진다.
④ 보험계약자가 보험사고의 발생 전에 보험계약의 전부 또는 일부를 해지한 경우 보험자는 다른 약정이 없으면 미경과보험료를 반환하여야 할 의무를 진다.

08

보험계약에 관한 설명으로 옳지 않은 것은?

① 보험료의 납입연체로 인해 계약이 해지되고 해지환급금이 지급된 경우, 계약자는 연체보험료에 약정이자를 붙여 보험자에게 지급하고 그 계약의 부활(효력회복)을 청구할 수 있다.
② 부활계약 청구 시에도 보험계약자는 중요한 사항에 대해 고지의무를 부담하여야 한다.
③ 보험계약자의 부활청구로부터 보험자가 약정이자를 첨부한 연체보험료를 받은 후 30일이 지나도록 낙부통지를 하지 않으면 보험자의 승낙이 의제되고 해당 보험계약은 부활한다.
④ 해당 보험계약이 부활하였다 하더라도 보험계약이 실효된 이후 시점부터 부활될 때까지의 기간에 발생한 보험사고에 대하여는 보험자는 책임을 지지 않는다.

09
리스크와 위험에 대한 설명 중 옳은 것은 몇 개인가?

> ㄱ. 금융회사에서 발생할 수 있는 리스크는 재무적 리스크와 비재무적 리스크로 분류된다.
> ㄴ. 재무적 리스크는 특성상 주가 및 금리와 같은 데이터를 활용하여 특정한 산식을 통해 산출 및 관리가 가능한 계량적인 성격을 갖는다.
> ㄷ. 비재무적 리스크는 금융회사의 영업활동 또는 시스템 관리 등에 따라 발생할 수 있는 비정형화된 리스크로서 계량적인 산출과 관리가 어려운 리스크이다.
> ㄹ. 유동성리스크와 보험리스크는 비재무 리스크이다.

① 1개
② 2개
③ 3개
④ 4개

10
우체국보험모집에 대한 설명으로 옳은 것은?

> ㄱ. 보험계약의 체결 시부터 보험금 지급 시까지의 주요 과정을 보험계약자에게 설명하여야 한다. 다만, 보험계약자가 설명을 거부하는 경우에는 주요 사항만 설명할 수 있다.
> ㄴ. 보험모집자는 전화·우편·컴퓨터 등의 통신매체를 이용한 보험모집을 함에 있어 다른 사람의 평온한 생활을 침해하여서는 아니 된다.
> ㄷ. 우체국보험계약을 체결한 실적이 있는 보험계약자 또는 피보험자(통신수단을 이용한 모집 당시 보험계약이 유효한 자에 한함)에 대해서는 통신수단을 이용한 모집이 가능하다.
> ㄹ. 보험계약의 체결에 종사하는 자 또는 보험모집자는 그 체결 또는 모집과 관련하여 보험계약자 또는 피보험자에 대하여 1만원을 초과하는 금품을 제공하여서는 아니 된다.

① ㄱ, ㄷ
② ㄱ, ㄹ
③ ㄴ, ㄷ
④ ㄴ, ㄹ

11
우체국보험계약에 대한 설명으로 옳지 않은 것은?

① 보험계약은 보험계약자의 청약과 체신관서의 승낙으로 이루어진다.
② 청약한 날부터 30일(단, 전화를 통해 가입하는 계약 중 계약자의 나이가 만 65세 이상인 계약은 45일)이 초과된 계약은 청약을 철회할 수 없다.
③ 보장개시일은 체신관서가 보장을 개시하는 날로서 계약이 성립되고 제1회 보험료를 받은 날을 말하나, 체신관서가 승낙하기 전이라도 청약과 함께 제1회 보험료를 받은 경우에는 제1회 보험료를 받은 날을 의미한다.
④ 승낙을 통해 계약이 성립되면, 청약일을 계약일로 본다.

12
우체국보험의 계약유지에 대한 설명으로 옳지 않은 것은?

① 보험계약자는 해지된 날부터 3년 이내에 체신관서가 정한 절차에 따라 계약의 부활을 청약할 수 있다.
② 보험계약자가 고의로 보험금 지급사유를 발생시킨 경우, 체신관서는 그 사실을 안 날부터 1개월 이내에 계약을 해지할 수 있으며 책임준비금을 보험계약자에게 지급한다.
③ 보험계약자가 보험수익자를 변경하고자 할 경우에는 보험금의 지급사유가 발생하기 전에 피보험자가 서면으로 동의하여야 한다.
④ 보험료의 자동대출납입기간은 최초 자동대출납입일부터 1년을 한도로 하며 그 이후의 기간에 대한 보험료의 자동대출납입을 위해서는 보험계약자가 재신청을 하여야 한다.

13

다음 중 보험상품의 종류가 바르게 짝지어진 것은?

① 보장성 보험: 무배당 파워적립보험 2109
② 연금성 보험: 무배당 어깨동무보험 2109
③ 저축성 보험: 무배당 알찬전환특약 2109
④ 저축성 보험: 무배당 우체국하나로OK보험 2109

14

〈보기〉의 내용을 모두 충족하는 보험상품으로 옳은 것은?

―― 보기 ――
- 병이 있거나 고령이어도 3가지(건강 관련) 간편고지로 간편하게 가입 가능
- 15년 만기 생존 시마다 건강관리자금 지급(주계약)
- 종신갱신형으로 종신토록 의료비 보장 가능(다만, 사망보장은 최대 85세까지 보장)

① 무배당 우체국와이드건강보험 2112
② 무배당 우체국통합건강보험 2109
③ 무배당 우체국간편가입건강보험(갱신형) 2109
④ 무배당 내가만든희망보험 2109

15

우체국보험에 대한 설명으로 옳지 <u>않은</u> 것은?

① 무배당 우체국급여실손의료비보험(갱신형) 2109는 입원·통원 합산 5천만원, 통원(외래 및 처방 합산) 회당 20만원까지 보장한다.
② 무배당 우체국급여실손의료비보험(계약전환·단체개인전환·개인중지재개용)(갱신형) 2109의 최초 계약 가입 나이는 0~99세이다.
③ 무배당 우체국노후실손의료비보험(갱신형) 2109는 최대 60세까지 가입이 가능하다.
④ 무배당 우체국간편실손의료비보험(갱신형) 2109는 병이 있거나 나이가 많아도 3가지(건강 관련) 간편고지로 간편하게 가입하는 실손보험이다.

16

〈보기〉의 내용을 모두 충족하는 보험상품으로 옳은 것은?

―― 보기 ――
- 실세금리 적용: 적립 부분 순보험료를 신공시이율IV로 부리·적립하며, 시중금리가 떨어지더라도 최저 1.0% 금리 보증
- 중도에 긴급자금 필요시 이자부담 없이 중도인출로 자금 활용, 자유롭게 추가납입이 가능
- 기본보험료 30만원 초과금액에 대해 수수료를 인하함으로써 수익률 증대
- 단기납(3년, 5년)으로 납입기간 부담 완화
- 1종(만기목돈형), 2종(이자지급형) 및 보험기간(3년, 5년, 10년)에 따라 단기목돈 마련, 교육자금, 노후설계자금 등 다양한 목적의 재테크 수단으로 활용 가능
- 절세형 상품: 관련 세법에서 정하는 요건에 부합하는 경우 이자소득 비과세 혜택

① 무배당 그린보너스저축보험플러스 2203
② 무배당 파워적립보험 2109
③ 무배당 우체국연금보험 2109
④ 무배당 알찬전환특약 2109

17

우체국연금저축보험에 대한 설명으로 옳지 않은 것은?

① 우체국연금저축보험 2109는 배당상품으로 향후 운용이익금 발생 시 배당혜택을 제공한다.
② 우체국연금저축보험 2109의 연금개시나이는 만 45~75세 이다.
③ 무배당 우체국온라인연금저축보험 2109의 추가납입보험료는 계약일 이후 1개월이 지난 후부터 (연금개시나이-1)세 계약해당일까지 납입 가능하다.
④ 무배당 우체국온라인연금저축보험 2109의 제1보험기간은 계약일에서 연금개시나이 계약 해당일 전일을 의미한다.

18

보험료 할인율에 대한 설명으로 옳지 않은 것은?

① 무배당 우체국든든한종신보험 2109 가입 시 주계약 보험가입금액이 4,000만원인 경우 3.0% 할인된다.
② 무배당 우리가족암보험 2109 중 3종(실버형)에 가입 시, 피보험자의 건강검진결과(건강검진결과 제출일 직전 1년 이내의 검진결과) 고혈압과 당뇨병이 없을 경우 건강검진결과 제출일 이후 차회보험료부터 보험기간 만료일까지 영업보험료의 5%를 할인한다.
③ 피보험자 10명이 단체로 무배당 win-win단체플랜보험 2109에 가입 시 2.0% 할인된다.
④ 무배당 우체국급여실손의료비보험(갱신형) 2109는 갱신(또는 재가입) 직전 '무사고 할인판정기간' 동안 보험금 지급실적[급여 의료비 중 본인부담금 및 4대 중증질환(암, 뇌혈관질환, 심장질환, 희귀난치성 질환)으로 인한 비급여의료비에 대한 보험금은 제외]이 없는 계약을 대상으로 갱신일(또는 재가입일)부터 차기 보험기간 1년 동안 보험료의 10%를 할인한다.

19

우체국보험 환급금 대출에 대한 설명으로 옳지 않은 것은?

① 연금보험을 포함한 저축성 보험의 대출금액은 해약환급금의 최대 95% 이내이다.
② 우체국보험 환급금 대출 자격은 유효한 보험계약을 보유하고 있는 우체국보험 계약자로 한다.
③ 실손보험 및 교육보험의 대출금액은 해약환급금의 최대 90% 이내이다.
④ 무배당 우체국와이드건강보험 2112의 대출금액은 해약환급금의 최대 85% 이내이다.

20

보장성 보험에 대한 설명으로 옳지 않은 것은?

① 과세기간 중 보장성 보험을 해지할 경우 해지 시점까지 납입한 보험료에 대해 세액공제가 가능하며 이미 세액공제받은 보험료에 대해서는 추징한다.
② 만기 시 환급되는 금액이 없거나 이미 납입한 보험료보다 적거나 같다.
③ 주계약뿐만 아니라 특약으로 가입한 보장성 보험도 세액공제를 받을 수 있다.
④ 보장성 보험에서 피보험자는 기본공제 대상자이다.

제2회 실전동형 모의고사

1초 합격예측! 모바일 성적분석표

QR 코드로 접속하여 문제 풀이시간을 측정하고, 〈1초 합격예측 & 모바일 성적분석표〉 서비스를 통해 지금 바로! 실력을 점검해 보세요.
http://eduwill.kr/1Lle

01

다음 중 보험의 대상이 되는 불확실성(위험)의 조건에 대한 설명으로 옳지 않은 것은?

① 다수의 동질적 위험단위: 유사한 속성의 위험이 발생의 연관이 없이 독립적으로 다수 존재해야 한다.
② 한정적 측정 가능 손실: 손실을 명확히 식별 가능하고 손실금액을 측정할 수 있어야 하며, 정확한 보험금 지급 및 적정 보험료 산정이 가능해야 한다.
③ 비재난적 손실: 보험회사 혹은 인수집단의 능력으로 보상이 가능한 규모의 손실이어야 한다.
④ 경제적으로 부담 가능한 보험료 수준: 위험에 따른 보험료가 매우 높게 산정되어 보험자가 경제적으로 부담이 불가능한 경우 시장성이 없어 계약이 거래되지 않는다.

02

생명보험계약에 관한 설명으로 옳지 않은 것은?

① 보험수익자가 여러 명일 경우 대표자를 지정해야 하며 보험수익자의 지정과 변경권은 보험계약자에게 있다.
② 계약자가 보험계약 시 보험수익자를 지정하지 않은 경우 생존보험금은 보험계약자에게 지불한다.
③ 계약자가 보험계약 시 보험수익자를 지정하지 않은 경우 사망보험금은 피보험자의 상속인에게 지불한다.
④ 보험중개사는 보험회사, 대리점, 중개사에 소속되어 보험계약 체결을 중개하는 자이다.

03

보험료 구성에 대한 설명으로 옳지 않은 것은?

① 영업보험료(총 보험료)는 보험계약자가 실제로 보험회사에 납입하는 보험료를 뜻하며, 이는 순보험료와 부가보험료로 구성된다.
② 저축보험료는 만기보험금, 중도보험금 등의 지급 재원이 되는 보험료이다.
③ 계약체결비용은 보상금 및 수당, 보험가입증서 발행 등 신계약과 관련한 비용에 사용되는 보험료이다.
④ 계약관리비용 중 기타비용은 인건비, 관리비 등 계약이 소멸하기까지 계약을 유지해가는 데 사용되는 보험료이다.

04

보험소비자에 대한 정보 제공에 대한 설명으로 옳지 않은 것은?

① 보험모집자는 보험회사가 제작하여 승인된 보험안내자료만 사용해야 하며, 승인되지 않은 보험안내자료를 임의로 제작하거나 사용할 수 없다.
② 보험회사는 1년 이상 유지된 계약에 대해 보험계약 관리내용을 연 1회 이상 보험소비자에게 제공해야 하며, 변액보험에 대해서는 연 4회 이상 제공해야 한다.
③ 보험회사는 저축성 보험에 대해 판매시점의 공시이율을 적용한 경과기간별 해지환급금을 보험소비자에게 안내하고, 해지환급금 및 적립금을 공시기준에 따라 공시해야 한다.
④ 보험소비자에 대한 정보 제공은 제공시기 및 내용을 보험소비자의 관점에서 고려하고, 정보제공이 시의적절하게 이루어질 수 있도록 운영해야 한다.

05

제3보험에 관한 설명으로 옳지 않은 것은?

① 손해보험회사에서 판매하는 질병사망 특약의 보험기간은 80세 만기, 보험금액 한도는 개인당 2억원 이내로 부가할 수 있다.
② 중과실 담보는 생명보험으로서 제3보험의 특성이다.
③ 보험사고 발생 불확정성은 상해보험으로서 제3보험의 특성이다.
④ 「상법」에서 제3보험이라는 분류는 없다.

06

보험계약에 관한 설명으로 옳지 않은 것은?

① 보험계약은 본질적으로 낙성계약이므로, 보험료의 선납이 없어도 보험계약은 유효하게 성립된다.
② 보험계약은 보험계약에 대해 특별한 방식을 요구하지 않는 불요식계약이다. 따라서 보험계약은 서면으로 체결되지 아니하여도 효력이 있다.
③ 일반적으로 보험계약은 보험자의 보험금 지급책임이 우연한 사고의 발생으로 생성되는 소위 사행성계약이므로 보험계약자 측의 선의가 반드시 요청되는 것은 아니다.
④ 보험계약은 일정 기간 동안에 보험관계가 지속되는 계속계약의 성질을 지니며, 「상법」상 독립한 계약이다.

07

보험계약에 관한 설명으로 옳지 않은 것은?

① 보험계약자 또는 피보험자는 최근 3개월 이내에 특정 약물 복용 여부를 계약 전에 알릴 의무가 있다.
② 보험기간 중에 보험계약자 또는 피보험자가 사고발생의 위험이 현저하게 변경 또는 증가된 사실을 안 때에는 지체 없이 이를 보험자에게 통지하여야 한다.
③ 보험계약 당시에 보험계약자 또는 피보험자가 고의 또는 중대한 과실로 인하여 중요한 사항을 고지하지 아니하거나 부실의 고지를 한 때에는 보험자는 그 사실을 안 날로부터 1월 내에, 계약을 체결한 날로부터 2년 내에 한하여 계약을 해지할 수 있다.
④ 보험계약자 또는 피보험자나 보험수익자는 계약에서 정한 보험사고의 발생을 안 때에는 지체 없이 이를 보험자에게 통지해야 한다.

08

우체국보험의 역사에 대한 설명으로 옳지 않은 것은?

① 1977년 당시 체신부는 국가정책사업인 전기통신사업으로 역량을 결집하기 위해서 국민생명보험사업 분야를 농협으로 모두 이관 조치하였다.
② 1982년에 「체신예금·보험에 관한 법률」 및 「체신보험특별회계법」을 제정하였다.
③ 1996년부터 본격적인 보험사업을 재개하기 시작하였다.
④ 2007년에 보험사업단을 신설하였다.

09

우체국보험 재무건전성 관리에 대한 설명으로 옳지 않은 것은?

① 운영리스크는 부적절하거나 잘못된 내부의 업무 절차, 인력 및 시스템 또는 외부의 사건 등으로 인하여 손실이 발생할 리스크로 비재무 리스크이다.
② 우체국보험은 자본의 적정성 유지를 위하여 지급여력비율을 분기별로 산출·관리하여야 하며, 지급여력비율은 지급여력금액을 지급여력기준금액으로 나누어 산출한다.
③ 지급여력비율이 낮을수록 자본의 적정성은 높다.
④ 우정사업본부장은 자산건전성 분류 대상 자산에 해당하는 보유자산에 대해 건전성을 '정상', '요주의', '고정', '회수의문', '추정손실'의 5단계로 분류하여야 한다.

10

우체국보험 모집자에 대한 설명으로 옳지 않은 것은?

① 우정사업본부 소속 공무원·별정우체국 직원·임시집배원, 우편취급국장 및 우편취급국 직원은 우체국보험의 모집자이다.
② 신규임용일 또는 금융업무 미취급 관서(타부처 포함)에서 전입일부터 3년 이하인 자(단, 금융업무 담당자는 제외)는 보험모집을 제한하여야 한다.
③ 최근 1년간 보험모집 신계약 실적이 없는 자는 보험모집을 제한하여야 한다.
④ 국내 거주 외국인을 FC 대상자로 선정하고자 할 때에는 우리말을 바르게 이해하고 어휘를 정확하게 구사할 수 있으며, 「출입국관리법」상 국내거주권(F-2) 또는 재외동포(F-4), 영주자격(F-5), 결혼이민(F-6)이 인정된 자이어야 한다.

11

우체국보험의 보험료의 납입방법에 대한 설명으로 옳지 않은 것은?

① 자동이체 약정은 유지 중인 계약에 한해 처리 가능하다.
② 자동이체 신청은 예금주 본인에게만 신청·변경 권한이 있다.
③ 우체국보험은 자동이체에 있어 현재 합산자동이체 제도를 운영하고 있다.
④ 카드납입의 경우 초회보험료(1회), 계속보험료(2회 이후)를 대상으로 하고 있으며, 선납 및 부활보험료도 납입이 가능하다.

12

우체국 보험계약에 대한 설명으로 옳지 않은 것은?

① 보험계약자가 제2회 이후의 보험료를 납입기일까지 납입하지 않아 보험료 납입이 연체 중인 경우에 체신관서는 납입최고(독촉)하고, 유예기간이 끝나는 날까지 보험료가 납입되지 않은 경우 유예기간이 끝나는 날의 다음 날에 계약은 해지(효력상실)된다.
② 계약이 해지(효력상실)되었을 때에는 보험계약자는 해약환급금을 청구하여 계약을 소멸시키거나, 소정기간 내에 부활절차를 밟아 체신관서의 승낙을 얻어 부활시킬 수 있다.
③ 우체국보험 환급금 대출 자격은 유효한 보험계약을 보유하고 있는 우체국보험 계약자로 한다.
④ 심사지급 대상 보험금에는 생존보험금, 해약환급금, 연금, 학자금, 계약자배당금 등이 있다.

13
〈보기〉의 내용을 모두 충족하는 보험 상품으로 옳은 것은?

| 보기 |
- 비갱신형 상품으로 보험료 변동 없이 처음과 동일한 보험료로 보험기간 동안 보장
- 보험료 납입면제 및 고액계약 할인으로 보험료 부담을 완화
- 생존기간 6개월 이내 판단 시 사망보험금의 60%를 선지급

① 무배당 우체국든든한종신보험 2109
② 무배당 우체국하나로OK보험 2109
③ 무배당 우체국실속정기보험 2109
④ 무배당 우체국온라인정기보험 2109

14
우체국보험에 대한 설명으로 옳지 않은 것은?

① 무배당 우체국와이드건강보험 2112의 주계약 보장은 4대질병진단형(1종)과 암진단형(2종)으로 구분된다.
② 무배당 우체국건강클리닉보험(갱신형) 2109의 보험가입금액은 1,000만원~4,000만원(500만원 단위)이다.
③ 무배당 우체국New100세건강보험 2203은 '국민체력100' 체력 인증 시 보험료 지원혜택을 제공한다.
④ 무배당 내가만든희망보험 2109는 12대 성인질환을 보장(생활보장 가입 시)한다.

15
〈보기〉의 내용을 모두 충족하는 보험상품으로 옳은 것은?

| 보기 |
- (의료비 전문보험) 상해 및 질병 최고 1억원, 통원 건당 최고 100만원, 요양병원의료비 5천만원, 상급병실료 차액 2천만원 보장
- 최대 75세까지 가입이 가능한 실버 전용보험
- 필요에 따라 종합형·질병형·상해형 중 선택

① 무배당 우체국노후실손의료비보험(갱신형) 2109
② 무배당 우체국급여실손의료비보험(갱신형) 2109
③ 무배당 우체국급여실손의료비보험(계약전환·단체개인전환·개인중지재개용)(갱신형) 2109
④ 무배당 우체국간편실손의료비보험(갱신형) 2109

16
〈보기〉의 내용을 모두 충족하는 보험상품으로 옳은 것은?

| 보기 |
- 병원에서 발생하는 간병인 사용 비용을 보장
- 장기요양 1~2등급으로 진단 확정되고, 매년 생존 시 최대 10년 동안 간병자금을 매월 지급(장기요양간병비특약Ⅱ 가입 시, 최대 120개월 한도)
- 장기요양 진단보험금(1~2등급, 1~5등급) 설계 가능하여 고객 맞춤형 혜택을 제공
- 만 15세부터 70세까지 폭 넓게 가입 가능한 간병비보험[1종(일반가입 기준)]
- 병이 있어도 3가지(건강 관련) 간편고지로 간편하게[2종(간편가입)] 가입 가능

① 무배당 우체국치매간병보험 2109
② 무배당 우체국실속정기보험 2109
③ 무배당 우체국간병비보험 2309
④ 무배당 우체국온라인치매간병보험 2201

17

저축형 보험에 대한 설명으로 옳지 않은 것은?

① 무배당 그린보너스저축보험플러스 2203은 5년 만기 유지 시 계약일부터 최초 1년간 1% 보너스금리를 추가 제공한다.
② 무배당 파워적립보험 2109는 기본보험료 30만원 초과금액에 대해 수수료를 인하함으로써 수익률이 증대된다.
③ 무배당 우체국온라인저축보험 2109의 가입나이는 만 19세에서 65세이다.
④ 무배당 알찬전환특약 2109는 만기보험금 재예치로 알찬 수익을 보장한다.

18

〈보기〉의 내용을 모두 충족하는 보험상품으로 옳은 것은?

| 보기 |

- 실세금리 등을 반영한 신공시이율IV로 적립되며, 시중금리가 하락하더라도 최저 1.0%(다만, 가입 후 10년 초과 시 0.5%)의 금리 보장
- 니즈에 맞는 연금지급형태 선택으로 종신(종신연금형) 또는 확정기간(확정기간연금형)동안 안정적인 연금 지급
- 추가납입제도로 자유롭게 추가납입 가능
- 유배당 상품: 배당상품으로 향후 운용이익금 발생 시 배당 혜택 제공
- 관련 세법이 정한 바에 따라 납입한 보험료에 대하여 세액공제[연간 600만원 한도로 납입금액의 12% 세액공제, 종합소득금액이 4천 500만원(근로소득만 있는 경우에는 총급여액 5천 500만원) 이하인 경우 납입금액의 15% 세액공제] 혜택을 제공

① 무배당 우체국연금보험 2109
② 우체국연금저축보험 2109
③ 어깨동무연금보험 2109
④ 무배당 우체국온라인연금저축보험 2109

19

우체국보험 상품에 대한 지원과 관련된 설명으로 옳지 않은 것은?

① 무배당 우체국나르미안전보험 2109는 체신관서가 공익재원으로 보험료의 50%를 지원하는 상품이다.
② 무배당 청소년꿈보험 2109는 공익보험으로 특정 피보험자 범위에 해당하는 청소년에게 무료로 보험 가입 혜택을 주어 학자금을 지급하는 교육보험이다.
③ 무배당 어깨동무보험 2109는 체신관서가 공익재원으로 보험료의 50%를 지원하는 상품이다.
④ 무배당 만원의행복보험 2109는 성별·나이에 상관없이 보험료 1만원(1년 만기 기준), 1회 납입 1만원(1년 만기 기준) 초과 보험료는 체신관서가 공익자금으로 지원한다.

20

비과세종합저축 가입 대상은 모두 몇 개인가?

ㄱ. 만 60세 이상 거주자
ㄴ. 「장애인복지법」 제32조에 따라 등록한 장애인
ㄷ. 「독립유공자 예우에 관한 법률」 제6조에 따라 등록한 독립유공자와 그 유족 또는 가족
ㄹ. 「국민기초생활 보장법」 제2조 제2호에 해당되는 수급자 (단, 생계급여 및 의료수급자에 한함)

① 1개
② 2개
③ 3개
④ 4개

제3회 실전동형 모의고사

1초 합격예측! 모바일 성적분석표

QR 코드로 접속하여 문제 풀이시간을 측정하고,
〈1초 합격예측 & 모바일 성적분석표〉 서비스를 통해
지금 바로! 실력을 점검해 보세요.
http://eduwill.kr/MLle

01

다음 중 보험의 종류에 대한 설명으로 옳은 것은?

① 보험은 「민법」상 손해보험과 인보험으로 분류된다.
② 책임보험은 각종 거래에서 발생하는 신용위험을 감소시키기 위해 보험의 형식으로 하는 보증제도로서 보증보험회사가 일정한 대가(보험료)를 받고 계약상의 채무이행 또는 법령상의 의무이행을 보증하는 특수한 형태의 보험이다.
③ 보증보험은 피보험자가 보험기간 중의 사고로 인하여 제3자에게 배상할 책임을 질 경우에 보험자가 이로 인한 손해를 보상할 것을 목적으로 하는 보험이다.
④ 상해보험은 계약자가 우발적 사고로 신체에 상해를 입은 경우 보험금액 및 기타의 급여를 지급하는 보험으로 보험사고 발생으로 인한 상해의 정도에 따라 일정한 보험금을 지급하는 정액보험인 경우와 비정액보험인 경우가 있다.

02

생명보험계약에 대한 설명으로 옳은 것은?

① 보험목적물은 보험자의 생명 또는 신체를 말한다.
② 보험료는 보험계약자가 보험사고에 의한 보장을 받기 위하여 보험자에게 지급하여야 할 금액으로 만약 보험료를 납부하지 않더라도 보험계약자가 해제 혹은 해지의 의사를 표현하지 않는다면 그 계약은 유지된다.
③ 보험기간은 보험에 의한 보장이 제공되는 기간으로 위험기간 또는 책임기간이라고도 하며 「상법」에서는 보험자의 책임을 최초의 보험료를 지급받은 때로부터 개시한다고 규정하고 있다.
④ 보험금을 보험기간의 전 기간에 걸쳐서 납부하는 보험을 전기납(全期納)보험이라고 하며, 보험료의 납입기간이 보험기간보다 짧은 기간에 종료되는 보험을 단기납(短期納)보험이라고 한다.

03

다음 설명 중 옳지 않은 것은?

ㄱ. 역선택 위험은 보험계약자 스스로 위험도가 매우 높은 상황임을 알고 있으나, 보험금 등의 수령을 목적으로 위험사실을 의도적으로 은폐하여 보험을 가입하는 행위이다.
ㄴ. 환경적 위험의 대표적인 항목으로는 피보험자의 직업, 운전 차량의 종류, 흡연, 음주, 취미생활, 부업활동, 거주지 위험 등이 있다.
ㄷ. 재정적 언더라이팅은 표준직업분류 및 등급표에 따라 위험등급을 비위험직·위험직 1~4등급으로 구분한다.
ㄹ. 언더라이팅의 절차 중 3단계인 계약적부확인은 언더라이팅 부서에 의한 선택 과정에서 보험금액이 과도하게 크거나 피보험자의 잠재적 위험이 높은 것으로 의심되는 경우에만 적용된다.

① ㄱ, ㄴ
② ㄱ, ㄹ
③ ㄴ, ㄷ
④ ㄷ, ㄹ

04

생명보험상품의 종류에 관한 설명으로 옳은 것은?

① 생명보험상품은 대부분 스스로의 필요에 의해 자발적으로 가입하는 자발적인 상품이다.
② 양로보험은 소득의 일부를 일정 기간 적립했다가 노후에 연금을 수령하여 일정 수준의 소득을 계속 유지함으로써 노후의 생활능력을 보호하기 위한 보험이다.
③ CI(Critical Illness)보험은 중대한 질병이며 치료비가 고액인 암, 심근경색, 뇌출혈 등에 대한 급부를 중점적으로 보장해주는 보험이다.
④ 정기보험(定期保險)은 생존보험 중 보험기간을 미리 정해놓고 피보험자가 그 기간 내에 사망했을 때 보험금이 지급되는 보험이다.

05

제3보험에 관한 설명으로 옳은 것은?

> ㄱ. 질병으로 인한 상해 발생은 상해보험의 보상에서 제외
> ㄴ. 상해로 인한 질병의 발생은 상해보험의 대상에 제외
> ㄷ. 상해로 인한 사망은 상해보험의 보상에서 제외
> ㄹ. 질병으로 인한 사망은 질병보험의 보상에서 제외

① ㄱ, ㄴ
② ㄱ, ㄹ
③ ㄴ, ㄷ
④ ㄷ, ㄹ

06

보험계약에 관한 설명으로 옳지 않은 것은?

① 보험자는 계약자의 청약에 대해 피보험자가 계약에 적합하지 않을 경우 계약을 거절할 수 있으며, 보험자가 계약을 거절한 때에는 보험료를 받은 기간에 대하여 일정 이자를 보험료에 더하여 돌려준다.
② 승낙의 방법에는 청약의 경우와 같이 제한이 없으나 보험자는 별도의 승낙의 의사표시를 행하지 않고 보험가입증서(보험증권)의 교부로 갈음하고 있으며 실제로는 보험자의 승낙절차와 보험가입증서(보험증권)의 교부절차는 통합되어 이루어진다.
③ 보험자가 승낙할 경우 보험자의 책임은 승낙한 날로부터 개시된다.
④ 보험계약자가 보험계약의 청약 시에 보험료 상당액을 납부한 때에는 보험자는 다른 약정이 없는 한 30일 내에 승낙의 통지를 발송해야 하고, 이를 해태한 때에는 승낙한 것으로 본다.

07

보험계약에 관한 설명으로 옳지 않은 것은?

① 보험계약자는 보험가입증서(보험증권)를 받은 날부터 15일 이내에 청약을 철회할 수 있다.
② '3대 기본 지키기'를 미이행한 경우는 보험계약의 취소사유이다.
③ 기발생 사고의 경우 보험계약의 무효사유로 보험금 지급사유가 발생하더라도 보험금을 지급하지 않는다.
④ 최초 보험료의 부지급은 해지권 행사사유이다.

08

우체국보험에 대한 설명으로 옳지 않은 것은?

① 국가가 경영하고 과학기술정보통신부장관이 관장(「우체국예금·보험에 관한 법률」)하며, 감사원의 감사와 국회의 국정감사를 받고 있다.
② 우체국보험은 국가가 운영함에 따라 정부예산회계 관계법령의 적용을 받고 있으며, 외부 회계법인의 검사를 받고 있다.
③ 담당인력과 조직에 대해 행정안전부 등 관련 부처와 협의를 거치는 등 「정부조직법」, 「국가공무원법」 등의 통제를 받고 있다.
④ 우체국보험은 공영보험에 비해 가입이 자유롭고 납입료 대비 수혜 비례성이 약하다.

09

우체국보험 모집에 대한 설명으로 옳지 않은 것은?

① 보험안내자료에 우체국보험의 자산과 부채를 기재하는 경우 우정사업본부장이 작성한 재무제표에 기재된 사항과 다른 내용의 것을 기재하지 못한다.
② 보험계약 체결 권유 단계에서 가입설계서와 상품설명서를 제공해야 한다.
③ 보험계약 승낙 단계에서는 보험계약청약서 부본과 보험약관을 제공해야 한다.
④ 저축성 보험(금리확정형 보험은 제외)계약의 경우 계약자가 보험계약 체결 권유 단계에서 설명 의무사항을 설명받았고, 이를 이해하였음을 전화 등 통신수단을 통하여 청약 후 10일 이내에 확인받아야 한다.

10

우체국보험의 청약에 대한 설명으로 옳지 않은 것은?

① 전자청약서비스는 보험모집자는 불완전판매 방지를 위하여 전자청약계약도 '3대 기본 지키기'를 이행하여야 한다.
② 태블릿청약서비스를 이용하는 고객에게는 제2회 이후 보험료의 자동이체 시 0.5%의 할인이 적용된다.
③ 청약일 현재 만 19세 미만으로 보험계약자 또는 피보험자, 보험수익자를 정할 경우에는 친권자, 후견인 등의 법정대리인의 동의가 있어야 계약이 유효하다.
④ 보험나이는 계약일 현재 피보험자의 실제 만 나이를 기준으로 6개월 미만의 끝수는 버리고 6개월 이상의 끝수는 1년으로 하여 계산하며 이후 매년 1월 1일에 나이가 증가하는 것으로 한다.

11

우체국보험의 보험료의 납입방법에 대한 설명으로 옳지 않은 것은?

① 계속보험료 실시간이체는 고객요청 시 즉시 계약자의 계좌 또는 보험료 자동이체 계좌에서 현금을 인출하여 보험료를 납부하는 제도로 자동이체 약정 대상에만 적용한다.
② 우체국페이 납입은 우체국보험 온라인(인터넷, 모바일) 납부방법에 우체국페이 결제 방식을 도입하여 보험료를 납부하는 제도로 초회보험료(1회)를 제외한 계속보험료를 대상으로 한다.
③ 보험료의 자동대출납입기간은 최초 자동대출납입일부터 1년을 한도로 하며 그 이후의 기간에 대한 보험료의 자동대출납입을 위해서는 재신청을 하여야 한다.
④ 다자녀가구 할인의 할인율은 두 자녀 0.5%, 세 자녀 이상 1.0%로 차등 적용되며, 자동이체 할인과 중복할인이 가능하다.

12

다음의 우체국보험 상품 중 보장성 보험 상품만으로 바르게 짝지어진 것은?

① 무배당 우체국안전벨트보험 2109, 무배당 만원의행복보험 2109, 무배당 알찬전환특약 2109
② 무배당 우체국안전벨트보험 2109, 무배당 하나로OK보험 2109, 무배당 NEW100세건강보험 2203
③ 무배당 우리가족암보험 2109, 무배당 파워적립보험 2109, 무배당 win-win단체플랜보험 2109
④ 무배당 우리가족암보험 2109, 무배당 우체국치아보험(갱신형) 2109, 무배당 파워적립보험 2109

13

우체국보험에 대한 설명으로 옳지 <u>않은</u> 것은?

① 무배당 우체국든든한종신보험 2109는 특약 부가로 3대질병(암, 뇌출혈, 급성심근경색증) 발병 시 치료비 추가보장 및 고액암 보장이 강화된 보험이다.
② 무배당 우체국하나로OK보험 2109(종신보험)는 특약 갱신 시 보험기간 만료일 30일 전까지 계약자에게 서면 또는 전화(음성녹음) 안내한다(보험료 등 변경 내용).
③ 무배당 우체국실속정기보험 2109는 비갱신형으로 보험료 변경 없이 사망과 50% 이상 중증장해를 보장한다.
④ 무배당 우체국온라인정기보험 2109는 생존기간 6개월 이내 판단 시 사망보험금의 50%를 선지급한다.

14

〈보기〉의 내용을 모두 충족하는 보험 상품으로 옳은 것은?

―| 보기 |―
- 질병 또는 재해로 50% 이상 장해상태가 되었을 때 차회 이후의 보험료 납입을 면제
- 비갱신형 상품으로 보험료 인상 없이 처음과 동일한 보험료로 만기까지 보장
- 세제혜택: 근로소득자는 납입보험료(연간 100만원 한도)에 대하여 12% 세액공제

① 무배당 우체국온라인3대질병보험 2109
② 무배당 우체국온라인입원수술보험 2112
③ 무배당 우리가족암보험 2109
④ 무배당 우체국온라인암보험 2109

15

우체국 보험에 대한 설명으로 옳지 <u>않은</u> 것은?

① 무배당 우체국단체보장보험 2301은 과학기술정보통신부 소속 공무원 및 산하기관 직원을 대상으로 한 단체보험이다.
② 무배당 만원의행복보험 2109는 만기보험금(1년 만기 1만원, 3년 만기 3만원) 지급으로 납입보험료를 100% 환급한다.
③ 무배당 우체국안전벨트보험 2109는 보험기간이 20년 만기이다.
④ 무배당 우체국나르미안전보험 2109는 성별에 상관없이 나이에 따라 1회 보험료 납입으로 보장 가능(1년 만기)하다.

16

〈보기〉의 내용을 모두 충족하는 보험 상품으로 옳은 것은?

―| 보기 |―
- 교통사고나 각종 재해로 인한 장해, 수술 또는 골절 시 치료비용을 체계적으로 보장
- 한 번 가입으로 90세까지 보장 및 휴일재해 사망보장 강화
- 세제혜택: 근로소득자는 납입보험료(연간 100만원 한도)에 대하여 12% 세액공제

① 무배당 에버리치상해보험 2109
② 무배당 우체국안전벨트보험 2109
③ 무배당 우체국나르미안전보험 2109
④ 무배당 우체국간편실손의료비보험(갱신형) 2109

17

우체국보험에 대한 설명으로 옳지 <u>않은</u> 것은?

① 무배당 우체국온라인어린이보험 2109는 중증질환(소아암, 중증장해 등)을 고액 보장한다.
② 무배당 우체국더든든한자녀지킴이보험 2203은 태아부터 최대 20세까지 폭 넓게 가입 가능한 어린이보험이다.
③ 무배당 어깨동무보험 2109는 어린이와 고령자도 가입 가능하다.
④ 무배당 우체국예금제휴보험 2109의 주계약에서 휴일재해사망보험금은 휴일에 재해로 사망하였거나 장해지급률이 60% 이상인 장해상태가 되었을 때 지급한다.

18

우체국보험 상품별 보장개시일에 대한 설명으로 옳지 <u>않은</u> 것은?

① 무배당 우체국예금제휴보험 2109에서 암보장개시일은 계약일(부활일)부터 그날을 포함하여 90일이 지난 날의 다음 날로 한다.
② 무배당 우체국당뇨안심보험 2109의 당뇨보장개시일은 계약일(부활일)부터 그날을 포함하여 1년이 지난 날의 다음 날로 한다.
③ 무배당 우리가족암보험 2109에서 피보험자 나이가 15세 미만인 경우 암보장개시일은 계약일(부활일)로 한다.
④ 무배당 우체국치매간병보험 2109의 치매보장개시일은 질병으로 인하여 치매상태가 발생한 경우, 계약일(부활일)부터 그날을 포함하여 1년이 지난 날로 한다.

19

보장성 보험료의 세액공제에 대한 설명으로 옳지 <u>않은</u> 것은?

① 일용근로자를 제외한 근로소득자가 기본공제 대상자를 피보험자로 하는 일반 보장성 보험에 가입한 경우, 과세 기간에 납입한 보험료(100만원 한도)의 12%에 해당되는 금액을 종합소득산출세액에서 공제받을 수 있다.
② 소득공제의 대상이 되는 근로소득자는 사장·임원·직원 등이며, 일용근로자는 제외된다.
③ 근로소득자 본인이 보험료를 납입하는 보장성 보험의 피보험자가 연간 소득 100만원을 초과하는 배우자인 경우 세액공제 적용 대상이 아니다.
④ 자영업을 영위하는 사람(장애인)이 본인 명의로 보장성 보험에 가입한 경우 세액공제 대상이다.

20

상속·증여 관련 세제에 대한 설명으로 옳지 <u>않은</u> 것은?

① 금융재산 상속공제액은 3천만원 이하의 경우 순금융재산가액의 전액이다.
② 증여는 계약이라는 법률행위이므로 당사자 간의 청약과 승낙이라는 의사표시를 하고 합의가 있어야 한다.
③ 계약자와 보험수익자가 서로 다른 경우에는 계약자가 납부한 보험료 납부액에 대한 보험금 상당액을 증여재산으로 간주하여 증여세를 부과한다.
④ 장애인이 수령하는 보험금에 대해서는 연간 4천만원을 한도로 증여세가 비과세된다.

에듀윌
계리직
공무원

에듀윌이
너를
지지할게

ENERGY

삶의 순간순간이
아름다운 마무리이며
새로운 시작이어야 한다.

– 법정 스님

편저자 박상규

■ 약력
- 전) 에듀윌 계리직 우편상식, 금융상식 대표 교수
- 금융자격증 및 관련 강의경력 다수 보유
  - 증권분석사(K-CIIA)
  - 금융자산관리사(FP: 한국금융연수원 주관)
  - 펀드투자상담사(금융투자협회 주관)
  - 파생상품투자상담사(금융투자협회 주관)
  - 전산세무회계(한국세무사회 주관)

편저자 우정우

■ 약력
- 현) 에듀윌 계리직 보험일반 대표 교수
- 현) 지안에듀 계리직 우편·예금 강사
- 전) 공주대, 한국항공대 공무원 특강 강사
- 전) 행안부 재정정책팀 근무
- 전) 진주시 일반성면 근무
- 전) 김해시 교통행정과 근무
- 공무원 4관왕(행정직 7급, 국가직 9급, 지방직 9급, 계리직 9급 합격)

에듀윌 계리직공무원 단원별 기출&예상 문제집 보험일반

발 행 일	2024년 3월 15일 초판
편 저 자	박상규 · 우정우
펴 낸 이	양형남
펴 낸 곳	(주)에듀윌
등록번호	제25100-2002-000052호
주　　소	08378 서울특별시 구로구 디지털로34길 55 코오롱싸이언스밸리 2차 3층

* 이 책의 무단 인용 · 전재 · 복제를 금합니다.

www.eduwill.net
대표전화　1600-6700

여러분의 작은 소리
에듀윌은 크게 듣겠습니다.

본 교재에 대한 여러분의 목소리를 들려주세요.
공부하시면서 어려웠던 점, 궁금한 점,
칭찬하고 싶은 점, 개선할 점, 어떤 것이라도 좋습니다.

에듀윌은 여러분께서 나누어 주신 의견을
통해 끊임없이 발전하고 있습니다.

에듀윌 도서몰 book.eduwill.net
- 부가학습자료 및 정오표: 에듀윌 도서몰 → 도서자료실
- 교재 문의: 에듀윌 도서몰 → 문의하기 → 교재(내용, 출간) / 주문 및 배송

에듀윌에서 꿈을 이룬 합격생들의 진짜 **합격스토리**

에듀윌 강의·교재·학습시스템의 우수성을
합격으로 입증하였습니다!

에듀윌만의 탄탄한 커리큘럼 덕분에 공시 3관왕 달성

혼자서 공부하다 보면 지금쯤 뭘 해야 하는지, 내가 잘하고 있는지 걱정이 될 때가 있는데 에듀윌 커리큘럼은 정말 잘 짜여 있어 고민할 필요 없이 그대로 따라가면 되는 시스템이었습니다. 커리큘럼이 기본이론-심화이론-단원별 문제풀이-기출 문제풀이-파이널로 풍부하게 구성되어 인강만으로도 국가직, 지방직, 군무원 3개 직렬에 충분히 합격할 수 있었습니다. 혼자 공부하다 보면 내 위치를 스스로 가늠하기 어려운데, 매달 제공되는 에듀윌 모의고사를 통해서 제 수준이 어느 정도인지 파악할 수 있어서 좋았습니다.

아케르 시스템으로 생활 패턴까지 관리해 주는 에듀윌

공무원 시험을 준비하려고 마음먹었을 때 에듀윌이 가장 먼저 떠올랐습니다. 특히 에듀윌 학원은 교수님 선택 폭도 넓고 세무직은 현강에서 스터디까지 해 주기 때문에 선택했습니다. 학원에서는 옆에 앉은 학생들의 공부하는 모습을 보면서 자극을 받고 집중해서 공부할 수 있었습니다. 무엇보다 잘 짜인 에듀윌 학원 커리큘럼과 매니저님들의 스케줄 관리, 아케르 출석 체크를 활용한 규칙적인 생활 패턴 덕분에 합격할 수 있었다고 생각합니다.

에듀윌의 강의로 경찰 공무원 합격

에듀윌 교수님들이 수업 시간에 친절하고 자세하게 설명해 주셔서 초반에 어려움 없이 학업을 이어갈 수 있었습니다. 열심히 하다 보면 붙는다는 말이 처음에는 미덥지 않았지만, 열심히 하다 보니까 합격까지 오게 되었습니다. 여러분들도 에듀윌을 믿고 따라가다 보면 분명히 합격할 수 있을 것입니다.

다음 합격의 주인공은 당신입니다!

더 많은
합격스토리

합격자 수 2,100% 수직 상승!
매년 놀라운 성장

에듀윌 공무원은 '합격자 수'라는 확실한 결과로 증명하며
지금도 기록을 만들어 가고 있습니다.

합격자 수를 폭발적으로 증가시킨 **0원 평생패스**

| 합격 시 수강료 0원 | + | 합격할 때까지 평생 무제한 수강 | + | 24년 시험 대비 개정 학습자료 모두 제공 |

※ 환급내용은 상품페이지 참고. 상품은 변경될 수 있음.

상품
페이지

* 2017/2022 에듀윌 공무원 과정 최종 환급자 수 기준

에듀윌 계리직공무원
단원별 기출&예상 문제집
보험일반

해설편

에듀윌
계리직공무원
단원별 기출&예상 문제집
보험일반

에듀윌 계리직공무원
단원별 기출&예상 문제집

보험일반 | 해설편

정답과 해설

PART I 보험개론

챕터별 키워드 & 취약영역 체크

☑ 챕터별 키워드로 본인의 취약영역 확인 후, 취약영역에 해당하는 문제와 이론은 꼼꼼하게 다시 점검하세요!

CHAPTER 01 보험일반 이론				CHAPTER 03 보험윤리와 소비자보호		CHAPTER 04 생명보험과 제3보험		CHAPTER 05 보험계약법 (인보험편)		CHAPTER 06 우체국보험 일반현황		CHAPTER 07 리스크관리 및 자금운용	
틀린개수 _____ / 10개		11	배당	틀린개수 _____ / 13개		틀린개수 _____ / 14개		틀린개수 _____ / 23개		틀린개수 _____ / 10개		틀린개수 _____ / 7개	
		12	위험의 구분										
		13	생명보험계약의 관계자										
		14	언더라이팅 절차										
01	위험과 보험	15	생명보험의 기본원리	01	보험모집 준수사항	01	생명보험상품	01	보험계약	01	우체국보험의 근거	01	재무건전성 관리
02	위험의 구분	16	배당	02	보험소비자 보호	02	제3보험	02	보험계약의 고지의무	02	우체국보험의 역사	02	자금운용
03	위험관리와 보험	17	보험료 계산의 기초	03	보험범죄 방지활동	03	상해보험	03	보험계약의 법적 성질	03	우체국보험의 업무범위	03	자금운용
04	위험의 구분	18	보험료의 산정	04	보험모집 준수사항	04	질병보험	04	보험계약의 의의와 법적 성질	04	우체국보험과 민영보험의 비교	04	재무건전성 관리
05	보험의 기능과 종류	19	보험계약 세제	05	보험모집 준수사항	05	간병보험	05	보험계약의 무효·취 소·고지의무·부활	05	우체국보험의 업무범위 및 역할	05	리스크관리
06	위험과 보험	20	보험료의 구성	06	보험영업윤리	06	생명보험상품	06	보험계약의 효과	06	보험적립금 및 결산서 작성	06	리스크관리
07	생명보험의 역사	21	생명보험계약의 관계자	07	보험영업윤리	07	생명보험상품	07	보험계약의 성립	07	우체국보험의 업무범위	07	재무건전성 관리
08	생명보험의 역사	22	생명보험용어	08	보험범죄 방지활동	08	생명보험상품	08	보험계약의 무효	08	타 기관 보험과의 비교		
09	위험의 구분	23	생명보험계약의 관계자	09	보험범죄 방지활동	09	제3보험	09	고지의무	09	우체국보험의 사회공헌 활동 재원		
10	위험의 구분	24	보험료 계산의 기초	10	보험모집 준수사항	10	생명보험상품	10	보험계약의 책임개시 및 철회	10	보험적립금		
CHAPTER 02 생명보험 이론		25	생명보험계약의 관계자	11	보험소비자 보호	11	생명보험상품	11	고지의무				
		26	보험료 계산의 기초	12	보험모집 준수사항	12	생명보험상품	12	보험계약의 성립· 효과				
틀린개수 _____ / 35개		27	보험계약 세제	13	보험모집 준수사항	13	제3보험	13	고지의무				
		28	보험계약 세제			14	제3보험	14	보험계약의 무효				
01	보험계약의 요소	29	보험계약 세제					15	보험계약의 특성				
02	보장성 보험의 세액공제	30	생명보험계약 관계자 및 요소					16	보험계약의 고지의무				
03	생명보험계약	31	보험계약 세제					17	보험계약의 철회· 무효·취소·실효				
04	현금흐름방식	32	3이원방식과 현금흐름방식					18	보험계약의 성립과 체결				
05	보험료 계산의 기초	33	보험계약 세제					19	보험계약의 철회· 무효·취소·실효				
06	보험료 계산의 기초	34	생명보험계약 관계자					20	고지의무				
07	보험료 계산의 기초	35	보험계약 세제					21	보험계약의 요소				
08	생명보험계약의 관계자							22	보험계약의 효과				
09	보험계약의 요소							23	보험계약의 성립과 체결				
10	생명보험의 기본원리												

➡ 나의 취약영역: _____

CHAPTER 01 | 보험일반 이론
문제편 P.12

| 01 | ③ | 02 | ③ | 03 | ② | 04 | ③ | 05 | ① |
| 06 | ① | 07 | ③ | 08 | ④ | 09 | ① | 10 | ① |

01 보험일반 이론 > 위험과 보험 답 ③

| 오답해설 | ① 위험은 사건 발생에 연동되는 결과에 따라 순수위험과 투기적 위험으로 분류하며, 위험의 발생 상황에 따라 정태적 위험(개인적 위험)과 동태적 위험(사회적 위험)으로 분류한다.
② 책임보험은 피보험자가 보험기간 중의 사고로 인하여 제3자에게 배상할 책임을 질 경우에 보험자가 이로 인한 손해를 보상할 것을 목적으로 하는 보험이다.
④ 보험의 대상이 되는 불확실성(위험)의 조건 중 '비재난적 손실'이란 보험회사 혹은 인수집단의 능력으로 보상이 가능한 규모의 손실을 의미한다. '한정적 측정가능 손실'은 피해의 발생원인, 발생시점, 장소, 피해의 정도가 명확히 식별 가능하고 손실금액을 측정할 수 있는 손실을 말한다.

02 보험일반 이론 > 위험의 구분 답 ③

| 정답해설 | ③ 순수위험은 손실이 발생하거나 발생하지 않는 불확실성이며, 사건 발생이 곧 손실의 발생이므로 이익이 발생하지 않는다. 주식투자, 복권, 도박 등과 같이 경우에 따라 불확실성의 결과가 이익 또는 손실의 발생 여부로 나뉘는 것은 투기적 위험이다.

03 보험일반 이론 > 위험관리와 보험 답 ②

| 오답해설 | ㄱ. 보험이란 피보험자(보험대상자)가 불의의 사고를 당했을 경우 보험회사가 그 손실에 상응하는 금전적 보상을 한다는 계약을 통해 보험회사에 전가된 피보험자(보험대상자) 위험의 집합체이다.
ㄹ. 손실을 집단화할 때 주의해야 할 점은 발생빈도와 평균손실의 규모 면에서 동종의 손실이거나 그와 비슷한 것이어야 한다는 것이다.

04 보험일반 이론 > 위험의 구분 답 ③

| 정답해설 | ③ 순서대로 ㉢, ㉠, ㉣, ㉡의 연결이 적절하다.
ㄱ. ㉢ 투기적 위험
ㄴ. ㉠ 순수위험
ㄷ. ㉣ 동태적 위험
ㄹ. ㉡ 정태적 위험

| 함께 보는 이론 | 위험의 구분

- **투기적 위험**: 주식투자, 복권, 도박 등과 같이 경우에 따라 이익 또는 손실이 발생할 수 있는 위험
- **순수위험**: 손실이 발생하거나 발생하지 않는 불확실성이며, 사건 발생이 곧 손실의 발생이므로 이익이 발생하지 않음
- **동태적 위험**: 시간 경과에 따른 사회·경제적 변화와 관계가 있는 위험으로 산업구조 변화, 물가변동, 생활양식 변화, 소비자 기호 변화, 정치적 요인 등 사회의 동적 변화에 따라 발생할 수 있는 불확실성
- **정태적 위험**: 시간에 따른 사회·경제적 변화와 관계없이 발생할 수 있는 위험으로 자연재해, 인적원인에 의한 화재·상해 등, 그리고 고의적인 사기·방화 등을 예로 들 수 있음

05 보험일반 이론 > 보험의 기능과 종류 답 ①

| 오답해설 | ② 사회보장제도 보완, 손해감소 동기부여, 기업의 자본효율성 향상, 국가경제 발전에 기여는 보험의 긍정적 영향에 해당하고 피보험자의 사행성 자극은 보험의 부정적 영향에 해당한다.
③ 운송보험은 육상운송의 목적인 운송물에 대하여 그 운송에 관한 사고로 인하여 생길 손해의 보상을 목적으로 하는 보험이다(운송보험의 목적은 운송물으로, 운송에 이용되는 용구 자체나 승객은 운송보험에서 담보되는 보험의 목적은 아님).
④ 화재보험은 화재나 번개로 인하여 재산상의 손해가 발생할 경우 보험증권에 의해 사전에 약정된 보험금을 지급한다(상품에 따라 태풍, 도난 등과 같은 손인들 및 소화활동을 할 때 발생한 피해 및 피난지에서의 피난 손해도 보상 포함).

06 보험일반 이론 > 위험과 보험 답 ①

| 오답해설 | ② 인보험은 생명보험, 상해보험, 질병보험으로 분류된다.
③ 위험은 사건발생에 연동되는 결과에 따라 순수위험(조기사망, 화재, 자연재해, 교통사고 등)과 투기적 위험(주식투자, 복권, 도박 등)으로 분류할 수 있다.
④ 위험은 위험의 발생상황에 따라 정태적 위험(개인적 위험, 인적원인에 의한 화재·상해 등)과 동태적 위험(사회적 위험, 산업구조 변화, 물가변동 등)으로 분류한다.

07 보험일반 이론 > 생명보험의 역사 답 ③

| 정답해설 | ③ 순서대로 ㉡, ㉠, ㉣, ㉢의 연결이 적절하다.
ㄱ. 고대시대 "에라노이"는 집단 구성원이 사망하거나 어려운 일이 생길 때를 대비하여 서로 도움을 주는 종교적 공제단체였다.
ㄴ. 고대시대 "콜레기아"는 사회적 약자나 소외계층 등 하층민들이 서로 돕기 위해 조직했던 상호부조조합으로, 구성원이 낸

회비를 추후에 구성원의 사망 장례금, 유가족 지원금 등으로 지급하거나 예배 등 종교활동에 필요한 비용으로 사용하였다.
ㄷ. 중세시대 "**길드**"는 해상교역 중에 발생하는 선박이나 화물의 손해를 공동으로 부담하고 구성원의 사망, 화재, 도난 등의 재해도 구제해 주었다.
ㄹ. 근대시대 "**톤틴연금**"은 대중의 출자로 대량의 자금을 만드는 방법으로, 출자자를 연령별 그룹으로 구분하여 그룹별로 결정된 일정 금액을 매년 국가에 납부하고 이를 그룹의 생존자 간에 분배하는 일종의 종신연금과 같은 제도였다.

08 보험일반 이론 > 생명보험의 역사 답 ④

| **정답해설** | ④ 우리나라는 1990년대에는 보험시장 개방, 금융자율화 정책 등으로 생명보험 시장 내에서도 본격적인 경쟁이 시작되었으며, 규모 위주의 성장 전략에 따른 과다한 실효해약 등으로 경영부실이 확대되기 시작하였다. 결국 1997년 IMF 외환위기가 발생하고 1998년 4개 생명보험회사의 허가가 취소되는 등 생명보험업계의 대규모 구조조정이 이루어진다.

09 보험일반 이론 > 위험의 구분 답 ①

| **정답해설** | ① 정태적 위험은 보험의 대상이 되지만, 동태적 위험은 보험의 대상이 되기 어려운 특성을 가진다.

┌ **함께 보는 이론** | 정태적 위험과 동태적 위험 ─────
- **정태적 위험**: 손실만을 발생시키는 순수위험적 성격을 가지고 있으며 사회적인 것이 아닌 개인적인 위험으로, 개별적 사건 발생은 우연적·불규칙적이나, 집단적으로 관찰 시 일정한 확률을 가지기 때문에 예측이 가능하여 대부분 보험의 대상이 됨
- **동태적 위험**: 정태적 위험과 달리 경제적 손실을 발생시킬 가능성과 동시에 이익을 창출할 기회, 사업기회 등을 제공함으로써 손실 혹은 이익을 초래하는 불확실성으로 투기적 위험과 함께 보험의 대상이 되기 어려운 특성을 가짐

10 보험일반 이론 > 위험의 구분 답 ①

| **정답해설** | ① 순서대로 ㉡, ㉣, ㉠, ㉢의 연결이 적절하다.
ㄱ. ㉡ 한정적 측정 가능 손실
ㄴ. ㉣ 비재난적 손실
ㄷ. ㉠ 다수의 동질적 위험단위
ㄹ. ㉢ 측정 가능한 손실확률

CHAPTER 02 | 생명보험 이론   문제편 P.16

01	③	02	③	03	②	04	③	05	④
06	③	07	④	08	②	09	④	10	③
11	③	12	②	13	④	14	①	15	②
16	②	17	④	18	②	19	②	20	③
21	④	22	①	23	②	24	④	25	②
26	④	27	②	28	①	29	②	30	②
31	①	32	②	33	③	34	③	35	②

01 생명보험 이론 > 보험계약의 요소 답 ③

| **정답해설** | ③ 옳은 것은 ㄱ, ㄷ, ㄹ 3개이다.
ㄱ. 보험목적물(보험대상)은 보험사고 발생의 객체로 생명보험에서는 피보험자의 생명 또는 신체를 말한다. 보험의 목적물은 보험자(보험회사)가 배상하여야 할 범위와 한계를 정해준다.
ㄷ. 보험사고란 보험에 담보된 재산 또는 생명이나 신체에 관하여 보험자(보험회사)가 보험금 지급을 약속한 사고(위험)가 발생하는 것으로, 생명보험의 경우 피보험자의 사망·생존, 장해, 입원, 진단 및 수술, 만기 등이 보험금 지급사유로 규정된다.
ㄹ. 보험료는 보험계약자가 보험사고에 의한 보장을 받기 위하여 보험자(보험회사)에게 지급하여야 할 금액으로 만약 보험료를 납부하지 않는다면 그 계약은 해제 혹은 해지된다.

| **오답해설** | ㄴ. 보험기간은 보험에 의한 보장이 제공되는 기간으로, 위험기간 또는 책임기간이라고도 하며 「상법」에서는 보험자의 책임을 최초의 보험료를 지급받은 때로부터 개시한다고 규정하고 있다.

02 생명보험 이론 > 보장성 보험의 세액공제 답 ③

| **오답해설** | ① 보장성 보험 세액공제 가능 대상자는 근로소득자(사업소득자, 일용근로자 등은 제외)이므로 근로소득이 없는 연금소득자 또는 개인사업자 등은 보장성 보험에 가입하더라도 세액공제를 받을 수 없다.
② 보장성 보험을 중도해지할 경우 해지 시점까지 납입한 보험료에 대해 세액공제가 가능하며 이미 세액공제받은 보험료에 대한 추징 또한 없다.
④ 장애인 전용 보장성 보험의 경우, 납입한 보험료(100만원 한도)의 15%에 해당하는 금액을 해당 과세기간의 종합소득산출세액에서 공제받을 수 있다.

03 생명보험 이론 > 생명보험계약 답 ②

| 정답해설 | ② 옳은 것은 ㄱ, ㄹ이다.

| 오답해설 | ㄴ. 생명보험에서 피보험자와 보험계약자가 각각 다른 사람일 경우 '타인의 생명보험'이라고 한다. '타인을 위한 보험'은 보험수익자와 보험계약자가 각각 다른 사람일 경우를 말한다.
ㄷ. 보험계약자가 보험계약 시 보험수익자를 지정하지 않은 경우 생존보험금 발생 사고 시 보험수익자는 보험계약자이다.

04 생명보험 이론 > 현금흐름방식 답 ③

| 오답해설 | ① 현금흐름방식은 각 보험회사별 최적가정 기초율을 적용한다.
② 3이원방식의 장점이다.
④ 계리적 가정에는 위험률, 해지율, 손해율, 사업비용 등이 있고 경제적 가정에는 투자수익률, 할인율, 적립이율 등이 있다.

| 함께 보는 이론 | 3이원방식과 현금흐름방식 비교

구분	3이원방식	현금흐름방식
기초율 가정	3이원(위험률, 이자율, 사업비율)	• 3이원을 포함한 다양한 기초율 – 경제적 가정: 투자수익률, 할인율, 적립이율 등 – 계리적 가정: 위험률, 해지율, 손해율, 사업비용 등
기초율 가정 적용	• 보수적 표준기초율 일괄가정 • 기대이익 내재	• 각 보험회사별 최적가정 • 기대이익 별도 구분
장점	• 보험료 산출이 비교적 간단함 • 기초율 예측 부담이 경감됨	• 상품개발 시 수익성 분석을 동시에 할 수 있으며 상품개발 후 리스크 관리가 용이함 • 새로운 가격요소 적용으로 정교한 보험료 산출이 가능
단점	• 상품개발 시 별도의 수익성 분석이 필요함 • 상품개발 후 리스크 관리가 어려움	• 정교한 기초율 예측의 부담 • 산출방법이 복잡하고, 전산시스템 관련 비용이 많음

05 생명보험 이론 > 보험료 계산의 기초 답 ④

| 정답해설 | ④ 보험료는 수지상등의 원칙에 의거하여 예정사망률(예정위험률), 예정이율, 예정사업비율의 3대 예정률을 기초로 계산한다.

| 함께 보는 이론 | 3대 예정률과 보험료의 관계

구분	예정사망률	예정이율	예정사업비율
높음	사망보험 보험료는 올라가고, 생존보험 보험료는 내려감	보험료는 내려감	보험료는 올라감
낮음	사망보험 보험료는 내려가고, 생존보험 보험료는 올라감	보험료는 올라감	보험료는 내려감

06 생명보험 이론 > 보험료 계산의 기초 답 ③

| 정답해설 | ③ 예정사업비율이 낮아지면 보험료는 내려가고 예정사업비율이 높아지면 보험료는 올라가는데, 이 경우 보험료는 순보험료가 아닌 부가보험료에 영향을 주게 된다. 즉, 예정사업비율이 높아지면 부가보험료가 올라간다.

| 함께 보는 이론 | 영업보험료의 구성

순보험료	위험(사망)보험료	사망보험금, 장해보험금 등 보험사고 발생 시 보험금 지급 재원	예정사망률, 예정이율
	저축(적립)보험료	만기보험금, 중도보험금 등의 지급 재원	
부가 보험료	신계약비	계약체결비용	예정사업비율
	유지비	계약관리비용 – 유지관련 비용	
	수금비	계약관리비용 – 기타비용	

07 생명보험 이론 > 보험료 계산의 기초 답 ④

| 정답해설 | ④ 부가보험료는 신계약비, 유지비 및 수금비로 구분하며 예정사업비율에 기초하여 계산한다.

08 생명보험 이론 > 생명보험계약의 관계자 답 ②

| 정답해설 | ② 보험계약자의 자격에는 제한이 없어 자연인, 법인 또는 1인, 다수 등 상관없이 보험계약자가 될 수 있다. 다만, 미성년자(만 19세 미만), 피한정후견인, 피성년후견인의 경우에는 법정대리인의 동의를 필요로 한다.

| 오답해설 | ① 보험계약자의 주된 의무에는 보험료 납입의무, 보험계약 시 고지의무, 주소변경 통지의무, 보험금 지급사유 발생 통지의무가 있다.
③ 계약자가 보험계약 시 보험수익자를 지정하지 않은 경우 보험사고에 따라 보험수익자가 결정되는데, 장해·입원·수술·통원급부금 등은 피보험자가 보험수익자로 결정된다. 사망보험금은 피보험자의 상속인, 생존보험금은 보험계약자가 보험수익자이다.
④ 보험중개사는 독립적으로 보험계약 체결을 중개하는 자로서 계약체결권, 고지수령권, 보험료 수령권에 대한 권한이 없다.

09 생명보험 이론 > 보험계약의 요소 답 ④

| 정답해설 | ④ 순서대로 ㅁ, ㄷ, ㄱ, ㄹ의 연결이 적절하다.
ㄱ. 보험료는 보험계약자가 보험사고에 의한 보장을 받기 위하여 보험자(보험회사)에게 지급하여야 할 금액으로 만약 보험료를 납부하지 않는다면 그 계약은 해제 혹은 해지된다.

ㄴ. 보험기간은 보험에 의한 보장이 제공되는 기간으로 위험기간 또는 책임기간이라고도 하며 「상법」에서는 보험자의 책임을 최초의 보험료를 지급받은 때로부터 개시한다고 규정하고 있다.
ㄷ. 보험목적물(보험대상)은 보험사고 발생의 객체로 생명보험에서는 피보험자의 생명 또는 신체를 말한다. 보험목적물(보험대상)은 보험자(보험회사)가 배상하여야 할 범위와 한계를 정해준다.
ㄹ. 보험금은 보험기간 내 보험사고가 발생하였을 때 보험자(보험회사)가 지급해야 하는 금액이다. 보험금은 보험계약 체결 시 보험자와 보험계약자 간 합의에 의해 설정할 수 있다.

| 함께 보는 이론 | 보험계약의 요소

- **보험목적물(보험대상)**: 보험사고 발생의 객체로 생명보험에서는 피보험자의 생명 또는 신체를 말하며, 보험의 목적물은 보험자(보험회사)가 배상하여야 할 범위와 한계를 정해줌
- **보험사고(보험금 지급사유)**: 보험에 담보된 재산 또는 생명이나 신체에 관하여 보험자(보험회사)가 보험금 지급을 약속한 사고, 즉 위험이 발생하는 것을 말함
- **보험금**: 보험기간 내 보험사고가 발생하였을 때 보험자(보험회사)가 지급해야 하는 금액으로, 보험금은 보험계약 체결 시 보험자와 보험계약자 간 합의에 의해 설정할 수 있음
- **보험기간**: 보험에 의한 보장이 제공되는 기간으로 위험기간 또는 책임기간이라고 하며 「상법」에서는 보험자의 책임을 최초의 보험료를 지급받은 때부터 개시한다고 규정함
- **보험료**: 보험계약자가 보험사고에 의한 보장을 받기 위해 보험자(보험회사)에게 지급하여야 할 금액으로, 만약 보험료를 납부하지 않는다면 그 계약은 해제 혹은 해지됨
- **보험료 납입기간**
  - 전기납보험: 보험료 납입을 보험기간(보장기간)의 전 기간에 걸쳐서 납부
  - 단기납보험: 보험료의 납입기간이 보험기간보다 짧은 기간에 종료

10 생명보험 이론 > 생명보험의 기본원리 답 ③

| 정답해설 | ③ 국민생명표는 국민 또는 특정지역의 인구를 대상으로 그 인구 통계에 의해 사망상황을 작성한 생명표이다. 우체국보험생명표는 우체국보험 가입자의 실제 사망현황을 감안하여 작성한 생명표이다.

11 생명보험 이론 > 배당 답 ③

| 정답해설 | ③ 금융위원회가 필요하다고 인정하여 정하는 경우는 계약자배당이 있는 연금보험이다.

12 생명보험 이론 > 위험의 구분 답 ②

| 정답해설 | ② 순서대로 ㉠, ㉡, ㉣, ㉢의 연결이 적절하다.
ㄱ. 운전 차량의 종류, 취미생활, 직업 및 거주지 위험 - ㉠ 환경적 언더라이팅

ㄴ. 연령, 성별, 체격, 과거 및 현재 병력, 가족 병력 - ㉡ 신체적 언더라이팅
ㄷ. 생활환경 및 소득수준 - ㉣ 재정적 언더라이팅
ㄹ. 보험사기, 보험범죄, 태만, 과실, 부주의 - ㉢ 도덕적 언더라이팅

13 생명보험 이론 > 생명보험계약의 관계자 답 ④

| 정답해설 | ④ 피보험자에게 보험사고 발생 시 보험자에게 보험금 지급을 청구·수령할 수 있는 권리를 가진 사람은 '보험수익자'이다.

14 생명보험 이론 > 언더라이팅 절차 답 ①

| 오답해설 | ② 무심사 보험은 고령자의 경우 기존 병력으로 인해 일반 고객과 동일한 계약 기준으로 인수가 불가한 경우가 발생할 수 있어 이러한 경우 보험료를 일반보험에 비해 할증하여 보험계약을 인수하는 보험상품이다.
③ 간편심사 보험은 일반적으로 사망보험금을 낮추는 대신 주요 질병에 대한 진단비와 노후 생활자금 보장 등에 초점이 맞춰져 있으며 심사과정 간소화로 가입절차는 간편하나 보험료는 비교적 높게 책정된다.
④ 무진단 보험은 건강진단 절차만을 생략할 수 있는 보험으로, 고지의무 등에서 일반보험과 동일하므로 고지의무가 없는 무심사 보험과 차이가 있다.

15 생명보험 이론 > 생명보험의 기본원리 답 ②

| 정답해설 | ② ㉠ 대수의 법칙, ㉡ 수지상등의 원칙에 대한 내용이다.

| 함께 보는 이론 | 생명보험의 기본원리

대수의 법칙	측정대상의 숫자 또는 측정횟수가 많아지면 많아질수록 예상치가 실제치에 근접한다는 원칙
생명표	대수의 법칙에 각 연령대별 생사잔존상태(생존자 수, 사망자 수, 생존율, 평균여명)를 나타낸 표
수지상등의 원칙	보험계약자가 납입하는 보험료 총액과 보험회사가 지급하는 보험금 및 사업비 등 지출비용의 총액이 동일한 금액이 되도록 하는 원칙

16 생명보험 이론 > 배당 답 ②

| 정답해설 | ② 생명보험회사는 계약자배당금을 현금지급·납입할 보험료와 상계·보험금 또는 제환급금 지급 시 가산방법 중 계약자가 선택하는 방법에 따라 지급하여야 한다.

| 17 | 생명보험 이론 > 보험료 계산의 기초 | 답 ④ |

| 정답해설 | ④ 현금흐름방식은 기존의 3이원방식 가격요소와 함께 계약유지율, 판매량, 투자수익률 등 다양한 가격요소를 반영하여 보험료를 산출하는 방식이다. 기존의 3이원을 조합하여 정해진 수식으로 보험료를 산출하는 방식이 아닌 다양한 기초율을 가정하여 미래 현금흐름을 예측하고, 이에 따른 목표 수익률을 만족시키는 영업보험료를 역으로 산출하는 방식을 통해 보험회사는 상품개발의 유연성을 제고할 수 있고 보험소비자는 상품선택의 폭을 확대할 수 있다.

| 18 | 생명보험 이론 > 보험료의 산정 | 답 ② |

| 정답해설 | ② 평준보험료 방식은 정해진 시기에 매번 납입하는 보험료의 액수가 동일한 산정방식으로 사망률(위험률)이 낮은 계약 전반기 동안에 납입된 평준보험료는 보험금 및 비용 지급분 대비 크다. 이렇게 남은 보험료에 이자가 붙어 기금이 조성되며, 사망률(위험률)이 높아지는 계약 후반기에 이 기금과 납입된 평준보험료가 보험금 및 비용 지급에 사용된다. 즉, 동일한 보험료를 납입함으로써 계약 후반기에 늘어나는 보험금 지급에 대비하여 전반기에 미리 기금을 조성해 놓는 방식이다.

| 19 | 생명보험 이론 > 보험계약 세제 | 답 ② |

| 오답해설 | ① 과세기간 중 보장성 보험을 해지할 경우 해지 시점까지 납입한 보험료에 대해 세액공제가 가능하며, 이미 세액공제를 받은 보험료에 대한 추징 또한 없다.
③ 일용근로자를 제외한 근로소득자가 기본공제대상자를 피보험자로 하는 일반 보장성 보험에 가입한 경우 과세기간에 납입한 보험료(100만원 한도)의 12%에 해당되는 금액을 종합소득산출세액에서 공제받을 수 있다.
④ 근로소득자란 사장·임원·직원 등이며, 일용근로자는 제외한다. 다만, 개인사업자에게 고용된 직원이 근로소득자일 경우에는 세액공제가 가능하다.

| 20 | 생명보험 이론 > 보험료의 구성 | 답 ③ |

| 정답해설 | ③ 순보험료는 장래의 보험금 지급의 재원(財源)이 되는 보험료로, 위험보험료와 저축보험료로 구분할 수 있다.

| 위험보험료 | 사망보험금, 장해보험금 등 보험사고 발생 시 보험금 지급 재원이 되는 보험료 |
| 저축보험료 | 만기보험금, 중도보험금 등의 지급 재원이 되는 보험료 |

| 21 | 생명보험 이론 > 생명보험계약의 관계자 | 답 ④ |

| 정답해설 | ④ 순서대로 ㉡, ㉠, ㉢의 연결이 적절하다.
ㄱ. ㉡ 보험대리점, ㄴ. ㉠ 보험설계사, ㄷ. ㉢ 보험중개사

| 22 | 생명보험 이론 > 생명보험용어 | 답 ① |

| 정답해설 | ① ㉠ 언더라이팅, ㉡ 역선택에 해당한다.

| 23 | 생명보험 이론 > 생명보험계약의 관계자 | 답 ③ |

| 정답해설 | ③ 순서대로 ㉢, ㉡, ㉣, ㉠의 연결이 적절하다.
ㄱ. ㉢ 자기를 위한 보험
ㄴ. ㉡ 타인의 생명보험
ㄷ. ㉣ 타인을 위한 보험
ㄹ. ㉠ 자기의 생명보험

| 24 | 생명보험 이론 > 보험료 계산의 기초 | 답 ④ |

| 정답해설 | ④ 3이원방식은 기초율 예측 부담이 경감되고, 보험료 산출이 비교적 간단하다.

| 25 | 생명보험 이론 > 생명보험계약의 관계자 | 답 ② |

| 정답해설 | ② 옳은 것은 ㄱ, ㄷ이다.
| 오답해설 | ㄴ. 피보험자는 보험계약에서 정의한 보험사고가 발생함으로써 손해를 입는 사람을 말하며, 피보험자는 1인 또는 다수이든 상관없다. 보험자는 위험을 인수하는 보험회사를 말하며, 보험자(보험회사)는 보험계약 당사자로서 보험계약자와 보험계약을 체결하고 유지된 계약에 대하여 보험금 지급사유가 발생하였을 경우 보험금을 지급할 의무가 있다.
ㄹ. 계약자가 보험계약 시 보험수익자를 지정하지 않은 경우 보험사고에 따라 보험수익자가 결정되는데 사망보험금은 피보험자의 상속인이 보험수익자가 된다.

| 26 | 생명보험 이론 > 보험료 계산의 기초 | 답 ④ |

| 정답해설 |

구분	3이원방식	현금흐름방식
장점	• 보험료 산출이 비교적 간단 • 기초율 예측 부담 경감	• 상품개발 시 수익성 분석을 동시에 할 수 있으며 상품개발 후 리스크 관리가 용이함 • 새로운 가격요소 적용으로 정교한 보험료 산출 가능

단점	• 상품개발 시 별도의 수익성 분석 필요 • 상품개발 후 리스크 관리가 어려움	• 정교한 기초율 예측 부담 • 산출방법이 복잡하고, 전산시스템 관련 비용이 많음
기초율 가정	3이원 (위험률, 이자율, 사업비율)	3이원을 포함한 다양한 기초율 • 경제적 가정: 투자수익률, 할인율, 적립이율 등 • 계리적 가정: 위험률, 해지율, 손해율, 사업비용 등
기초율 가정적용	• 보수적 표준기초율 일괄 가정 • 기대이익 내재	• 각 보험회사별 최적가정 • 기대이익 별도 구분

27 생명보험 이론 > 보험계약 세제   답 ②

| 정답해설 | ② 옳은 것은 ㄱ, ㄴ 2개이다.

| 오답해설 | ㄷ. 기본공제대상자가 장애인일 경우 연령에 상관없이 소득금액 요건만 충족하면 세액공제가 가능하다.
ㄹ. 근로자 본인이 보험료를 납입하며 피보험자가 자녀인 경우 연간 소득금액 100만원 이하이면서 연령이 만 20세 이하라면 보장성 보험료 세액공제가 가능하다.

28 생명보험 이론 > 보험계약 세제   답 ①

| 정답해설 | ① 보장성 보험료 세액공제 적용이 가능한 경우는 ㄷ 1개이다.

| 오답해설 | ㄱ. 근로소득자 본인이 보험료를 납입하는 보장성 보험의 피보험자가 연간 소득 100만원을 초과하는 배우자인 경우: 소득요건 미충족으로 세액공제 적용 대상이 아님
ㄴ. 근로소득자 본인이 보험료를 납입하는 보장성 보험의 피보험자가 연간 소득 100만원 미만의 부양가족 중 만 59세 부모일 경우: 연령조건 미충족으로 세액공제 적용 대상이 아님
ㄹ. 보장성 보험의 피보험자가 태아인 경우: 출생 전이므로 기본공제대상자에 해당하지 않음

29 생명보험 이론 > 보험계약 세제   답 ②

| 정답해설 | ② 연금계좌의 세액공제에 해당하는 옳은 지문은 ㄱ, ㄷ 2개이다.

| 오답해설 | ㄴ. 퇴직연금계좌는 퇴직연금을 지급받기 위해 가입하는 계좌로 확정급여형(DB형), 확정기여형(DC형) 및 개인형 퇴직연금(IRP) 등이 있다. 이 중 확정급여형(DB형) 퇴직연금은 세액공제 대상에서 제외된다.
ㄹ. 보장성 보험료 세액공제가 근로소득자에 한해 가능한 것과 달리, 연금계좌의 세액공제는 근로소득 외의 종합소득이 있는 경우에도 가능하다.

30 생명보험 이론 > 생명보험계약 관계자 및 요소   답 ②

| 오답해설 | ① 보험계약자의 자격에는 제한이 없다. 다만, 만 19세 미만자의 경우 친권자 또는 후견인(법정대리인)의 동의가 필요하다. 이외에도 피한정후견인, 피성년후견인의 경우 법정대리인의 동의를 필요로 한다.
③ 보험중개사는 계약체결권, 고지수령권, 보험료 수령권에 대한 권한이 없다. 보험대리점은 계약체결권, 고지수령권, 보험료 수령권에 대한 권한이 있다.
④ 보험기간이란 보험에 의한 보장이 제공되는 기간으로 위험기간 또는 책임기간이라고 한다.

31 생명보험 이론 > 보험계약 세제   답 ①

| 정답해설 | ① 옳은 것은 0개로, 모두 틀린 지문이다.

| 오답해설 | ㄱ. 저축성 보험의 보험차익은 보험계약에 따라 만기 또는 해지환급금(피해자 사망, 질병, 부상, 상해 등에 따른 보험금은 제외) 등에서 납입보험료 총액을 뺀 금액을 뜻한다.
ㄴ. 일반적으로 저축성 보험의 보험차익은 이자소득으로「소득세법」상 과세대상이지만 일정한 조건 충족 시 이자소득세가 비과세된다.
ㄷ. 월적립식 저축성 보험이 비과세가 되기 위해서는 최초 보험료 납입 시점부터 만기일 또는 중도해지일까지 기간이 10년 이상이어야 한다.
ㄹ. 종신형 연금보험 중 연금 외의 형태로 보험금·수익 등이 지급되는 계약은 비과세 요건에 해당하지 않는다.

32 생명보험 이론 > 3이원방식과 현금흐름방식   답 ②

| 정답해설 | ② 현금흐름방식의 보험료 산출은 상품개발 시 수익성 분석을 동시에 할 수 있으며 상품개발 후 리스크 관리가 용이하다.

33 생명보험 이론 > 보험계약 세제   답 ③

| 정답해설 | ③ 옳은 것은 ㄱ, ㄴ, ㄷ 3개이다.

| 오답해설 | ㄹ. 비과세종합저축은 고령자, 장애인 등에 대한 복지강화와 생활안정 지원 등을 위해 한시적으로 운용되는 상품이기 때문에 2025년 12월 31일까지 가입이 가능하다.

34 생명보험 이론 > 생명보험계약 관계자   답 ③

| 정답해설 | ③ 보험계약자와 피보험자가 다른 '타인의 생명보험'일 경우 보험수익자 지정 또는 변경 시 피보험자의 동의가 필요하다.

| 35 | 생명보험 이론 > 보험계약 세제 | 답 ② |

| **정답해설** | ② 연금소득자 또는 개인사업자 등은 보장성 보험에 가입하더라도 세액공제를 받을 수 없다.

CHAPTER 03 | 보험윤리와 소비자보호 문제편 P.26

01	③	02	③	03	③	04	③	05	④
06	①	07	③	08	④	09	②	10	③
11	③	12	④	13	①						

| 01 | 보험윤리와 소비자보호 > 보험모집 준수사항 | 답 ③ |

| **정답해설** | ③ 부당권유행위 금지(「금융소비자 보호에 관한 법률」 제21조)에 대한 내용이다.

| **오답해설** | ①, ②, ④는 불공정영업행위의 금지(동법 제20조)에 대한 내용이다.

| 02 | 보험윤리와 소비자보호 > 보험소비자 보호 | 답 ③ |

| **정답해설** | ③ 불완전판매에 해당하는 것은 ㄱ, ㄷ, ㄹ 3개이다.

| **오답해설** | ㄴ, ㅁ은 부당행위 유형이다.

| 03 | 보험윤리와 소비자보호 > 보험범죄 방지활동 | 답 ③ |

| **정답해설** | ③ ㉠은 연성사기, ㉡은 역선택에 대한 설명이다.

┌ **함께 보는 이론** | 보험범죄의 종류와 보험범죄와 구별되는 유형 ─

• 보험범죄의 종류

연성사기 (Soft Fraud)	우연히 발생한 보험사고의 피해를 부풀려 실제 발생한 손해 이상의 과다한 보험금을 청구하는 행위이며 그 유형으로는 경미한 질병·상해에도 장기간 입원하는 행위, 보험료 절감을 위해 보험 가입 시 보험회사에 허위 정보를 제공(고지의무 위반)하는 행위 등이 있음
경성사기 (Hard Fraud)	보험계약에서 담보하는 재해, 상해, 도난, 방화, 기타의 손실을 의도적으로 각색 또는 조작하는 행위를 말하며 그 유형으로는 피보험자의 신체에 상해를 입히거나 방화·살인 등 피보험자를 해치는 행위 또는 생존자를 사망한 것으로 위장함으로써 보험금을 받으려는 행위 등이 있음

• 보험범죄와 구별되는 유형

도덕적 해이	경우에 따라서 보험범죄로 규정되기는 어려우나, 보험사고의 발생가능성을 높이거나 손해를 증대시킬 수 있는 보험계약자 또는 피보험자의 고의 또는 불성실에 의한 행동으로, 보험계약자 또는 피보험자가 직접적으로 보험제도를 악용·남용하는 행위에 의해 야기되는 내적 도덕적 해이와 피보험자와 관계있는 의사, 병원, 변호사 등이 간접적으로 보험을 악용·남용하는 행위에 의해 위험을 야기하는 외적 도덕적 해이로 구분 가능
역선택	특정군의 특성에 기초하여 계산된 위험보다 높은 위험을 가진 집단이 동일 위험군으로 분류되어 보험계약을 체결함으로써 그 동일 위험군의 사고발생률을 증가시키는 현상

| 04 | 보험윤리와 소비자보호 > 보험모집 준수사항 | 답 ③ |

| **정답해설** | ③ 보험안내자료에는 보험회사의 장래의 이익 배당 또는 잉여금 분배에 대한 예상에 관한 사항을 적지 못한다. 다만, 보험계약자의 이해를 돕기 위하여 금융위원회가 필요하다고 인정하여 정하는 경우에는 그러하지 아니하다.

┌ **함께 보는 법령** | 「보험업법」 ─

제95조(보험안내자료) ① 모집을 위하여 사용하는 보험안내자료(이하 "보험안내자료"라 한다)에는 다음 각 호의 사항을 명백하고 알기 쉽게 적어야 한다.
1. 보험회사의 상호나 명칭 또는 보험설계사·보험대리점 또는 보험중개사의 이름·상호나 명칭
2. 보험 가입에 따른 권리·의무에 관한 주요 사항
3. 보험약관으로 정하는 보장에 관한 사항
3의2. 보험금 지급제한 조건에 관한 사항
4. 해약환급금에 관한 사항
5. 「예금자보호법」에 따른 예금자보호와 관련된 사항
6. 그 밖에 보험계약자를 보호하기 위하여 대통령령으로 정하는 사항
② 보험안내자료에 보험회사의 자산과 부채에 관한 사항을 적는 경우에는 제118조에 따라 금융위원회에 제출한 서류에 적힌 사항과 다른 내용의 것을 적지 못한다.
③ 보험안내자료에는 보험회사의 장래의 이익 배당 또는 잉여금 분배에 대한 예상에 관한 사항을 적지 못한다. 다만, 보험계약자의 이해를 돕기 위하여 금융위원회가 필요하다고 인정하여 정하는 경우에는 그러하지 아니하다.
④ 방송·인터넷 홈페이지 등 그 밖의 방법으로 모집을 위하여 보험회사의 자산 및 부채에 관한 사항과 장래의 이익 배당 또는 잉여금 분배에 대한 예상에 관한 사항을 불특정다수인에게 알리는 경우에는 제2항 및 제3항을 준용한다.

| 05 | 보험윤리와 소비자보호 > 보험모집 준수사항 | 답 ④ |

| **정답해설** | ④ 계약을 해지하고자 하는 경우에는 보험계약자가 계약을 해지하기 전에 안전성 및 신뢰성이 확보되는 방법을 이용하여 보험계약자 본인임을 확인받은 경우에 한정한다.

┌ **함께 보는 법령** | 「보험업법」 ─

제96조(통신수단을 이용한 모집·철회 및 해지 등 관련 준수사항) ① 전화·우편·컴퓨터통신 등 통신수단을 이용하여 모집을 하는 자는 제83조에 따라 모집을 할 수 있는 자이어야 하며, 다른 사람의 평온한 생활을 침해하는 방법으로 모집을 하여서는 아니 된다.
② 보험회사는 다음 각 호의 어느 하나에 해당하는 경우 통신수단을 이용할 수 있도록 하여야 한다.
1. 보험계약을 청약한 자가 청약의 내용을 확인·정정 요청하거나 청약을 철회하고자 하는 경우
2. 보험계약자가 체결한 계약의 내용을 확인하고자 하는 경우
3. 보험계약자가 체결한 계약을 해지하고자 하는 경우(보험계약자가 계약을 해지하기 전에 안전성 및 신뢰성이 확보되는 방법을 이용하여 보험

계약자 본인임을 확인받은 경우에 한정한다)
③ 제1항에 따른 통신수단을 이용하여 모집을 하는 방법과 제2항에 따른 통신수단을 이용한 청약 철회 등을 하는 방법에 관하여 필요한 사항은 대통령령으로 정한다.

06 보험윤리와 소비자보호 > 보험영업윤리   답 ①

| 정답해설 | ① 보험회사는 보험상품에 대한 판매광고 시 보험협회의 상품광고 사전심의 대상이 되는 보험상품에 대해서는 보험협회로부터 심의필을 받아야 하며, 공정한 거래질서를 해치거나 보험소비자의 윤리적·정서적 감정을 훼손하는 내용을 제외해야 한다.

07 보험윤리와 소비자보호 > 보험영업윤리   답 ③

| 정답해설 | ③ 영업행위의 내부통제 강화에 대한 설명이다.

┌─ | 함께 보는 이론 | '보험회사 영업행위 윤리준칙'의 주요 내용
- **영업활동의 기본원칙**: 보험소비자 권익 제고를 위해 신의성실, 공정한 영업풍토 조성, 보험관계 법규 준수 등 보험상품 판매 과정에서 준수해야 할 기본원칙
- **판매 관련 보상체계의 적정성 제고**: 보험소비자의 권익 침해를 방지하기 위해 평가 및 보상체계에 판매실적 외 불완전판매건수, 고객수익률, 소비자만족도, 계약 관련 서류 충실성 등 관련 요소들을 충분히 반영하여 운영
- **영업행위의 내부통제 강화**: 윤리준칙 준수 여부에 대한 주기적 점검 및 위법·부당행위 내부 신고제도 운영 등
- **보험소비자와의 정보 불균형 해소**: 충실한 설명의무 이행, 계약체결 및 유지 단계에서 필요한 정보 제공 등
- **합리적 분쟁해결 프로세스 구축**: 독립적이고 공정한 민원처리를 위한 민원관리 시스템 구축, 분쟁방지 및 효율적 처리방안 마련 등

08 보험윤리와 소비자보호 > 보험범죄 방지활동   답 ④

| 정답해설 | ④ 과거에는 연성사기가 보험범죄의 대부분을 차지했으나, 최근에는 보험금을 편취할 목적으로 고의의 보험사고를 일으키는 경성사기가 증가하고 있다.

09 보험윤리와 소비자보호 > 보험범죄 방지활동   답 ②

| 정답해설 | ② 순서대로 ㉢, ㉡, ㉣, ㉠의 연결이 적절하다.
ㄱ. ㉢ 보험금 과다청구
ㄴ. ㉡ 보험사고 위장 또는 허위사고
ㄷ. ㉣ 고의적인 보험사고 유발
ㄹ. ㉠ 사기적 보험계약 체결

10 보험윤리와 소비자보호 > 보험모집 준수사항   답 ③

| 정답해설 | ③ 옳은 것은 ㄴ, ㄷ, ㄹ이다.
| 오답해설 | ㄱ. 보험회사의 임직원(대표이사, 사외이사, 감사 및 감사위원은 제외)은 보험을 모집할 수 있는 자격이 있다.

11 보험윤리와 소비자보호 > 보험소비자 보호   답 ③

| 정답해설 | ③ 금융분쟁조정위원회는 조정 회부로부터 60일 이내에 이를 심의하여 조정안을 마련해야 한다.

12 보험윤리와 소비자보호 > 보험모집 준수사항   답 ④

| 정답해설 | ④ 순서대로 ㉣, ㉠, ㉢, ㉡의 연결이 적절하다.
ㄱ. ㉣ 대출성 상품
ㄴ. ㉠ 보장성 상품
ㄷ. ㉢ 예금성 상품
ㄹ. ㉡ 투자성 상품

13 보험윤리와 소비자보호 > 보험모집 준수사항   답 ①

| 정답해설 | ① 같은 보험회사에 소속된 다른 보험설계사에게 보험계약의 모집을 위탁하는 행위는 보험계약의 체결 또는 모집에 관한 금지행위에 해당하지 않는다.

┌─ | 함께 보는 법령 | 「보험업법」
제97조(보험계약의 체결 또는 모집에 관한 금지행위) ① 보험계약의 체결 또는 모집에 종사하는 자는 그 체결 또는 모집에 관하여 다음 각 호의 어느 하나에 해당하는 행위를 하여서는 아니 된다.
  5. 보험계약자 또는 피보험자로 하여금 이미 성립된 보험계약(이하 이 조에서 "기존보험계약"이라 한다)을 부당하게 소멸시킴으로써 새로운 보험계약(대통령령으로 정하는 바에 따라 기존보험계약과 보장 내용 등이 비슷한 경우만 해당한다. 이하 이 조에서 같다)을 청약하게 하거나 새로운 보험계약을 청약하게 함으로써 기존보험계약을 부당하게 소멸시키거나 그 밖에 부당하게 보험계약을 청약하게 하거나 이러한 것을 권유하는 행위
  6. 실제 명의인이 아닌 자의 보험계약을 모집하거나 실제 명의인의 동의가 없는 보험계약을 모집하는 행위
  7. 보험계약자 또는 피보험자의 자필서명이 필요한 경우에 보험계약자 또는 피보험자로부터 자필서명을 받지 아니하고 서명을 대신하거나 다른 사람으로 하여금 서명하게 하는 행위
  8. 다른 모집 종사자의 명의를 이용하여 보험계약을 모집하는 행위
  9. 보험계약자 또는 피보험자와의 금전대차의 관계를 이용하여 보험계약자 또는 피보험자로 하여금 보험계약을 청약하게 하거나 이러한 것을 요구하는 행위
  10. 정당한 이유 없이 「장애인차별금지 및 권리구제 등에 관한 법률」 제2조에 따른 장애인의 보험가입을 거부하는 행위
  11. 보험계약의 청약철회 또는 계약 해지를 방해하는 행위

CHAPTER 04 | 생명보험과 제3보험
문제편 P.30

01	①	02	③	03	④	04	③	05	④
06	④	07	①	08	②	09	②	10	②
11	④	12	②	13	②	14	④		

01 생명보험과 제3보험 > 생명보험상품   답 ①

| 정답해설 | ① 종신보험은 보험기간을 정하지 않고 피보험자가 일생을 통하여 언제든지 사망하였을 때 보험금을 지급하는 보험이다.

┌ 함께 보는 이론 | 생명보험상품의 종류 ─────────────
- **사망보험**: 피보험자가 보험기간 중 사망하였을 때 보험금이 지급되는 보험
  - 정기보험: 보험기간을 미리 정해 놓고 피보험자가 그 기간 내에 사망하였을 때 보험금이 지급되는 보험
  - 종신보험: 보험기간을 정하지 않고 피보험자가 일생을 통하여 언제든지 사망하였을 때 보험금이 지급되는 보험
- **생존보험**: 피보험자가 보험기간이 끝날 때까지 생존했을 때에만 보험금이 지급되는 보험
- **생사혼합보험(양로보험)**: 사망보험의 보장 기능과 생존보험의 저축 기능을 결합한 보험
- **저축성 보험**: 생명보험 고유의 기능인 위험 보장보다는 생존 시에 보험금이 지급되는 저축 기능을 강화한 보험(목돈 마련에 유리한 고수익 상품)
- **보장성 보험**: 주로 사망, 질병, 재해 등 각종 위험 보장에 중점을 둔 보험
- **교육보험**: 자녀의 교육자금을 종합적으로 마련할 수 있도록 설계된 보험
- **연금보험**: 소득의 일부를 일정 기간 적립했다가 노후에 연금을 수령하여 일정 수준의 소득을 계속 유지함으로써 노후의 생활능력을 보호하기 위한 보험
- **변액보험**: 계약자가 납입한 보험료를 특별계정을 통하여 기금을 조성한 후 주식, 채권 등에 투자하여 발생한 이익을 보험금 또는 배당으로 지급하는 상품
  예 변액종신보험, 변액연금보험, 변액유니버셜보험 등
- **CI(Critical Illness)보험**: 중대한 질병이며 치료비가 고액인 암, 심근경색, 뇌출혈 등에 대한 급부를 중점적으로 보장하여 주는 보험

02 생명보험과 제3보험 > 제3보험   답 ③

| 정답해설 | ③ 생명보험회사나 손해보험회사는 질병보험 주계약에 각종 특약을 부가하여 보장을 확대한 보험상품을 판매하고 있다. 다만, 손해보험회사에서 판매하는 질병사망 특약의 보험기간은 80세 만기, 보험금액 한도는 개인당 2억원 이내로 부가할 수 있으며, 만기 시 지급하는 환급금이 납입보험료 합계액 범위 내이어야 하는 요건이 충족되는 경우 겸영이 가능하다(「보험업법 시행령」 제15조 제2항).

03 생명보험과 제3보험 > 상해보험   답 ④

| 정답해설 | ④ 보험기간 중에 사고발생 위험이 증가된 때에는 그 사실을 보험회사에 통지할 의무가 있으므로 보험 가입자는 피보험자의 직업이 위험한 직업으로 변경된 경우 보험회사에 알려야 한다. 또한 추후 분쟁의 소지를 방지하기 위해서 서면 등으로 변경을 통지하고 보험증권에 확인을 받아두는 것이 안전하다. 만약, 변경된 직업 및 직무와 관계가 없는 사고의 경우에는 보험 가입자가 직업 및 직무의 변경 사실을 알리지 않고 있어도 보험금이 전액 지급된다.

04 생명보험과 제3보험 > 질병보험   답 ③

| 오답해설 | ① 질병보험이란 암, 성인병 등의 각종 질병으로 인한 진단, 입원, 수술 시 보험금을 지급하는 상품을 의미한다. 단, 질병으로 인한 사망은 제외된다.
② 질병보험의 종류로는 보장하는 내용에 따라 암보험, 실손의료보험 등이 있고, 만기환급금의 유무에 따라 순수보장형과 만기환급형으로 구분할 수 있다.
④ 보험금의 지급사유가 발생하기 전에 사망한 경우에는 보험계약은 소멸하게 되고 이때 보험금 대신 책임준비금을 지급하게 된다.

05 생명보험과 제3보험 > 간병보험   답 ④

| 정답해설 | ④ 「노인장기요양보험법」에 따라 2008년 7월 1일부터 공적 장기간병보험에 해당하는 노인장기요양보험제도가 시행되었고, 민영 장기간병보험은 2003년 8월부터 판매되기 시작하였다.

06 생명보험과 제3보험 > 생명보험상품   답 ④

| 정답해설 | ④ 생명보험상품은 스스로의 필요에 의해 자발적으로 가입하기도 하지만 대부분의 경우 보험판매자의 권유와 설득에 의해 가입하게 되는 비자발적인 상품이다.

07 생명보험과 제3보험 > 생명보험상품   답 ①

| 정답해설 | ① 바르게 연결된 것은 ㄹ 1개이다.

| 오답해설 | ㄱ. 보험상품 성격에 따라 – 저축성 보험, 보장성 보험, 교육보험, 연금보험(개인, 퇴직), 양로보험
ㄴ. 배당 유무에 따라 – 배당보험, 무배당보험
ㄷ. 주된 보장에 따라 – 사망보험(정기, 종신), 생존보험, 생사혼합보험

08 생명보험과 제3보험 > 생명보험상품 답 ②

| 정답해설 | ② 옳지 않은 것은 ㄱ, ㄴ, ㄷ이다.
ㄱ. 종신보험은 보험기간을 정하지 않고 피보험자가 일생을 통하여 언제든지 사망했을 때 보험금을 지급하는 보험이다.
ㄴ. 보장성 보험은 주로 사망, 질병, 재해 등 각종 위험보장에 중점을 둔 보험으로, 만기 시 환급되는 금액이 없거나 기납입 보험료보다 적거나 같다.
ㄷ. 변액보험은 계약자가 납입한 보험료를 특별계정을 통해 기금을 조성한 후 주식, 채권 등에 투자하여 발생한 이익을 보험금 또는 배당으로 지급하는 상품이다.

09 생명보험과 제3보험 > 제3보험 답 ②

| 정답해설 |

구분	생명보험	손해보험	제3보험
보상방법	정액보상	실손보상	정액보상, 실손보상
피보험자	보험사고 대상	손해에 대한 보상받을 권리를 가진 자	보험사고 대상
피보험이익	원칙적으로 불인정	인정	원칙적으로 불인정
보험사고 대상	사람의 생존 또는 사망	피보험자 재산상의 손해	신체의 상해, 질병, 간병

10 생명보험과 제3보험 > 생명보험상품 답 ②

| 정답해설 | ② 배당 유무에 따라 배당금이 있는 (유)배당보험과 배당금이 없는 무배당보험으로 분류된다. 저축성 보험, 보장성 보험, 교육보험, 연금보험, 양로보험은 보험상품 성격에 따른 분류이다.

11 생명보험과 제3보험 > 생명보험상품 답 ④

| 정답해설 | ④ 보장성 보험은 주로 사망, 질병, 재해 등 각종 위험 보장에 중점을 둔 보험으로, 만기 시 환급되는 금액이 없거나 기납입 보험료보다 적거나 같다. 저축성 보험은 생존 시에 보험금이 지급되는 저축 기능을 강화한 보험으로 목돈 마련에 유리한 고수익 상품이다.

12 생명보험과 제3보험 > 생명보험상품 답 ②

| 정답해설 | ② 계약자의 선택과 무관하게 주계약에 고정시켜 판매되는 특약은 고정부가특약이다.

| 함께 보는 이론 | 특약의 분류

독립성에 따라	독립특약	별도의 독립된 상품으로 개발되어 어떤 상품에든지 부가될 수 있는 특약
	종속특약	특정 상품에만 부가할 목적으로 개발되어 다른 상품에는 부가하지 못하는 특약
필수가입 여부에 따라	고정부가특약	계약자 선택과 무관하게 주계약에 고정시켜 판매되는 특약
	선택부가특약	계약자가 선택하는 경우에만 부가되는 특약

13 생명보험과 제3보험 > 제3보험 답 ②

| 정답해설 | ② 제3보험은 우연한 사고로 인한 신체에 입은 상해에 대한 치료 등에 소요되는 비용을 보장하는 '상해보험'과 질병 또는 질병으로 인한 입원·수술 등에 소요되는 비용을 보장하는 '질병보험', 그리고 치매 또는 일상생활장해 등으로 타인의 간병을 필요로 하는 상태로 진단받았거나 그와 관련한 소요 비용을 보장하는 '간병보험'이 있다.

14 생명보험과 제3보험 > 제3보험 답 ④

| 정답해설 | ④ 손해보험회사에서 판매하는 질병사망 특약의 보험기간은 80세 만기, 보험금액 한도는 개인당 2억원 이내로 부가할 수 있으며, 만기 시 지급하는 환급금이 납입보험료 합계액 범위 내여야 하는 요건이 충족되는 경우 제3보험의 겸영이 가능하다.

| 함께 보는 이론 | 제3보험(질병사망)의 특약에 따른 겸영 가능 요건

구분	생명보험	손해보험
보험만기	제한 없음	80세 이하
보험금액		개인당 2억원 이내
만기환급금		납입보험료 합계액 범위 내

CHAPTER 05 | 보험계약법(인보험편) 문제편 P.34

01	④	02	④	03	②	04	④	05	②
06	②	07	②	08	①	09	①	10	④
11	②	12	②	13	②	14	④	15	②
16	③	17	①	18	②	19	③	20	①
21	②	22	①	23	③				

01 보험계약법(인보험편) > 보험계약 답 ④

| 오답해설 | ① 고지의무자란 보험계약법상 고지할 의무를 부담하는 보험계약자, 피보험자 및 이들의 대리인이며, 보험수익자에

게는 고지의무가 부여되지 않는다.
② 보험계약자는 보험가입증서(보험증권)를 받은 날부터 15일 이내에 그 청약을 철회할 수 있다.
③ 보험자는 계약을 체결한 날부터 3년이 지났을 때에는 고지의무 위반으로 인한 계약해지를 할 수 없다.

02 보험계약법(인보험편) > 보험계약의 고지의무   답 ④

| **정답해설** | ㄷ. 고지의무 위반에 대해 해지할 수 없는 경우는 다음과 같다.

- 보험자가 계약 당시에 고지의무 위반사실을 알았거나 과실로 알지 못한 경우
- 보험자가 고지의무 위반사실을 안 날로부터 1개월 이상 지났거나 보장개시일부터 보험금 지급사유가 발생하지 않고 2년 이상 지났을 때
- 계약을 체결한 날부터 3년이 지났을 때
- 보험을 모집한 자(이하 "모집자 등"이라 함)가 계약자 또는 피보험자에게 고지할 기회를 주지 않았거나 계약자 또는 피보험자가 사실대로 고지하는 것을 방해한 경우, 계약자 또는 피보험자에게 사실대로 고지하지 않게 하였거나 부실한 고지를 권유했을 때. 다만, 모집자 등의 행위가 없었다 하더라도 계약자 또는 피보험자가 사실대로 고지하지 않거나 부실한 고지를 했다고 인정되는 경우에는 계약을 해지하거나 보장을 제한할 수 있음

※ 일반적으로 약관상에는 계약자 보호를 위해 「상법」 규정보다 강화된 규정을 두고 있다.

ㄹ. 고지의무를 위반한 사실 또는 위험이 현저하게 변경되거나 증가된 사실이 보험사고 발생에 영향을 미치지 아니하였음이 증명된 경우에는 보험금을 지급할 책임이 있다(「상법」 제655조).

| **오답해설** | ㄱ. 고지의무자는 보험계약법상 고지할 의무를 부담하는 보험계약자, 피보험자 및 이들의 대리인이다.
ㄴ. 고지의무는 계약 청약 시뿐만 아니라 부활 시에도 이행하여야 한다.

03 보험계약법(인보험편) > 보험계약의 법적 성질   답 ②

| **정답해설** | ② ㄱ. 사행계약성, ㄴ. 계속계약성, ㄷ. 부합계약성에 대한 내용이다.

┌ **함께 보는 이론** | 보험계약의 법적 성질 ─

- **낙성계약**: 보험계약은 보험계약자의 청약과 동시에 최초 보험료를 미리 납부하는 것이 보험거래의 관행이므로 보험계약은 요물계약처럼 운용되고 있음. 그러나 보험계약은 본질적으로 낙성계약이므로 보험료의 선납이 없어도 유효하게 성립됨. 다만, 최초 보험료의 납부 없이는 보험자의 책임이 개시되지 않음
- **불요식계약**: 보험계약은 보험계약에 대해 특별한 방식을 요구하지 않는 불요식계약임. 따라서 보험계약은 서면으로 체결되지 않아도 효력이 있음. 그러나 실제의 보험실무에서는 정형화된 보험계약 청약서가 이용되고 있음
- **쌍무계약**: 보험계약은 보험자와 보험계약자 사이에 이루어지는 채권계약으로, 계약이 성립하면 보험계약자는 보험료 납부의무를 가지게 되며 보험자는 보험사고의 발생을 조건으로 보험금 지급의무를 부담함
- **부합계약성**: 보험계약은 다수인을 상대로 체결되고 보험의 기술성과 단체성으로 인하여 그 정형성이 요구되므로 부합계약에 속함. 보험계약은 일반적으로 보험회사가 미리 작성한 보통보험약관을 매개로 체결되는데 보험계약자는 약관을 승인하거나 거절하는 형식을 취하므로 약관해석 시 작성자 불이익의 원칙을 두고 있음
- **상행위성**: 영리보험에 있어서 보험계약은 상행위성이 인정되며 이를 영업으로 하는 보험자가 상인이 됨. 따라서 보험계약에도 상행위에 관한 규정이 적용되나 그 특수성으로 인해 많은 제약을 받음
- **사행계약성**: 보험계약에서 보험자의 보험금 지급의무는 우연한 사고의 발생을 전제로 하고 있으나 정보의 비대칭성으로 보험범죄나 인위적 사고의 유발과 같은 도덕적 위험이 내재해 있으며 이를 규제하기 위하여 피보험이익, 실손보상 원칙, 최대선의 원칙 등을 두고 보험의 투기화를 막는 제도적 장치가 존재함
- **최대선의성과 윤리성**: 일반적으로 보험계약에서 보험자의 보험금 지급책임은 우연한 사고의 발생으로 생성되는 소위 사행성계약이므로 보험계약자 측의 선의가 반드시 요청됨
- **계속계약성**: 보험계약은 보험회사가 일정 기간 안에 보험사고가 발생하면 보험금을 지급하는 것을 내용으로 하여 그 기간 동안에 보험관계가 지속되는 계속계약의 성질을 지니며, 「상법」상 독립한 계약임. 따라서 보험계약자 등은 보험료를 모두 납부한 후에도 보험자에 대한 통지의무와 같은 보험계약상의 의무를 짐

04 보험계약법(인보험편) > 보험계약의 의의와 법적 성질   답 ④

| **정답해설** | ④ 보험기간은 보험에 의한 보장이 제공되는 기간으로, 「상법」에서는 보험자의 책임을 최초의 보험료를 지급받은 때로부터 개시한다고 규정하고 있다.

┌ **함께 보는 법령** | 「상법」 ─
제656조(보험료의 지급과 보험자의 책임개시) 보험자의 책임은 당사자 간에 다른 약정이 없으면 최초의 보험료의 지급을 받은 때로부터 개시한다.

05 보험계약법(인보험편) > 보험계약의 무효·취소·고지의무·부활   답 ②

| **오답해설** | ① 보험계약이 부활하였다 하더라도 보험계약이 실효된 이후 시점부터 부활될 때까지의 기간에 발생한 모든 보험사고에 대하여 보험자는 책임을 지지 않는다.
③ 보험계약의 무효란 무효사유에 의하여 계약의 법률상 효력이 처음부터 발생하지 않은 것을 말하며, 보험계약의 취소란 계약이 처음에는 유효하게 성립되었으나 계약 이후에 취소사유의 발생으로 계약의 법률상 효력이 계약시점으로 소급되어 없어지는 것을 말한다.
④ 보험계약자 또는 피보험자는 청약 시 청약서에서 질문한 사항에 대해 보험자에게 사실대로 알려야 하는데, 이를 고지의무라고 한다. 고지의무는 계약 청약 시뿐만 아니라 부활 시에도 이행하여야 한다.

06 보험계약법(인보험편) > 보험계약의 효과 답 ②

| 정답해설 | ② 보험사고가 발생하기 전에는 보험계약자는 언제든지 계약의 전부 또는 일부를 해지할 수 있다. 그러나 제639조의 보험계약(타인을 위한 보험계약)의 경우에는 보험계약자는 그 타인의 동의를 얻지 않거나 보험증권을 소지하지 않으면 그 계약을 해지하지 못한다(「상법」 제649조 제1항).

| 오답해설 | ① 보험계약자는 보험수익자를 지정 또는 변경할 권리가 있다(동법 제733조 제1항).
③ 15세 미만자, 심신상실자 또는 심신박약자의 사망을 보험사고로 한 보험계약은 무효로 한다(동법 제732조). 사망이 아닌 생존보험은 15세 미만자를 대상으로 할 수 있다.
④ 타인의 사망을 보험사고로 하는 보험계약에는 보험계약 체결 시에 그 타인의 서면(「전자서명법」 제2조 제2호에 따른 전자서명이 있는 경우로서 대통령령으로 정하는 바에 따라 본인 확인 및 위조·변조 방지에 대한 신뢰성을 갖춘 전자문서를 포함)에 의한 동의를 얻어야 한다(동법 제731조 제1항).

┤ 함께 보는 법령 │ 「상법」 ├

제730조(생명보험자의 책임) 생명보험계약의 보험자는 피보험자의 사망, 생존, 사망과 생존에 관한 보험사고가 발생할 경우에 약정한 보험금을 지급할 책임이 있다.

제731조(타인의 생명의 보험) ① 타인의 사망을 보험사고로 하는 보험계약에는 보험계약 체결 시에 그 타인의 서면(「전자서명법」 제2조 제2호에 따른 전자서명이 있는 경우로서 대통령령으로 정하는 바에 따라 본인 확인 및 위조·변조 방지에 대한 신뢰성을 갖춘 전자문서를 포함한다)에 의한 동의를 얻어야 한다.
② 보험계약으로 인하여 생긴 권리를 피보험자가 아닌 자에게 양도하는 경우에도 제1항과 같다.

제732조(15세 미만자 등에 대한 계약의 금지) 15세 미만자, 심신상실자 또는 심신박약자의 사망을 보험사고로 한 보험계약은 무효로 한다. 다만, 심신박약자가 보험계약을 체결하거나 제735조의3에 따른 단체보험의 피보험자가 될 때에 의사능력이 있는 경우에는 그러하지 아니하다.

제732조의2(중과실로 인한 보험사고 등) ① 사망을 보험사고로 한 보험계약에서는 사고가 보험계약자 또는 피보험자나 보험수익자의 중대한 과실로 인하여 발생한 경우에도 보험자는 보험금을 지급할 책임을 면하지 못한다.
② 둘 이상의 보험수익자 중 일부가 고의로 피보험자를 사망하게 한 경우 보험자는 다른 보험수익자에 대한 보험금 지급 책임을 면하지 못한다.

제733조(보험수익자의 지정 또는 변경의 권리) ① 보험계약자는 보험수익자를 지정 또는 변경할 권리가 있다.
② 보험계약자가 제1항의 지정권을 행사하지 아니하고 사망한 때에는 피보험자를 보험수익자로 하고 보험계약자가 제1항의 변경권을 행사하지 아니하고 사망한 때에는 보험수익자의 권리가 확정된다. 그러나 보험계약자가 사망한 경우에는 그 승계인이 제1항의 권리를 행사할 수 있다는 약정이 있는 때에는 그러하지 아니하다.
③ 보험수익자가 보험존속 중에 사망한 때에는 보험계약자는 다시 보험수익자를 지정할 수 있다. 이 경우에 보험계약자가 지정권을 행사하지 아니하고 사망한 때에는 보험수익자의 상속인을 보험수익자로 한다.
④ 보험계약자가 제2항과 제3항의 지정권을 행사하기 전에 보험사고가 생긴 경우에는 피보험자 또는 보험수익자의 상속인을 보험수익자로 한다.

제734조(보험수익자지정권 등의 통지) ① 보험계약자가 계약체결 후에 보험수익자를 지정 또는 변경할 때에는 보험자에 대하여 그 통지를 하지 아니하면 이로써 보험자에게 대항하지 못한다.
② 제731조 제1항의 규정은 제1항의 지정 또는 변경에 준용한다.

07 보험계약법(인보험편) > 보험계약의 성립 답 ②

| 정답해설 | ② 보험자가 보험계약자로부터 보험계약의 청약과 함께 보험료 상당액의 전부 또는 일부를 받은 경우에 그 청약을 승낙하기 전에 보험계약에서 정한 보험사고가 생긴 때에는 그 청약을 거절할 사유가 없는 한 보험자는 보험계약상의 책임을 진다(「상법」 제638조의2 제3항).

| 오답해설 | ① 보험계약관계자에는 보험자, 보험계약자, 피보험자, 보험수익자가 있으며, 이 중 보험계약의 당사자란 보험료를 내는 보험계약자와 보험금을 지급하는 보험자를 말한다.
③ 타인의 사망을 보험사고로 하는 보험계약에는 보험계약 체결 시에 그 타인의 서면(「전자서명법」 제2조 제2호에 따른 전자서명이 있는 경우로서 대통령령으로 정하는 바에 따라 본인 확인 및 위조·변조 방지에 대한 신뢰성을 갖춘 전자문서를 포함)에 의한 동의를 얻어야 한다(동법 제731조 제1항).
④ 15세 미만자, 심신상실자 또는 심신박약자의 사망을 보험사고로 한 보험계약은 무효로 한다(동법 제732조).

┤ 함께 보는 법령 │ 「상법」 ├

제638조의2(보험계약의 성립) ③ 보험자가 보험계약자로부터 보험계약의 청약과 함께 보험료 상당액의 전부 또는 일부를 받은 경우에 그 청약을 승낙하기 전에 보험계약에서 정한 보험사고가 생긴 때에는 그 청약을 거절할 사유가 없는 한 보험자는 보험계약상의 책임을 진다. 그러나 인보험계약의 피보험자가 신체검사를 받아야 하는 경우에 그 검사를 받지 아니한 때에는 그러하지 아니하다.

08 보험계약법(인보험편) > 보험계약의 무효 답 ①

| 오답해설 | ② 심신박약자가 계약을 체결하거나 소속 단체의 규약에 따라 단체보험의 피보험자가 될 때에 의사능력이 있는 경우에는 계약이 유효하다.
③ 타인의 사망을 보험금 지급사유로 하는 계약에서 계약을 체결할 때까지 피보험자의 서면(전자문서를 포함)에 의한 동의를 얻지 않은 경우에는 계약을 무효로 하며 이미 납입한 보험료를 돌려준다.
④ 회사가 나이의 착오를 발견하였을 때 이미 계약나이에 도달한 경우에는 유효한 계약으로 보나, 만 15세 미만자에 관한 예외가 인정되는 것은 아니다.

09 보험계약법(인보험편) > 고지의무 답 ①

| 정답해설 | ① 회사는 계약자 또는 피보험자가 계약 전 알릴 의무에도 불구하고 고의 또는 중대한 과실로 중요한 사항에 대하여

사실과 다르게 알린 경우에는 회사가 별도로 정하는 방법에 따라 계약을 해지하거나 보장을 제한할 수 있다.

10 보험계약법(인보험편) > 보험계약의 책임개시 및 철회   답 ④

| 정답해설 | ④ 보험자 책임개시일은 11월 3일, 보험계약자 청약철회가능일은 11월 18일이다.

- 보험자 책임개시일: 보험자의 책임은 당사자 간에 다른 약정이 없으면 최초의 보험료의 지급을 받은 때로부터 개시한다.
- 보험계약자 청약철회가능일: 보험계약자는 보험가입증서(보험증권)를 받은 날부터 15일 이내에 청약을 철회할 수 있다. 다만, 진단계약, 보험기간이 90일 이내인 계약 또는 전문금융소비자가 체결한 계약은 청약을 철회할 수 없으며, 청약일로부터 30일이 초과한 계약도 청약철회가 불가하다. 일자 계산은 초일 불산입을 적용하므로 3일에 보험가입증서(보험증권)를 받은 경우 18일까지 청약철회가 가능하다.

11 보험계약법(인보험편) > 고지의무   답 ②

| 정답해설 | ② 옳은 것은 ㄱ, ㄴ, ㄷ이다.

| 오답해설 | ㄹ. 회사가 계약을 청약할 때 피보험자의 건강상태를 판단할 수 있는 기초자료(건강진단서사본 등)에 따라 승낙한 경우에 건강진단서 사본 등에 명기되어 있는 사항으로 보험금 지급사유가 발생하였을 때에는 계약을 해지하거나 보장을 제한할 수 없으나 계약자 또는 피보험자가 회사에 제출한 기초자료의 내용 중 중요사항을 고의로 사실과 다르게 작성한 때에는 계약을 해지하거나 보장을 제한할 수 있다.

ㅁ. 보험설계사 등이 계약자 또는 피보험자에게 고지할 기회를 주지 않았거나 계약자 또는 피보험자가 사실대로 고지하는 것을 방해한 경우, 계약자 또는 피보험자에게 사실대로 고지하지 않게 하였거나 부실한 고지를 권유했을 때에는 계약을 해지하거나 보장을 제한할 수 없으나, 보험설계사 등의 행위가 없었다 하더라도 계약자 또는 피보험자가 사실대로 고지하지 않거나 부실한 고지를 했다고 인정되는 경우에는 계약을 해지하거나 보장을 제한할 수 있다.

12 보험계약법(인보험편) > 보험계약의 성립·효과   답 ②

| 오답해설 | ① 보험가입증서(보험증권)는 계약이 성립한 후 보험계약 당사자 간의 계약 내용을 나타낼 뿐 계약의 성립요건은 아니다. 따라서 배달착오 등으로 인하여 보험계약자에게 보험가입증서(보험증권)가 도달되지 못한 경우에도 보험계약은 유효하게 성립한 것이다.

③ 보험자는 보험금액의 지급에 관하여 약정기간이 있는 경우에는 그 기간 내에, 약정기간이 없는 경우에는 보험사고발생 통지(「상법」 제657조 제1항)를 받은 후 지체 없이 지급할 보험금액을 정하고 그 정하여진 날부터 10일 내에 피보험자 또는 보험수익자에게 보험금액을 지급하여야 한다.

④ 보험계약의 일부 또는 전부가 무효인 경우 보험계약자와 피보험자가 선의이며 중대한 과실이 없는 때에는 보험자는 납입보험료의 일부 또는 전부를 반환할 의무를 진다.

13 보험계약법(인보험편) > 고지의무   답 ②

| 정답해설 | ② 1+2+3=6이다.

- 보험자가 고지의무 위반사실을 안 날로부터 1개월 이상 지났거나 보장개시일부터 보험금 지급사유가 발생하지 않고 2년 이상 지났을 때
- 계약을 체결한 날부터 3년이 지났을 때

| 함께 보는 이론 | 고지의무 위반 시 해지 불가사유

- 보험자가 계약 당시에 고지의무 위반사실을 알았거나 과실로 알지 못한 경우
- 보험자가 고지의무 위반사실을 안 날로부터 1개월 이상 지났거나 보장개시일부터 보험금 지급사유가 발생하지 않고 2년 이상 지났을 때
- 계약을 체결한 날부터 3년이 지났을 때
- 보험을 모집한 자(이하 '모집자 등')가 계약자 또는 피보험자에게 고지할 기회를 주지 않았거나 계약자 또는 피보험자가 사실대로 고지하는 것을 방해한 경우, 계약자 또는 피보험자에게 사실대로 고지하지 않게 하였거나 부실한 고지를 권유했을 때. 다만, 모집자 등의 행위가 없었다 하더라도 계약자 또는 피보험자가 사실대로 고지하지 않거나 부실한 고지를 했다고 인정되는 경우에는 계약을 해지하거나 보장을 제한할 수 있음

14 보험계약법(인보험편) > 보험계약의 무효   답 ④

| 정답해설 | ④ 보험계약 당시에 보험사고가 이미 발생하였거나 또는 발생할 수 없는 것인 때에는 그 계약은 무효로 한다(「상법」 제644조).

| 오답해설 | ① 동법 제638조
② 동법 제638조의2 제1항
③ 동법 제640조 제1항

| 함께 보는 법령 | 「상법」

제638조(보험계약의 의의) 보험계약은 당사자 일방이 약정한 보험료를 지급하고 재산 또는 생명이나 신체에 불확정한 사고가 발생할 경우에 상대방이 일정한 보험금이나 그 밖의 급여를 지급할 것을 약정함으로써 효력이 생긴다.

제638조의2(보험계약의 성립) ① 보험자가 보험계약자로부터 보험계약의 청약과 함께 보험료 상당액의 전부 또는 일부의 지급을 받은 때에는 다른 약정이 없으면 30일 내에 그 상대방에 대하여 낙부의 통지를 발송하여야 한다. 그러나 인보험계약의 피보험자가 신체검사를 받아야 하는 경우에는 그 기간은 신체검사를 받은 날부터 기산한다.

② 보험자가 제1항의 규정에 의한 기간 내에 낙부의 통지를 해태한 때에는 승낙한 것으로 본다.

③ 보험자가 보험계약자로부터 보험계약의 청약과 함께 보험료 상당액의 전부 또는 일부를 받은 경우에 그 청약을 승낙하기 전에 보험계약에서 정한 보험사고가 생긴 때에는 그 청약을 거절할 사유가 없는 한 보험자는 보험

계약상의 책임을 진다. 그러나 인보험계약의 피보험자가 신체검사를 받아야 하는 경우에 그 검사를 받지 아니한 때에는 그러하지 아니하다.

제640조(보험증권의 교부) ① 보험자는 보험계약이 성립한 때에는 지체 없이 보험증권을 작성하여 보험계약자에게 교부하여야 한다. 그러나 보험계약자가 보험료의 전부 또는 최초의 보험료를 지급하지 아니한 때에는 그러하지 아니하다.
② 기존의 보험계약을 연장하거나 변경한 경우에는 보험자는 그 보험증권에 그 사실을 기재함으로써 보험증권의 교부에 갈음할 수 있다.

제644조(보험사고의 객관적 확정의 효과) 보험계약 당시에 보험사고가 이미 발생하였거나 또는 발생할 수 없는 것인 때에는 그 계약은 무효로 한다. 그러나 당사자 쌍방과 피보험자가 이를 알지 못한 때에는 그러하지 아니하다.

효력	보험금 지급사유가 발생하더라도 보험금 지급을 하지 않음	보험자는 납입한 보험료에 일정 이자를 합한 금액을 계약자에게 반환함

---

15 보험계약법(인보험편) > 보험계약의 특성   답 ②

| 정답해설 | ② 순서대로 ㉢, ㉡, ㉠, ㉣의 연결이 적절하다.
ㄱ. ㉢ 기술성   ㄴ. ㉡ 단체성
ㄷ. ㉠ 사익조정성(영리성)   ㄹ. ㉣ 상대적 강행법성

---

16 보험계약법(인보험편) > 보험계약의 고지의무   답 ③

| 정답해설 | ③ 보험계약자 또는 피보험자는 청약 시 청약서에서 질문한 사항에 대해 보험자에게 사실대로 알려야 하는데, 이를 고지의무라고 한다. 고지의무는 계약 청약 시뿐만 아니라 부활 시에도 이행하여야 한다.

---

17 보험계약법(인보험편) > 보험계약의 철회·무효·취소·실효   답 ①

| 오답해설 | ② 보험계약이 '무효'인 경우 보험금 지급사유가 발생하더라도 보험금 지급을 하지 않는다. 보험계약이 '취소'인 경우 보험자는 납입한 보험료에 일정 이자를 합한 금액을 계약자에게 반환한다.
③ 보험계약의 '실효'란 특정 원인이 발행하여 계약의 효력이 장래에 소멸되는 것을 말한다. '취소'의 경우 계약시점으로 소급되어 없어지는 데 반해, '실효'는 장래에 대해서만 효력을 가진다.
④ 보험회사가 파산선고를 받고 3개월이 경과하였을 때, 최초보험료의 부지급, 보험기간의 만료, 사망사고 등 보험사고의 발생, 보험목적의 멸실은 보험계약의 '당연실효' 사유이다.

함께 보는 이론 보험계약의 무효와 취소

구분	보험계약의 무효	보험계약의 취소

요건	• 사기에 의한 초과·중복보험
	• 기발생 사고
	• 피보험자의 자격미달(사망보험의 경우)
		• 보험자의 법률 위반이 존재할 때
		• '3대 기본 지키기'를 미이행했을 때
		  – 고객 자필 서명
		  – 청약서 부본 전달
		  – 약관 중요내용 설명 및 교부

---

18 보험계약법(인보험편) > 보험계약의 성립과 체결   답 ②

| 정답해설 | ② 옳은 것은 ㄴ, ㄷ이다.

| 오답해설 | ㄱ. 보험자가 보험계약자로부터 보험계약의 청약과 함께 보험료 상당액의 전부 또는 일부의 지급을 받은 때에는 다른 약정이 없으면 30일 내에 그 상대방에 대하여 낙부의 통지를 발송하여야 한다.
ㄹ. 보험가입증서(보험증권)는 계약이 성립한 후 보험계약 당사자 간의 계약 내용을 나타낼 뿐 계약의 성립요건은 아니다. 따라서 배달착오 등으로 인하여 보험계약자에게 보험가입증서(보험증권)가 도달되지 못한 경우에도 보험계약은 유효하게 성립한 것이다.

---

19 보험계약법(인보험편) > 보험계약의 철회·무효·취소·실효   답 ③

| 정답해설 | ③ ㉠ 15, ㉡ 30이다.
보험계약자는 보험가입증서(보험증권)를 받은 날부터 15일 이내에 청약을 철회할 수 있다. 다만, 진단계약, 보험기간이 90일 이내인 계약 또는 전문금융소비자가 체결한 계약은 청약을 철회할 수 없으며, 청약일로부터 30일이 초과한 계약도 청약철회가 불가하다.

---

20 보험계약법(인보험편) > 고지의무   답 ①

| 정답해설 | ① 1+3+1+1+1 = 7
ㄱ. 보험계약 당시에 보험계약자 또는 피보험자가 고의 또는 중대한 과실로 인하여 중요한 사항을 고지하지 아니하거나 부실의 고지를 한 때에는 보험자는 그 사실을 안 날로부터 1월 내에, 계약을 체결한 날로부터 3년 내에 한하여 계약을 해지할 수 있다. 그러나 보험자가 계약 당시에 그 사실을 알았거나 중대한 과실로 인하여 알지 못한 때에는 그러하지 아니하다
ㄴ. 보험기간 중에 보험계약자 또는 피보험자가 사고발생의 위험이 현저하게 변경 또는 증가된 사실을 안 때에는 지체 없이 보험자에게 통지하여야 한다. 이를 해태한 때에는 보험자는 그 사실을 안 날부터 1월 내에 한하여 계약을 해지할 수 있다.
ㄷ. 보험자가 위험변경증가의 통지를 받은 때에는 1월 내에 보험료의 증액을 청구하거나 계약을 해지할 수 있다.
ㄹ. 보험기간 중에 보험계약자, 피보험자 또는 보험수익자의 고의 또는 중대한 과실로 인하여 사고발생의 위험이 현저하게 변경 또는 증가된 때에는 보험자는 그 사실을 안 날부터 1월

내에 보험료의 증액을 청구하거나 계약을 해지할 수 있다.

21 보험계약법(인보험편) > 보험계약의 요소   답 ②

| 정답해설 | ② 보험기간은 보험에 의한 보장이 제공되는 기간으로 「상법」에서는 보험자의 책임을 최초의 보험료를 지급받은 때로부터 개시한다고 규정하고 있다.

> **함께 보는 법령 「상법」**
> 제656조(보험료의 지급과 보험자의 책임개시) 보험자의 책임은 당사자 간에 다른 약정이 없으면 최초의 보험료의 지급을 받은 때로부터 개시한다.

22 보험계약법(인보험편) > 보험계약의 효과   답 ①

| 정답해설 | ① 옳지 않은 것은 ㄷ 1개이다.
ㄷ. 보험계약의 일부 또는 전부가 무효인 경우 보험계약자와 피보험자가 선의이며 중대한 과실이 없는 때에는 보험자는 납입보험료의 일부 또는 전부를 반환할 의무를 진다.

23 보험계약법(인보험편) > 보험계약의 성립과 체결   답 ③

| 정답해설 | ③ 보험자는 계약이 성립한 때에는 보험가입증서(보험증권)를 교부한다. 그런데 보험가입증서(보험증권)의 교부 여부는 보험계약의 효력발생에 아무런 영향을 미치지 못한다. 보험가입증서(보험증권)는 계약이 성립한 후 보험계약 당사자 간의 계약 내용을 나타낼 뿐 계약의 성립요건은 아니다. 따라서 배달착오 등으로 인해 보험계약자에게 보험가입증서(보험증권)가 도달하지 못한 경우에도 보험계약은 유효하게 성립한 것이다.

CHAPTER 06 | 우체국보험 일반현황   문제편 P.41

| 01 | ③ | 02 | ② | 03 | ② | 04 | ④ | 05 | ④ |
| 06 | ④ | 07 | ③ | 08 | ① | 09 | ③ | 10 | ④ |

01 우체국보험 일반현황 > 우체국보험의 근거   답 ③

| 정답해설 | ③ 우체국보험적립금은 「우체국보험특별회계법」 제4조에 그 근거를 두고 있다.

02 우체국보험 일반현황 > 우체국보험의 역사   답 ②

| 정답해설 | ② ㉠ 1929, ㉡ 양로보험, ㉢ 국민생명보험이 들어간다.
- 우체국보험은 1929년 5월에 제정된 '조선간이생명보험령'에 따라 1929년 10월에 조선총독부 체신국에서 종신보험과 양로보험을 판매하기 시작한 것을 시초로 하고 있다.
- 1952년 12월에 '국민생명보험법' 및 '우편연금법'을 제정하면서 '간이생명보험'을 '국민생명보험'으로 개칭하였고 생명보험 4종 및 연금보험 4종으로 보험사업을 확대하기 시작하였다.

03 우체국보험 일반현황 > 우체국보험의 업무범위   답 ②

| 정답해설 | ② 우체국보험의 감독기관은 과학기술정보통신부, 감사원, 국회, 금융위원회 등이다.

04 우체국보험 일반현황 > 우체국보험과 민영보험의 비교   답 ④

| 정답해설 |

구분	우체국보험	민영보험
보험료	상대적으로 저렴	상대적으로 고액
가입 한도액	• (사망) 4,000만원 • (연금) 연 900만원	제한 없음
지급보장	국가 전액 보장	동일 금융기관 내에서 1인당 최고 5천만원(예금보험공사 보증)
취급제한	변액보험, 퇴직연금, 손해보험 불가(제한 있음)	제한 없음

05 우체국보험 일반현황 > 우체국보험의 업무범위 및 역할   답 ④

| 정답해설 | ④ 공익급여 지급대상 보험의 종류별 명칭과 공익급여의 지급대상, 지급범위 및 지급절차 등은 우정사업본부장이 정한다(「우체국예금·보험에 관한 법률 시행규칙」 제57조 제2항).

06 우체국보험 일반현황 > 보험적립금 및 결산서 작성   답 ④

| 정답해설 | ④ 과학기술정보통신부장관은 회계연도마다 「국가회계법」 등에 따라 회계의 결산서를 작성하는 외에 기업예산회계 관계 법령에 따라 결산서(적립금을 포함한다)를 작성할 수 있다(「우체국보험특별회계법」 제8조 제1항).

07 우체국보험 일반현황 > 우체국보험의 업무범위   답 ③

| 정답해설 | ③ 옳은 것은 ㄱ, ㄷ, ㄹ 3개이다.
| 오답해설 | ㄴ. 국가가 경영하고 과학기술정보통신부장관이 관장(「우체국예금·보험에 관한 법률」 제3조)하며, 감사원의 감사와 국회의 국정감사를 받고 있다.

| 08 | 우체국보험 일반현황 > 타 기관 보험과의 비교 | 답 ① |

| 오답해설 | ② 우체국보험은 변액보험, 퇴직연금, 손해보험 상품 취급이 불가능하다.
③ 계약보험금 한도액은 보험종류별로 피보험자 1인당 4천만원으로 하되, 연금보험(단, 연금저축계좌에 해당하는 보험은 제외)의 최초 연금액은 피보험자 1인당 1년에 900만원 이하로 한다. 다만, 연금보험 중 「소득세법 시행령」 제40조의2 제2항 제1호에 따른 연금저축계좌에 해당하는 보험의 보험료 납입금액은 피보험자 1인당 연간 900만원 이하로 한다.
④ 우체국보험은 국가가 전액 지급을 보장하며, 과학기술정보통신부, 감사원, 국회, 금융위원회 등의 감독을 받고 있다. 금융위원회와 금융감독원은 민영보험을 감독한다.

| 09 | 우체국보험 일반현황 > 우체국보험의 사회공헌 활동 재원 | 답 ③ |

| 정답해설 | ③ 우체국예금의 공익준비금의 경우 정부예산에서 재원으로 삼고 있는 데 반해, 우체국보험의 공익준비금은 전 회계연도 적립금 이익잉여금의 5% 이내, 그린보너스저축보험 전년도 책임준비금의 0.05% 이내(친환경사업 활용)에서 재원을 마련하고 있다.

| 10 | 우체국보험 일반현황 > 보험적립금 | 답 ④ |

| 정답해설 | ④ 공익사업의 재원은 전(前) 회계연도에 대한 적립금 결산에 따른 이익잉여금의 100분의 5 이내의 금액으로 조성한다. 이 경우 적립금의 운용으로 발생한 전년도 당기순이익과 적립금의 재무건전성을 고려하여야 한다(「우체국보험특별회계법 시행규칙」 제16조).

CHAPTER 07 | 리스크관리 및 자금운용   문제편 P.44

01	02	03	04	05
②	②	①	①	①
06	07			
④	①			

| 01 | 리스크관리 및 자금운용 > 재무건전성 관리 | 답 ② |

| 오답해설 | ① 우체국보험은 자본의 적정성 유지를 위하여 지급여력비율을 분기별로 산출·관리하여야 하며, 지급여력비율은 지급여력금액을 지급여력기준금액으로 나누어 산출한다.
③ 우정사업본부장은 우체국보험의 지급여력비율이 100% 미만인 경우로서 보험계약자에게 보험금을 지급하지 못할 우려가 있다고 판단되는 경우에는 경영개선계획을 수립·시행하여야 한다.

④ 우정사업본부장은 자산건전성 분류 대상 자산에 해당하는 보유자산에 대해 건전성을 '정상', '요주의', '고정', '회수의문', '추정손실'의 5단계로 분류하여야 하며 '회수의문' 또는 '추정손실'로 분류된 자산을 조기에 상각하여 자산의 건전성을 확보하여야 한다.

| 02 | 리스크관리 및 자금운용 > 자금운용 | 답 ② |

| 정답해설 | ② 적립금 운용계획은 「우정사업 운영에 관한 특례법」에 의한 우체국보험적립금운용분과위원회의 심의를 받아야 한다.

| 03 | 리스크관리 및 자금운용 > 자금운용 | 답 ① |

| 오답해설 | ② 우정사업본부장은 해당 회계연도의 경영성과와 재무상태를 명확히 파악할 수 있도록 법령을 준수하여 결산서류를 명료하게 작성하여야 한다. 또한 매 회계연도마다 적립금의 결산서를 작성하고 외부 회계법인의 검사를 받아야 한다.
③ 우정사업본부장은 경영의 투명성 확보를 위하여 '우체국보험 경영공시'의 사항을 공시하여야 하고 공시는 결산이 확정된 날로부터 1개월 이내에 보험계약자 등 이해관계자가 알기 쉽도록 간단명료하게 작성하여 우체국보험 홈페이지 등에 게시하여야 한다.
④ 우정사업본부장은 인터넷 홈페이지에 상품공시란을 설정하여 보험계약자 등이 판매상품에 관한 판매상품별 상품요서, 사업방법서 및 보험약관(변경 전 보험약관 및 판매중지 후 2년이 경과되지 아니한 보험약관을 포함함)의 사항을 확인할 수 있도록 공시하여야 한다.

| 함께 보는 이론 | 우체국보험 경영공시

- 조직 및 인력에 관한 사항
- 재무 및 손익에 관한 사항
- 자금조달·운용에 관한 사항
- 건전성·수익성·생산성 등을 나타내는 경영지표에 관한 사항
- 경영방침, 리스크관리 등 경영에 중요한 영향을 미치는 사항
- 관련법에 따라 금융위원회에 제출된 결산서류 및 기초서류에 대해 금융위원회의 의견 또는 권고에 관한 사항
- 그 밖에 이해관계자의 보호를 위하여 공시가 필요하다고 인정되는 사항

| 함께 보는 이론 | 우체국보험 상품공시

- 보험안내서
- 판매상품별 상품요서, 사업방법서 및 보험약관(변경 전 보험약관 및 판매중지 후 2년이 경과되지 아니한 보험약관을 포함함)
- 금리연동형 보험의 적용이율 및 환급금대출이율 등
- 계약자배당금 산출기준, 계약자배당율, 계약자배당준비금 부리이율
- 그 밖에 보험계약자의 보호를 위하여 필요하다고 인정되는 사항

| 04 | 리스크관리 및 자금운용 > 재무건전성 관리 | 답 ① |

| 정답해설 | ① 재무적 리스크는 시장리스크, 신용리스크, 금리리스크, 유동성리스크, 보험리스크로 나누어지며, 특성상 주가 및 금리와 같은 데이터를 활용하여 특정한 산식을 통해 산출 및 관리가 가능한 계량적인 성격을 갖는다. 반면, 비재무적 리스크는 금융회사의 영업활동 또는 시스템 관리 등에 따라 발생할 수 있는 비정형화된 리스크로서 계량적인 산출과 관리가 어려운 리스크이다.

| 오답해설 | ② 우정사업본부장은 '자산건전성 분류 대상 자산'에 해당하는 보유자산에 대해 건전성을 '정상', '요주의', '고정', '회수의문', '추정손실'의 5단계로 분류하여야 한다. 또한, '회수의문' 또는 '추정손실'로 분류된 자산을 조기에 상각하여 자산의 건전성을 확보하여야 한다.

| 함께 보는 이론 | 자산건전성 분류 대상 자산
- 대출채권
- 유가증권
- 보험미수금
- 미수금·미수수익
- 그 밖에 건전성 분류가 필요하다고 인정하는 자산

| 05 | 리스크관리 및 자금운용 > 리스크관리 | 답 ① |

| 정답해설 | ① 옳은 것은 ㄱ 1개이다.

| 오답해설 | ㄴ. 운영리스크는 비재무적 리스크에 해당한다.
ㄷ. 재무적 리스크는 특성상 주가 및 금리와 같은 데이터를 활용하여 특정한 산식을 통해 산출 및 관리가 가능한 계량적인 성격을 갖는다.
ㄹ. 비재무적 리스크는 금융회사의 영업활동 또는 시스템 관리 등에 따라 발생할 수 있는 비정형화된 리스크로서 계량적인 산출과 관리가 어려운 리스크이다.

| 06 | 리스크관리 및 자금운용 > 리스크관리 | 답 ④ |

| 정답해설 | ④ 유동성리스크에 대한 설명이다.

| 함께 보는 이론 | 리스크의 종류

구분		내용
재무 리스크	시장리스크	시장가격(주가, 이자율, 환율 등)의 변동에 따른 자산가치 변화로 손실이 발생할 리스크
	신용리스크	채무자의 부도, 거래 상대방의 채무불이행 등으로 인하여 손실이 발생할 리스크
	금리리스크	금리 변동에 따른 순자산가치의 하락 등으로 재무 상태에 부정적인 영향을 미칠 리스크
	유동성리스크	자금의 조달, 운영기간의 불일치, 예기치 않은 자금 유출 등으로 지급불능상태에 직면할 리스크
	보험리스크	예상하지 못한 손해율 증가 등으로 손실이 발생할 리스크
비재무 리스크	운영리스크	부적절하거나 잘못된 내부의 업무 절차, 인력 및 시스템 또는 외부의 사건 등으로 인하여 손실이 발생할 리스크

| 함께 보는 이론 | 리스크(Risk)와 위험(Danger)의 관계

구분	내용
리스크 (Risk)	예측하지 못한 사실 또는 행위로 인해 자본 및 수익에 부정적인 영향이 발생할 수 있는 잠재적 가능성 • 수익의 불확실성 또는 손실 발생 가능성 • 불확실성 정도에 따른 보상 존재 • 통계적 방법을 통해 관리 가능(예 주식투자, 건강관리 등)
위험 (Danger)	수익에 관계없이 손실만을 발생시키는 사건 • 적절한 보상이 주어지지 않음 • 회피함으로써 제거하거나 전가하는 것이 최선(예 자연재해, 화재, 교통사고 등)

| 07 | 리스크관리 및 자금운용 > 재무건전성 관리 | 답 ① |

| 오답해설 | ② 지급여력비율은 지급여력금액을 지급여력기준금액으로 나누어 산출한다(지급여력비율=지급여력금액÷지급여력기준금액). 이때 지급여력기준금액은 보험사업에 내재된 다양한 리스크를 보험·금리·시장·신용·운영리스크로 세분화하여 측정하며 지급여력금액은 기본자본과 보완자본을 합산한 후, 차감항목을 차감하여 산출한다.
③ 우정사업본부장은 우체국보험의 지급여력비율이 100% 미만인 경우로서 보험계약자에게 보험금을 지급하지 못할 우려가 있다고 판단되는 경우에는 경영개선계획을 수립·시행하여야 한다.
④ 우체국보험은 자본의 적정성 유지를 위하여 지급여력비율을 분기별로 산출·관리하여야 하며 지급여력비율은 100% 이상을 유지하도록 노력하여야 한다. 이는 우체국보험이 예상하지 못한 손실이 발생하더라도 이를 충당할 수 있는 자기자본을 보유하고 있음을 의미하며, 손실흡수를 통해 우체국보험의 지급능력을 보장하고, 나아가 금융시스템의 안정성을 확보하기 위한 중요한 수단이다.

| 함께 보는 이론 | 건전 경영의 유지를 위한 준수사항
- 자본의 적정성에 관한 사항
- 자산의 건전성에 관한 사항
- 그 밖에 경영의 건전성 확보를 위하여 필요한 사항

PART II 우체국보험 제도

정답과 해설

챕터별 키워드 & 취약영역 체크
☑ 챕터별 키워드로 본인의 취약영역 확인 후, 취약영역에 해당하는 문제와 이론은 꼼꼼하게 다시 점검하세요!

CHAPTER 01 우체국보험 모집 및 언더라이팅		CHAPTER 02 우체국보험 계약유지 및 보험금 지급	
틀린개수 ___ / 17개		틀린개수 ___ / 26개	
01	언더라이팅	01	효력상실 및 부활
02	보험계약의 청약	02	보험금 지급청구
03	미성년자의 보험계약	03	환급금 대출
04	친권의 행사	04	보험료 납입
05	가입한도	05	보험료 할인율
06	우체국보험 모집	06	계약유지업무
07	우체국보험 모집	07	보험료 납입방법
08	우체국보험 모집	08	보험료 자동대출 납입제도
09	우체국보험 모집	09	단체납입 할인
10	우체국보험 모집	10	다자녀가구 할인
11	보험계약의 효력	11	의료수급권자 할인
12	언더라이팅	12	부활조건
13	보험계약의 효력	13	계약관계자 변경
14	보험계약의 효력	14	종피보험자 및 보험수익자 변경
15	보험계약의 청약	15	임의해지 및 피보험자의 서면동의 철회권
16	언더라이팅과 클레임	16	보험료 납입방법
17	우체국보험 모집	17	보험금 지급
		18	보험금 지급
		19	보험료 납입방법
		20	보험금 지급
		21	보험료의 납입유예
		22	계약 유지업무
		23	보험료의 할인
		24	보험료의 할인
		25	보험계약 관계자
		26	우체국보험 계약유지

➡ 나의 취약영역: _____

CHAPTER 01 | 우체국보험 모집 및 언더라이팅 문제편 P.48

01	②	02	①	03	④	04	②	05	④
06	①	07	①	08	①	09	④	10	①
11	③	12	③	13	③	14	②	15	①
16	④	17	④							

01 우체국보험 모집 및 언더라이팅 > 언더라이팅 답 ②

| 정답해설 | ② 옳은 것은 ㄱ, ㄷ이다.

| 오답해설 | ㄴ. 보험판매 과정에서 계약선택의 기준이 되는 위험 중 피보험자와 수익자의 관계는 도덕적 위험에 해당한다.
ㄹ. 계약적부조사는 적부조사자가 피보험자를 직접 면담 또는 전화를 활용하여 적부 주요 확인사항을 중심으로 확인하며, 계약적부조사서상에 주요 확인사항 등을 기재하고 피보험자가 최종 확인하는 제도이다.

| 함께 보는 이론 | 계약선택의 기준이 되는 세 가지 위험

환경적	직업 및 업무내용, 운전여부, 취미활동
신체적	• 과거 병력, 현재의 병증(病症) • 피보험자의 음주 및 흡연 여부(1편 2장 학습자료에 환경적 위험으로 보는 견해도 있음), 체격
도덕적 (재정적)	• 보험가입금액의 과다 여부 • 피보험자와 수익자의 관계 • 과거 보험사기 여부

02 우체국보험 모집 및 언더라이팅 > 보험계약의 청약 답 ①

| 정답해설 | ① 옳은 것은 ㄱ, ㄷ이다.

| 오답해설 | ㄴ. 타인계약(보험계약자와 피보험자가 다른 경우 또는 피보험자와 수익자가 다른 경우), 미성년자 계약 등은 전자청약이 불가하다.
ㄹ. 전자청약이 가능한 계약은 가입설계서를 발행한 계약으로 전자청약 전환을 신청한 계약에 한하며, 가입설계일로부터 10일(비영업일 포함) 이내에 한하여 전자청약을 할 수 있다.

03 우체국보험 모집 및 언더라이팅 > 미성년자의 보험계약 답 ④

| 정답해설 | ④ 전자청약서비스는 고객이 보험모집자와의 사전 상담을 통해 설계한 청약내용을 직접 우체국보험 홈페이지에 접속하여 고지의무사항 체크 등 필수정보를 입력한 후 금융인증서, 공동인증서, 카카오페이인증서를 통하여 보험계약을 체결하는 서비스이다. 미성년자 계약 등은 전자청약이 불가하다.

04 우체국보험 모집 및 언더라이팅 > 친권의 행사 답 ②

| 정답해설 | ② 부모가 이혼한 경우는 공동친권, 단독친권 등 부모가 협의하여 친권자를 정할 수 있으나, 협의가 불가능한 경우는 당사자의 청구로 가정법원이 친권자를 결정한다.
법원의 종류에는 대법원, 고등법원, 지방법원, 특허법원, 가정법원, 행정법원, 회생법원 등이 있고, 그중 일반법원인 대법원·고등법원·지방법원이 기본적인 3심 구조를 이룬다. 전문법원 중 특허법원은 고등법원과 동급의 법원이며, 가정법원·행정법원·회생법원은 지방법원과 동급의 법원이다.

05 우체국보험 모집 및 언더라이팅 > 가입한도 답 ④

| 정답해설 | ④ 보험계약자 가입한도는 보험계약자 1인당 가입한도를 보험가입금액 기준으로 설정하고, 이미 설정된 보험계약자별 가입한도를 초과하는 경우에는 개별청약서 발행 거래에서 발행이 불가능하며, 보험계약자 1인당 가입한도는 저축성 보험 종류(연금보험 포함)에 한하여 실시한다.

06 우체국보험 모집 및 언더라이팅 > 우체국보험 모집 답 ①

| 오답해설 | ② 보험안내자료에 우체국보험의 장래의 이익 배당 또는 잉여금의 분배에 대한 예상에 관한 사항을 기재하지 못한다. 다만, 보험계약자의 이해를 돕기 위하여 필요하다고 인정하는 경우에는 그러하지 아니하다.
③ 저축성 보험(금리확정형 보험은 제외)계약의 경우 계약자가 보험계약 체결 권유 단계에서 설명 의무사항을 설명받았고, 이를 이해하였음을 전화 등 통신수단을 통하여 청약 후 10일 이내에 확인받아야 한다.
④ 보험계약자에게 보험계약의 체결 시부터 보험금 지급 시까지의 주요 과정을 설명하여야 한다. 다만, 보험계약자가 설명을 거부하는 경우에는 그러하지 아니하다.

07 우체국보험 모집 및 언더라이팅 > 우체국보험 모집 답 ①

| 오답해설 | ② 보험모집 등과 관련하여 법령, 규정 및 준수사항 등을 위반하여 보험모집 자격을 상실한 후 3년이 경과되지 아니한 자는 우체국FC 등록이 제한된다.
③ 보험계약의 체결에 종사하는 자 또는 보험모집자는 그 체결 또는 모집과 관련하여 보험계약자 또는 피보험자에 대하여 3만원을 초과하는 금품 등 특별이익을 제공하거나 그 제공을 약속하여서는 아니 된다.
④ 보험계약의 체결 또는 모집에 종사하는 자가 기존보험계약을 부당하게 소멸시키거나 소멸하게 하는 행위를 하였을 때에 보험계약자는 보험계약의 체결 또는 모집에 종사하는 자가 속하거나 모집을 위탁한 우정관서에 대하여 그 보험계약이 소멸한

날부터 6개월 이내에 소멸된 보험계약의 부활을 청구하고 새로운 보험계약은 취소할 수 있다. 보험계약의 부활 청구를 받은 우정관서는 특별한 사유가 없으면 소멸된 보험계약의 부활을 승낙하여야 한다.

08 우체국보험 모집 및 언더라이팅 > 우체국보험 모집 답 ①

| 정답해설 | ① '보험모집'이란 우체국과 보험계약이 체결될 수 있도록 중개하는 모든 행위(계약체결의 승낙은 제외)를 의미한다.

09 우체국보험 모집 및 언더라이팅 > 우체국보험 모집 답 ④

| 정답해설 | ④ 보험계약의 체결 시부터 보험금 지급 시까지의 주요 과정을 보험계약자에게 설명하여야 한다. 다만, 보험계약자가 설명을 거부하는 경우에는 그러하지 아니하다.

10 우체국보험 모집 및 언더라이팅 > 우체국보험 모집 답 ①

| 정답해설 | ① 「우체국예금·보험에 관한 법률 시행규칙」 제61조(보험의 모집 등)에 의해 체신관서의 직원과 우정사업본부장이 지정하는 개인 또는 법인은 보험의 모집을 할 수 있다.

| 함께 보는 이론 | 우체국보험 모집자
- 우정사업본부 소속 공무원·별정우체국 직원·상시집배원
- 우체국FC(Financial Consultant)
- 우체국TMFC(Tele-Marketing Financial Consultant)
- 우편취급국장, 우편취급국 직원, 그 밖에 우정사업본부장이 인정한 자

11 우체국보험 모집 및 언더라이팅 > 보험계약의 효력 답 ③

| 정답해설 | ③ 옳지 않은 것은 ㄱ, ㄴ, ㄹ이다.
ㄱ. 계약을 체결할 때 계약에서 정한 피보험자의 나이에 미달되었거나 초과되었을 경우 원칙적으로 무효이다. 다만, 체신관서가 나이의 착오를 발견하였을 때 이미 계약나이에 도달한 경우에는 유효한 계약으로 보나, 만 15세 미만자에 관한 예외가 인정되는 것은 아니다.
ㄴ. 타인의 사망을 보험금 지급사유로 하는 계약에서 계약을 체결할 때까지 피보험자의 서면에 의한 동의를 얻지 않은 경우는 원칙적으로 무효사유이다. 다만, 단체가 규약에 따라 구성원의 전부 또는 일부를 피보험자로 하는 계약을 체결하는 경우에는 이를 적용하지 않는다. 이때 단체보험의 보험수익자를 피보험자 또는 그 상속인이 아닌 자로 지정할 때에는 단체의 규약에서 명시적으로 정한 경우가 아니면 이를 적용한다.
ㄹ. 보험계약 시 보험모집자의 '3대 기본 지키기'는 약관 및 청약서 부본 전달, 약관 주요 내용 설명, 보험계약자 및 피보험자의 자필 서명이다. 만약, 모집자가 청약 시 이러한 의무(3대 기본 지키기)를 이행하지 않았을 경우에는 계약자는 3개월 이내에 취소권을 행사할 수 있다.

| 오답해설 | ㄷ. 만 15세 미만자, 심신상실자 또는 심신박약자를 피보험자로하여 사망을 보험금 지급사유로 한 계약의 경우 원칙적으로 무효사유이다. 다만, 심신박약자가 계약을 체결하거나 소속 단체의 규약에 따라 단체보험의 피보험자가 될 때에 의사능력이 있는 경우에는 계약이 유효하다.

12 우체국보험 모집 및 언더라이팅 > 언더라이팅 답 ③

| 정답해설 | ③ 언더라이팅 관련 제도 중 계약적부조사에 대한 설명이다. 환경적 언더라이팅이란 피보험자의 직업·취미·운전 등 환경적 위험등급에 따라 담보급부별 가입한도를 차등화하여 1인당 과도한 가입을 제한하고 역선택을 예방함으로써 우체국 보험사업의 건전성을 도모하는 제도이다.

| 함께 보는 이론 | 언더라이팅 관련 제도

계약적부조사	적부조사자가 피보험자를 직접 면담 또는 전화를 활용하여 적부 주요 확인사항을 중심으로 확인하며, 계약적부조사서상에 주요 확인사항 등을 기재하고 피보험자가 최종 확인하는 제도
특별조건부 계약	• 피보험자의 질병 등 신체적 위험을 측정하여 표준체로 인수가 불가할 경우 언더라이팅 관련 제 매뉴얼 및 언더라이터의 판단에 의해 '특별조건부 계약'으로 계약을 인수하도록 하는 제도 • 우체국보험에서는 현재 '특정부위·질병 부담보'와 '특약해지', '보험료 할증'을 적용하고 있음 - 특정부위·질병 부담보 제도: 피보험자의 특정부위·질병에 대한 병력으로 정상 인수가 불가한 경우, 해당 부위·질병에 일정한 면책기간을 설정하여 인수하는 제도 - 보험료 할증 제도: 피보험자의 위험 정도(질병 종류, 건강상태)에 따라 표준체 보험료에 위험도별 할증보험료를 부가하여 계약을 인수하는 제도 - 특약해지 제도: 특정 질병으로 인한 생존치료금 발생 가능성이 높을 경우 주계약에 부가된 선택특약 가입분을 해지(거절)처리하여 보험금 지급사유를 사전에 차단하여 위험을 예방하고, 적극적인 계약 인수를 도모하는 제도
환경적 언더라이팅	피보험자의 직업·취미·운전 등 환경적 위험등급에 따라 담보급부별 가입한도를 차등화하여 1인당 과도한 가입을 제한하고 역선택을 예방함으로써 우체국 보험사업의 건전성을 도모하는 제도

13 우체국보험 모집 및 언더라이팅 > 보험계약의 효력 답 ③

| 정답해설 | ③ 만 15세 미만자, 심신상실자 또는 심신박약자를 피보험자로 하여 사망을 보험금 지급사유로 한 계약의 경우는 보험계약 무효사유에 해당한다. 다만, 심신박약자가 계약을 체결하거나 소속 단체의 규약에 따라 단체보험의 피보험자가 될 때에 의사능력이 있는 경우에는 계약이 유효하다.

14 우체국보험 모집 및 언더라이팅 > 보험계약의 효력   답 ②

| 정답해설 | ② 보험모집자가 청약 시 '3대 기본 지키기'를 이행하지 않았을 경우에는 계약자는 취소권을 행사할 수 있고, 체신관서는 이미 납입한 보험료에 보험료를 받은 기간에 대하여 환급금대출이율을 연단위 복리로 계산한 금액을 더하여 지급한다.

15 우체국보험 모집 및 언더라이팅 > 보험계약의 청약   답 ①

| 정답해설 | ① 옳은 것은 ㄴ. 1개이다.

| 오답해설 | ㄱ. 전자청약이 가능한 계약은 가입설계서를 발행한 계약으로 전자청약 전환을 신청한 계약에 한하며, 가입설계일로부터 10일(비영업일 포함) 이내에 한하여 전자청약을 할 수 있다.
ㄷ. 전자청약서비스, 태블릿청약서비스를 이용하는 고객에게는 제2회 이후 보험료 자동이체 시 0.5%의 할인이 적용된다.
ㄹ. 우체국보험의 계약체결 대상자는 국내에 거주하는 자를 원칙으로 한다. 따라서 외국인이라 하더라도 국내에 거주 허가를 받은 자는 우체국보험에 가입할 수 있는 반면, 내국인이라도 외국에 거주하는 자는 가입할 수 없다.

16 우체국보험 모집 및 언더라이팅 > 언더라이팅과 클레임   답 ④

| 정답해설 | ④ ㉠ 언더라이팅(Underwriting), ㉡ 클레임(Claim)에 대한 내용이다.

함께 보는 이론 | 언더라이팅(Underwriting): 청약심사

- 보험회사 입장에서 보험가입을 원하는 피보험자(보험대상자)의 위험을 각 위험집단으로 분류하여 보험 가입 여부를 결정(계약인수·계약거절·조건부인수 등)하는 일련의 과정을 언더라이팅(청약심사)이라고 함
- 언더라이팅 과정 및 결과에 따라 보험회사는 보험계약 청약에 대한 승낙 여부와 보험료 및 보험금의 한도를 설정할 수 있음
- 언더라이터는 언더라이팅, 즉 보험계약의 위험을 평가하고 선택하며 위험인수기준과 처리절차(계약인수·계약거절·조건부계약인수)를 결정하는 직무를 수행하는 전문가임
- 언더라이팅이 필요한 위험 대상은 크게 환경적·신체적·재정적·도덕적 위험으로 분류할 수 있음

---

17 우체국보험 모집 및 언더라이팅 > 우체국보험 모집   답 ④

| 정답해설 | ④ 옳지 않은 것은 ㄱ, ㄴ, ㄷ, ㄹ이다.
ㄱ. 「보험업법」에 따라 보험설계사·보험대리점 또는 보험중개사의 등록이 취소된 후 5년이 경과되지 아니한 자는 우체국FC로 등록할 수 없다.
ㄴ. 전자청약이 가능한 계약은 가입설계서를 발행한 계약으로 전자청약 전환을 신청한 계약에 한하며, 가입설계일로부터 10일(비영업일 포함) 이내에 한하여 전자청약을 할 수 있다. 단, 타인계약(보험계약자와 피보험자가 다른 경우 또는 피보험자와 보험수익자가 다른 경우), 미성년자 계약 등은 전자청약이 불가하다.
ㄷ. 우체국보험의 계약체결 대상자는 국내에 거주하는 자를 원칙으로 한다. 따라서 외국인이라 하더라도 국내에 거주 허가를 받은 자는 우체국보험에 가입할 수 있는 반면, 내국인이라도 외국에 거주하는 자는 가입할 수 없다.
ㄹ. 저축성 보험(금리확정형보험은 제외)계약의 경우 보험계약자가 보험계약 체결권유 단계에서 설명 의무사항을 설명 받았고, 이를 이해하였음을 전화 등 통신수단을 통하여 청약 후 10일 이내에 확인을 받아야 한다.

CHAPTER 02 우체국보험 계약유지 및 보험금 지급

문제편 P.53

01	02	03	04	05
④	③	③	①	④
06	07	08	09	10
③	①	②	②	①
11	12	13	14	15
①	②	④	③	①
16	17	18	19	20
②	①	②	①	②
21	22	23	24	25
④	①	②	①	③
26				
①				

01 우체국보험 계약유지 및 보험금 지급 > 효력상실 및 부활   답 ④

| 정답해설 | ④ 보험계약자가 보험료를 내지 아니하고 유예기간이 지난 때에는 그 보험계약은 효력을 잃는다. 「우체국예금·보험에 관한 법률 시행규칙」 제50조(보험료 납입 유예기간)에 따라 제2회 이후의 보험료 납입 유예기간은 해당 월분 보험료의 납입기일부터 납입기일이 속하는 달의 다음다음 달의 말일까지로 한다. 다만, 유예기간이 끝나는 날이 비영업일인 때는 익영업일까지이며, 해지(효력상실)되는 날은 휴일 여부와 관계없다.

02 우체국보험 계약유지 및 보험금 지급 > 보험금 지급청구   답 ③

| 오답해설 | ① 보험금청구권, 보험료 반환청구권, 해약환급금청구권 및 책임준비금 반환청구권은 3년간 행사하지 않으면 소멸시효가 완성된다.
② 체신관서가 보험금 청구서류를 접수한 때에는 접수증을 교부하고 휴대전화 문자메시지 또는 전자우편 등으로도 송부하며, 그 서류를 접수한 날부터 3영업일 이내에 보험금을 지급하거나 보험료 납입을 면제한다. 다만, 보험금 지급사유 또는 보험료 납입면제 사유의 조사나 확인이 필요한 때에는 접수 후 10영업일 이내에 보험금을 지급하거나 보험료 납입을 면제한다.
④ 사망보험금 선지급은 해당 약관 '선지급서비스특칙'에 의거, 보험기간 중에 「의료법」 제3조(의료기관) 제2항에서 정한 종합

병원의 전문의 자격을 가진 자가 실시한 진단 결과 피보험자의 남은 생존기간이 6개월 이내라고 판단한 경우에 체신관서가 정한 방법에 따라 사망보험금액의 60%를 선지급사망보험금으로 피보험자에게 지급하는 제도이다.

03 우체국보험 계약유지 및 보험금 지급 > 환급금 대출   답 ③

| 오답해설 | ① 환급금 대출은 유효한 보험계약을 보유하고 있는 우체국보험 계약자가 가능하다.
② 연금보험을 포함한 저축성 보험(무배당 파워적립보험 2109 해당)은 해약환급금의 최대 95% 이내 1만원 단위로 대출이 가능하다.
④ 보장성 보험(무배당 우체국하나로OK보험 2109 해당)은 해약환급금의 최대 85% 이내 1만원 단위로 대출이 가능하다.

┌ 함께 보는 이론 | 환급금 대출 ─────────────

대출요건	• 대출금액: 해약환급금의 95% 이내에서 1만원 단위로 함 • 대출기간: 환급금 대출 대상계약의 보험기간(연금보험의 경우 연금개시 전) 내로 함
보험종류별 대출금액	연금보험을 포함한 저축성 보험	해약환급금의 최대 95% 이내(즉시연금보험 및 우체국연금보험 1종은 최대 85% 이내)
	보장성 보험	해약환급금의 최대 85% 이내(실손보험 및 교육보험은 최대 80% 이내)

04 우체국보험 계약유지 및 보험금 지급 > 보험료 납입   답 ①

| 정답해설 | ① 옳은 것은 ㄷ. 1개이다.

| 오답해설 | ㄱ. 보험료의 납입기간에 따라 전기납, 단기납으로 분류되며, 보험료의 납입주기는 연납부터 일시납까지 다양하다.
ㄴ. 보험료 자동이체 약정은 유지 중인 계약에 한해 처리가 가능하며, 관계법령「전자금융거래법」제15조(추심이체의 출금 동의)에 따라 예금주 본인에게만 신청·변경 권한이 있다.
ㄹ. 보험료의 자동대출납입기간은 최초 자동대출납입일부터 1년을 한도로 하며, 그 이후의 기간에 대한 보험료의 자동대출납입을 위해서는 보험계약자가 재신청을 하여야 한다.

05 우체국보험 계약유지 및 보험금 지급 > 보험료 할인율   답 ④

| 정답해설 | ④ 보험료 할인율이 높은 순서는 다음과 같다.
ㄹ. 의료수급권자 할인(5%) - ㄷ. 우리가족암보험 보험료 할인(B형 간염 항체보유 시 3%) - ㄱ. win-win 단체플랜보험(101인 이상 2%) - ㄴ. 고액계약 보험료 할인(1%)
ㄹ. 의료수급권자 할인: 의료급여 수급권자에게 실손의료비보험의 보험료를 할인하는 제도이다. 이때「의료급여법」상의 '의료급여 수급권자'로서의 증명서류를 제출해야 하며 영업보험료의 5%를 할인하고 있다.
ㄷ. 우리가족암보험 보험료 할인: 피보험자가 B형 간염 항체보유 시 영업보험료의 3%를 할인하는 B형 간염 항체보유 할인, 고혈압과 당뇨병이 모두 없을 때 할인되는 우리가족암보험 3종(실버형) 건강체 할인이 있으며 이 경우 영업보험료의 5%를 할인하고 있다.
ㄱ. 무배당 win-win단체플랜보험: 피보험자 수에 따라 1%(5인~20인), 1.5%(21인~100인), 2%(101인 이상)의 할인율을 적용하고 있다.
ㄴ. 고액계약 보험료 할인: 보험가입금액 2천만원 이상 가입 시 주계약 보험료(특약보험료 제외)에 대해서 1~3% 보험료 할인 혜택을 적용한다. 보험가입금액별로 2천~3천만원 미만은 1%, 3천~4천만원 미만은 2%, 4천만원은 3% 할인율을 적용한다. 대상상품은 2023년 12월 기준 (무)우체국하나로OK보험 2109, (무)우체국든든한종신보험 2109, (무)우체국통합건강보험 2109, (무)온라인정기보험 2109, (무)우체국와이드건강보험 2112이다.

06 우체국보험 계약유지 및 보험금 지급 > 계약유지업무   답 ③

| 정답해설 | ③ 보험료 미납으로 실효(해지)될 상태에 있는 보험계약에 대하여 계약자의 신청이 있는 경우 해약환급금 범위 내에서 자동대출(환급금대출)하여 보험료를 납입할 수 있다. 보험료의 자동대출 납입 기간은 최초 자동대출 납입일부터 1년을 한도로 하며, 그 이후의 기간은 보험계약자가 재신청을 하여야 한다.

| 오답해설 | ① 피보험자가 아닌 계약자가 계약의 부활을 청약할 수 있다.
② 보험계약자가 보험수익자를 변경하고자 할 경우에는 보험금의 지급사유가 발생하기 전에 피보험자가 서면으로 동의하여야 한다.
④ 보험계약자가 고의로 보험금 지급사유를 발생시킨 경우, 체신관서는 그 사실을 안 날부터 1개월 이내에 계약을 해지할 수 있으며 해약환급금을 보험계약자에게 지급한다.

┌ 함께 보는 법령 |「우체국예금·보험에 관한 법률」──────
제39조(보험계약의 부활) ① 보험계약자는 제37조 제1항에 따른 보험계약의 효력 상실 후 2년을 초과하지 아니하는 범위에서 보험약관에서 정하는 기간 이내에 미납보험료의 납입과 함께 실효된 보험계약의 부활을 청구할 수 있다.

07 우체국보험 계약유지 및 보험금 지급 > 보험료 납입방법   답 ③

| 오답해설 | ① 카드납과 직불전자지급수단의 방법으로 보험료를 납입할 수 있는 우체국보험의 종류 및 보험료 납입방법 등은 우정사업본부장이 정하여 고시한다. 보험계약자는 보험료 납입주기 및 납입방법의 변경을 청구할 수 있다.
② 실시간이체는 고객요청 시 즉시 계약자의 계좌 또는 보험료

자동이체 계좌에서 현금을 인출하여 보험료를 납부하는 제도로 자동이체 약정여부에 관계없이 처리가 가능하며, 계약상태가 정상인 계약만 가능하다. 대상 보험료는 1·2연체 보험료 및 당월분 보험료이며, 선납보험료는 납입이 불가하다.
④ 우체국페이 납입은 온라인(인터넷, 모바일) 납부방법에 우체국페이 결제 방식을 도입하여 보험료를 납부하는 제도로 초회보험료(1회)를 제외한 계속보험료를 대상으로 하고 보장성 및 저축성을 포함한 전 보험상품의 보험료를 납입할 수 있다.

08 우체국보험 계약유지 및 보험금 지급 > 보험료 자동대출 납입제도　답 ②

| 정답해설 | ② 옳은 것은 ㄴ, ㄷ, ㄹ이다.

| 오답해설 | ㄱ. 모든 순수보장성 보험, 어깨동무보험 3종(상해보장형), 평생OK보험

| 함께 보는 이론 | 신청불가 대상

종류	대상
1	모든 순수보장성 보험, 어깨동무보험 3종(상해보장형), 평생OK보험* *평생OK보험의 경우 환급금대출은 가능하나 자동재출납입 신청은 불가
2	실효(보험료납입 연체로 인한 계약 해지)계약, 납입완료(면제)계약, 환급금대출(이자) 기연체자
3	계약내용 변경·정정, 사고지급 등 계류 중인 계약
4	일반단체계약

09 우체국보험 계약유지 및 보험금 지급 > 단체납입 할인　답 ①

| 오답해설 | ② 보험계약자는 5명 이상의 단체를 구성하여 보험료의 단체 납입을 청구할 수 있으며, 우정사업본부장은 보험계약자가 보험료를 단체 납입하는 경우에는 보험료의 2%에 해당하는 금액의 범위에서 보험료를 할인할 수 있다.
③ 단체계약 할인율은 우체국 자동이체납입 할인율과 동일하며, 당월납입(선납 포함)에 한하여 할인 적용을 하고 유예기간 중의 보험료는 할인하지 아니한다.
④ 해당 단체가 자동이체납입을 선택하여 자동이체로 납입하는 경우 보험료를 중복하여 할인하지 아니하며, 이 경우 자동이체납입의 보험료 할인방법에 따라 할인 적용한다. 연체분에 대해서도 자동이체 할인이 가능하며 할인율은 단체할인율을 적용한다.

10 우체국보험 계약유지 및 보험금 지급 > 다자녀가구 할인　답 ②

| 정답해설 | ② 할인율은 두 자녀 0.5%, 세 자녀 이상 1.0%로 차등 적용되며, 자동이체 할인과 중복할인이 가능하다. 자녀 수는 신청시점(신규청약, 부활청약, 유지 중) 기준이다.

11 우체국보험 계약유지 및 보험금 지급 > 의료수급권자 할인　답 ①

| 정답해설 | ① 의료급여 수급권자에게 실손의료비 보험의 보험료를 할인하는 제도이다. 「의료급여법」상의 '의료급여 수급권자'로서의 증명서류를 제출해야 하며 영업보험료의 5%를 할인하고 있다.

12 우체국보험 계약유지 및 보험금 지급 > 부활조건　답 ②

| 정답해설 | ② 최초 가입 시와 직종(운전 등 포함)이 다른 경우 위험등급별 가입한도 초과 및 상품별 가입거절 직종에 해당하지 않아야 한다.

13 우체국보험 계약유지 및 보험금 지급 > 계약관계자 변경　답 ④

| 정답해설 | ④ 2001. 1. 1. 이후 체결된 연금저축계약(세제혜택이 있는 세제적격 연금저축보험)의 가입자 사망 시 배우자(상속인)가 상속을 통해 계약을 유지할 수 있으며, 가입자가 사망한 날이 속하는 달의 말일부터 6개월 이내에 신청해야 한다.

14 우체국보험 계약유지 및 보험금 지급 > 종피보험자 및 보험수익자 변경　답 ③

| 정답해설 | ③ 보험금 지급사유 발생시점의 정당 보험수익자 여부를 확인하여야 하며, 보험사고 발생 후 보험수익자를 변경한 경우 보험금은 변경 전 보험수익자에게 지급해야 한다.

15 우체국보험 계약유지 및 보험금 지급 > 임의해지 및 피보험자의 서면동의 철회권　답 ①

| 오답해설 | ② 보험계약자의 계약 해지 시 체신관서는 해당 상품의 약관에 따른 해약환급금을 보험계약자에게 지급한다.
③ 사망을 보험금 지급사유로 하는 계약에서 서면으로 동의를 한 피보험자는 계약의 효력이 유지되는 기간에는 언제든지 서면동의를 장래를 향하여 철회할 수 있다.
④ 서면동의 철회로 계약이 해지되어 체신관서가 지급하여야 할 해약환급금이 있을 때에는 체신관서는 보험계약자에게 해약환급금을 지급한다.

16 우체국보험 계약유지 및 보험금 지급 > 보험료 납입방법　답 ②

| 정답해설 | ② 우체국보험의 보험료 카드납부 취급대상은 TM(Tele Marketing), 온라인(인터넷, 모바일)을 통해 가입한 보장성 보험계약 및 2021년 이후 신규 출시한 대면채널의 보장성 보험에 한해 처리가 가능하다. 초회보험료(1회), 계속보험료(2회 이후)를 대

상으로 하고 있으며, 선납 및 부활보험료는 납입이 불가하다.

17 우체국보험 계약유지 및 보험금 지급 > 보험금 지급   답 ④

| 정답해설 | ④ 체신관서가 보험금 청구서류를 접수한 때에는 접수증을 교부하고 휴대전화 문자메시지 또는 전자우편 등으로도 송부하며, 그 서류를 접수한 날부터 3영업일 이내에 보험금을 지급하거나 보험료 납입을 면제한다. 다만, 보험금 지급사유 또는 보험료 납입면제사유의 조사나 확인이 필요한 때에는 접수 후 10영업일 이내에 보험금을 지급하거나 보험료 납입을 면제한다. 체신관서가 보험금 지급사유를 조사·확인하기 위하여 지급기일 이내에 보험금을 지급하지 못할 것으로 예상되는 경우에는 그 구체적인 사유, 지급예정일 및 보험금 가지급 제도에 대하여 피보험자 또는 보험수익자에게 즉시 통지한다. 다만, 지급예정일은 아래 '보험금 지급예정일 30일 초과사유'의 어느 하나에 해당하는 경우를 제외하고는 보험금 청구서류를 접수한 날부터 30영업일 이내에서 정한다.

┌─ 함께 보는 이론 | 보험금 지급예정일 30일 초과사유 ─┐
- 소송제기
- 분쟁조정신청
- 수사기관의 조사
- 해외에서 발생한 보험사고에 대한 조사
- 체신관서의 조사요청에 대한 동의 거부 등 보험계약자, 피보험자 또는 보험수익자의 책임 있는 사유로 보험금 지급사유의 조사와 확인이 지연되는 경우
- 보험금 지급사유 등에 대해 제3자의 의견에 따르기로 한 경우

18 우체국보험 계약유지 및 보험금 지급 > 보험금 지급   답 ②

| 정답해설 | ② 사망보험금 선지급은 해당 약관 '선지급서비스특칙'에 의거하여, 보험기간 중에 「의료법」 제3조(의료기관) 제2항에서 정한 종합병원의 전문의 자격을 가진 자가 실시한 진단 결과 피보험자의 남은 생존기간이 6개월 이내라고 판단한 경우에 체신관서가 정한 방법에 따라 사망보험금액의 60%를 선지급사망보험금으로 피보험자에게 지급하는 제도이다.

19 우체국보험 계약유지 및 보험금 지급 > 보험료의 납입 방법   답 ①

| 정답해설 | ① 옳은 것은 ㄱ, ㄷ이다.
| 오답해설 | ㄴ. 우체국보험의 보험료 카드납부 취급대상은 TM(Tele Marketing), 온라인(인터넷, 모바일)을 통해 가입한 보장성 보험계약 및 2021년 이후 신규 출시한 대면채널의 보장성 보험계약에 한해 처리가 가능하다. 초회보험료(1회), 계속보험료(2회 이후)를 대상으로 하고 있으며, 선납 및 부활보험료는 납입이 불가하다.
ㄹ. 보험료의 자동대출납입기간은 최초 자동대출납입일부터 1년을 한도로 하며 그 이후의 기간에 대한 보험료의 자동대출납입을 위해서는 재신청을 하여야 한다.

20 우체국보험 계약유지 및 보험금 지급 > 보험금 지급   답 ③

| 정답해설 | ③ 소송 제기, 수사기관의 조사 중인 경우는 보험금 지급예정일 30일 초과사유에 해당한다.

┌─ 함께 보는 이론 | 보험금 지급 ─┐

보험금 지급 면책사유	• 피보험자가 고의로 자신을 해친 경우. 다만, 다음 중 어느 하나에 해당하면 보험금을 지급하거나 보험료 납입을 면제함 – 피보험자가 심신상실 등으로 자유로운 의사결정을 할 수 없는 상태에서 자신을 해친 경우 – 계약의 보장개시일(부활(효력회복)계약의 경우는 부활(효력회복)청약일)부터 2년이 지난 후에 자살한 경우 • 보험수익자가 고의로 피보험자를 해친 경우. 다만, 그 보험수익자가 보험금의 일부 보험수익자인 경우에는 다른 보험수익자에 대한 보험금은 지급함 • 계약자가 고의로 피보험자를 해친 경우
보험금 지급예정일 30일 초과사유	• 소송 제기 • 분쟁조정신청 • 수사기관의 조사 • 해외에서 발생한 보험사고에 대한 조사 • 체신관서의 조사요청에 대한 동의 거부 등 보험계약자, 피보험자 또는 보험수익자의 책임 있는 사유로 보험금 지급사유의 조사와 확인이 지연되는 경우 • 보험금 지급사유 등에 대해 제3자의 의견에 따르기로 한 경우

21 우체국보험 계약유지 및 보험금 지급 > 보험료의 납입유예   답 ④

| 오답해설 | ① 보험계약자가 보험료를 내지 아니하고 유예기간이 지난 때에는 그 보험계약은 효력을 잃는다. 「우체국예금·보험에 관한 법률 시행규칙」 제50조(보험료 납입 유예기간)에 따라 제2회 이후의 보험료 납입 유예기간은 해당 월분 보험료의 납입기일(계약자가 제2회 이후의 보험료를 납입하기로 한 날을 의미)부터 납입기일이 속하는 달의 다음다음 달의 말일까지로 한다. 다만, 유예기간이 끝나는 날이 비영업일인 때는 익영업일까지이며, 해지(효력상실)되는 날은 휴일 여부와 관계없다.
② 계약자가 제2회 이후의 보험료를 납입기일까지 납입하지 않아 보험료 납입이 연체 중인 경우에 체신관서는 납입최고(독촉)하고, 유예기간이 끝나는 날까지 보험료가 납입되지 않은 경우 유예기간이 끝나는 날의 다음 날에 계약은 해지(효력상실)된다.
③ 체신관서의 납입최고는 유예기간이 끝나기 15일 이전까지 서면(등기우편 등) 등으로 이루어지며 보험료 납입최고 안내사항에 대해 안내한다.

┌─ 함께 보는 이론 | 보험료 납입최고 안내사항 ─┐
- 보험계약자(보험수익자와 보험계약자가 다른 경우 보험수익자를 포함)에게 유예기간 내에 연체보험료를 납입하여야 한다는 내용
- 유예기간이 끝나는 날까지 보험료를 납입하지 않을 경우 유예기간이 끝나는 날의 다음 날에 계약이 해지된다는 내용(이 경우 계약이 해지되는 때에는 즉

시 해약환급금에서 환급금대출의 원금과 이자가 차감된다는 내용을 포함)

22 우체국보험 계약유지 및 보험금 지급 > 계약 유지업무 답 ①

| 정답해설 | ① 옳은 것은 ㄷ. 1개이다.

| 오답해설 | ㄱ. 보험료 납입기간에 따라 전기납, 단기납으로 분류된다.
ㄴ. 보험료 납입주기에 따라 연납, 6월납, 3월납, 월납, 일시납 등의 종류가 있다.
ㄹ. 자동이체 약정은 유지 중인 계약에 한해서 처리가 가능하며, 관계법령 「전자금융거래법」 제15조(추심이체의 출금 동의)에 따라 예금주 본인에게만 신청·변경 권한이 있다.

23 우체국보험 계약유지 및 보험금 지급 > 보험료의 할인 답 ②

| 정답해설 | ② 순서대로 ㉡, ㉢, ㉤, ㉥의 연결이 적절하다.
ㄱ. ㉡ 자동이체 할인
ㄴ. ㉢ 단체납입 할인
ㄷ. ㉤ 의료수급권자 할인
ㄹ. ㉥ 고액계약 보험료 할인

24 우체국보험 계약유지 및 보험금 지급 > 보험료의 할인 답 ①

| 정답해설 | ① 옳은 것은 ㄷ. 1개이다.

| 오답해설 | ㄱ. 단체계약 할인율은 우체국 자동이체납입 할인율과 동일하며, 해당 단체가 자동이체납입을 선택하여 자동이체로 납입하는 경우는 자동이체 할인과 중복하여 할인하지 아니한다.
ㄴ. 자동이체 할인과 다자녀 할인은 중복할인이 가능하다.
ㄹ. 우리가족암보험 보험료 할인은 피보험자가 B형 간염 항체보유 시 영업보험료의 3%를 할인하는 B형 간염 항체보유 할인과 고혈압과 당뇨병이 모두 없을 때 할인되는 우리가족암보험 3종(실버형) 건강체 할인이 있으며, 이 경우 영업보험료의 5%를 할인하고 있다.

25 우체국보험 계약유지 및 보험금 지급 > 보험계약 관계자 답 ③

| 정답해설 | ③ 보험수익자가 보험존속 중에 사망한 때에는 보험계약자는 다시 보험수익자를 지정할 수 있고, 이 경우에 보험계약자가 지정권을 행사하지 아니하고 사망한 때에는 보험수익자의 상속인을 보험수익자로 한다.

| 함께 보는 법령 | 「상법」
제733조(보험수익자의 지정 또는 변경의 권리) ① 보험계약자는 보험수익자를 지정 또는 변경할 권리가 있다.
② 보험계약자가 제1항의 지정권을 행사하지 아니하고 사망한 때에는 피보험자를 보험수익자로 하고, 보험계약자가 제1항의 변경권을 행사하지 아니하고 사망한 때에는 보험수익자의 권리가 확정된다. 그러나 보험계약자가 사망한 경우에는 그 승계인이 제1항의 권리를 행사할 수 있다는 약정이 있는 때에는 그러하지 아니하다.
③ 보험수익자가 보험존속 중에 사망한 때에는 보험계약자는 다시 보험수익자를 지정할 수 있다. 이 경우에 보험계약자가 지정권을 행사하지 아니하고 사망한 때에는 보험수익자의 상속인을 보험수익자로 한다.
④ 보험계약자가 제2항과 제3항의 지정권을 행사하기 전에 보험사고가 생긴 경우에는 피보험자 또는 보험수익자의 상속인을 보험수익자로 한다.

26 우체국보험 계약유지 및 보험금 지급 > 우체국보험 계약 유지 답 ①

| 정답해설 | ① 옳은 것은 ㄱ. 1개이다.

| 오답해설 | ㄴ. 우체국보험의 보험료 카드납부 취급대상은 TM(Tele Marketing), 온라인(인터넷, 모바일)을 통해 가입한 보장성 보험계약 및 대면채널의 보장성 보험 계약에 한해 처리가 가능하다. 초회보험료(1회), 계속보험료(2회 이후)를 대상으로 하고 있으며, 선납 및 부활보험료는 납입이 불가하다.
ㄷ. 계약내용의 변경은 계약자의 이익을 보호하기 위하여 일정한 범위 내에서 계약의 내용을 변경할 수 있게 하여 계약을 유지시켜 나가는 제도이다. 계약자는 체신관서의 승낙을 얻어 보험료의 납입방법, 보험가입금액의 감액, 보험계약자, 기타 계약의 내용을 변경할 수 있다.
ㄹ. 보험계약자는 보험수익자를 변경할 수 있으며 이 경우에는 체신관서의 승낙이 필요하지는 않다. 다만, 변경된 보험수익자가 체신관서에 권리를 대항하기 위해서는 보험계약자가 보험수익자가 변경되었음을 체신관서에 통지하여야 한다. 보험수익자를 변경하고자 할 경우에는 보험금의 지급사유가 발생하기 전에 피보험자가 서면으로 동의하여야 한다.

정답과 해설

PART III 우체국보험 상품

챕터별 키워드 & 취약영역 체크
☑ 챕터별 키워드로 본인의 취약영역 확인 후, 취약영역에 해당하는 문제와 이론은 꼼꼼하게 다시 점검하세요!

CHAPTER 01
우체국보험 상품

틀린개수 _____ / 49개

번호	키워드	번호	키워드
01	보장성 보험	26	상속세
02	저축성 보험	27	연금보험
03	보장성 보험	28	보장성 보험
04	보장성 보험	29	보장성 보험
05	연금보험	30	보장성 보험
06	보험 상품	31	보장성 보험
07	연금저축보험 수령 시 세제	32	보장성 보험
08	개별 보험 상품	33	보장성 보험
09	계약보험금 한도액	34	보장성 보험
10	보험 관련 세제	35	보장성 보험
11	보장성 보험 세액공제	36	보장성 보험
12	보장성 보험	37	저축성 보험
13	보장성 보험	38	상속·증여 관련 세제
14	보장성 보험	39	개별 보험 상품
15	보장성 보험	40	보험 관련 세제
16	보장성 보험	41	연금보험
17	보장성 보험, 저축성 보험	42	복합형
18	보장성 보험	43	보장성 보험 세액공제
19	보장성 보험	44	보장개시일
20	제도성 특약	45	보장성 보험
21	저축성 보험	46	보험 관련 세제
22	보장성 보험	47	보험 관련 세제
23	보장성 보험	48	계약보험금 한도액
24	보장성 보험	49	연금저축보험 수령 시 세제
25	보험료 납입		

➡ 나의 취약영역: _____

CHAPTER 01 | 우체국보험 상품   문제편 P.62

01	③	02	③	03	②	04	②	05	①
06	④	07	③	08	②	09	④	10	③
11	④	12	④	13	④	14	④	15	①
16	④	17	④	18	③	19	①	20	②
21	①	22	④	23	④	24	①	25	③
26	④	27	①	28	④	29	④	30	①
31	④	32	④	33	④	34	④	35	③
36	④	37	④	38	①	39	③	40	④
41	④	42	②	43	②	44	②	45	③
46	③	47	②	48	④	49	②		

01 우체국보험 상품 > 보장성 보험   답 ③

| 오답해설 | ① 무배당 청소년꿈보험 2109는 공익보험으로 특정 피보험자 범위에 해당하는 청소년에게 무료로 보험가입 혜택을 주어 학자금을 지급하는 교육보험이다.
② 무배당 우체국예금제휴보험 2109의 경우 1종(휴일재해보장형)은 '시니어싱글벙글정기예금' 가입 시, 2종(주니어보장형)은 '우체국 아이LOVE적금' 가입 시, 3종(청년우대형)은 우체국예금 신규가입 고객 중 가입기준을 충족할 시에 무료로 가입 가능한 보험이다.
④ 무배당 만원의행복보험 2109는 성별·나이에 상관없이 보험료 1만원(1년 만기 기준), 1회 납입 1만원(1년 만기 기준) 초과 보험료는 체신관서가 공익자금으로 지원하는 상품이다.

02 우체국보험 상품 > 저축성 보험   답 ③

| 정답해설 | ③ 옳은 것은 ㄱ, ㄴ, ㄹ 3개이다.

| 오답해설 | ㄷ. 2017년 4월 1일 이후부터 가입한 보험계약에 한하여 보험계약자 1명당 매월 납입하는 보험료 합계액이 150만원 이하인 경우 보험차익을 비과세한다.

03 우체국보험 상품 > 보장성 보험   답 ②

| 오답해설 | ① 무배당 우체국당뇨안심보험 2109의 당뇨보장개시일은 계약일(부활일)부터 그날을 포함하여 1년이 지난 날의 다음 날이다.
③ 무배당 우리가족암보험 2109의 암보장개시일은 계약일(부활일)부터 그날을 포함하여 90일이 지난 날의 다음 날이다. 단, 피보험자 나이가 15세 미만인 경우 암보장개시일은 계약일(부활일)로 한다.
④ 무배당 우체국간병비보험 2309의 장기요양상태 보장개시일은 계약일(부활일)부터 그날을 포함하여 180일이 지난 날의 다음 날이다. 단, 재해를 직접적인 원인으로 장기요양상태가 발생한 경우 장기요양상태 보장개시일은 계약일(부활일)로 한다.

04 우체국보험 상품 > 보장성 보험   답 ②

| 오답해설 | ① 보장내용 변경주기는 5년이며, 종신까지 재가입이 가능하다.
③ 갱신(또는 재가입) 직전 '무사고 할인판정기간' 동안 보험금 지급 실적이 없는 계약을 대상으로 갱신일(또는 재가입일)부터 차기 보험기간 1년 동안 보험료의 10%를 할인해준다.
④ 비급여실손의료비특약의 갱신보험료는 갱신 직전 '요율상대도 판정기간' 동안의 비급여특약에 따른 보험금 지급 실적을 고려하여 보험료 갱신 시 순보험료(비급여특약의 순보험료 총액을 대상)에 요율상대도(할인·할증요율)를 적용한다.

05 우체국보험 상품 > 연금보험   답 ①

| 오답해설 | ② 어깨동무연금보험 2109는 장애인전용 연금보험으로, 20세부터 연금수급이 가능하다.
③ 무배당 우체국연금보험 2109는 관련 세법에서 정하는 요건에 부합하는 경우 이자소득 비과세 및 금융소득종합과세를 제외한다. 하지만 우체국연금저축보험과 다르게 세액공제 상품은 아니다.
④ 우체국연금저축보험 2109의 추가납입 보험료는 계약일 이후 1개월이 지난 후부터 '연금개시나이-1'세 계약 해당일까지 납입이 가능하다.

06 우체국보험 상품 > 보험 상품   답 ④

| 오답해설 | ① 무배당 우체국안전벨트보험 2109의 보험료는 성별에 따른 차이는 있으나 나이(연령)에 관계 없이 동일한 보험료이다.
② 우체국연금저축보험 2109의 경우, 연금 지급구분에는 종신연금형, 확정기간연금형이 있다. 우체국연금보험 2109의 경우, 연금 지급구분에는 종신연금형, 상속연금형, 확정기간연금형, 더블연금형이 있다.
③ 무배당 우체국간병비보험 2309는 장기요양 1~2등급으로 진단 확정되고, 진단 확정된 날을 최초로 하여 매년 생존 시 최대 10년 동안 간병자금을 매월 지급(장기요양간병비특약Ⅱ 가입 시, 최대 120개월 한도)한다.

07 우체국보험 상품 > 연금저축보험 수령 시 세제   답 ③

| 정답해설 | 산출세액(지방소득세 포함)의 계산은 다음과 같다.

- 연금수령 한도 이내의 연금소득금액은 연금소득세 적용
  1,200,000원×4.4%(종신연금형)=52,800원
- 연금수령 한도 초과 연금액은 기타소득세 적용
  1,000,000원×16.5%(기타소득세)=165,000원
- 합산 시: 52,800원+165,000원=217,800원이다.

| 함께 보는 이론 | 연금수령 요건

연금저축보험의 지급금액이 다음의 내용을 충족할 경우에는 연금소득으로 인정하여 연금소득세를 부과함. 단, 연간 연금액이 연금수령 한도를 초과하는 경우, 그 초과 금액은 연금 외 소득으로 간주하여 기타소득세(지방소득세 포함 16.5%)를 부과함

구분	연금수령 요건
1	가입자가 만 55세 이후 연금수령 개시를 신청한 후 인출할 것
2	연금계좌 가입일부터 5년이 경과된 후에 인출할 것
3	과세기간 개시일 현재 연금수령 한도 이내에서 인출할 것 • 과세기간 개시: 연금수령 개시를 신청한 날이 속하는 과세기간에는 연금수령 개시를 신청한 날로 함 • 연금수령 한도 = $\dfrac{\text{연금계좌의 평가액}}{(11-\text{연금수령연차})} \times \dfrac{120}{100}$ • 연금수령연차: 최초로 연금수령할 수 있는 날이 속하는 과세기간을 기산연차로 하여 그 다음 과세기간을 누적 합산한 연차를 말하며, 연금수령연차가 11년 이상이면 위의 계산식을 미적용

---

08 우체국보험 상품 > 개별 보험 상품   답 ②

| 오답해설 | ① 우체국연금저축보험의 연금개시나이는 만 55세부터이다.
③ 무배당 우체국간편가입건강보험(갱신형)의 경우 주계약은 종신까지 갱신 가능하고, 무배당 간편사망보장특약은 85세까지 갱신 가능하다.
④ 무배당 우체국든든한종신보험은 보험료 납입기간 중 계약이 해지될 경우, 예정해약환급금은 1종(해약환급금 50% 지급형)이 2종(표준형)보다 적다.

| 함께 보는 이론 | 우체국연금보험 연금개시나이

(무)우체국연금보험	45세~75세 (더블연금형: 45세~70세)
(무)우체국개인연금보험(이전형)	만 55세~80세
(무)우체국온라인연금저축보험	만 55세~80세
(유)우체국연금저축보험	만 55세~80세
(유)어깨동무연금보험	20세~80세(30년 보증지급: 20세~70세)

- 보험나이 계산방법: 계약일 현재 피보험자의 실제 만 나이를 기준으로 6개월 미만의 끝수는 버리고 6개월 이상의 끝수는 1년으로 하여 계산하며, 이후 매년 계약 해당일에 나이가 증가하는 것으로 함
- 보험나이 계산 예시
  – 생년월일: 1988년 10월 2일
  – 현재(계약일): 2016년 4월 13일
  ⇒ 2016년 4월 13일 – 1988년 10월 2일 = 27년 6월 11일 = 28세

---

09 우체국보험 상품 > 계약보험금 한도액   답 ④

| 오답해설 | ① 재보험의 가입 한도는 사고 보장을 위한 보험료(순보험료)의 100분의 80 이내로 한다[시행규칙 제60조의 2(재보험의 가입한도)].
② 우체국보험의 종류에는 보장성 보험, 저축성 보험, 연금보험이 있다[시행규칙 제35조(보험의 종류)].
③ 계약보험금 한도액은 보험종류별(연금보험 제외)로 피보험자 1인당 4천만원이다[시행규칙 제36조(계약보험금 및 보험료의 한도)].

| 함께 보는 법령 | 「우체국예금·보험에 관한 법률 시행규칙」

제36조(계약보험금 및 보험료의 한도) ① 법 제28조에 따른 계약보험금 한도액은 보험종류별(제35조 제1항 제3호의 연금보험은 제외한다)로 피보험자 1인당 4천만원(제35조 제1항 제1호의 보장성 보험 중 우체국보험 사업을 관장하는 기관의 장이 「국가공무원법」 제52조에 따라 그 소속 공무원의 후생·복지를 위하여 실시하는 단체보험 상품의 경우에는 2억원으로 한다)으로 하되, 보험종류별 계약보험금 한도액은 우정사업본부장이 정한다.
② 제35조 제1항 제3호의 연금보험(「소득세법 시행령」 제40조의2 제2항 제1호에 따른 연금저축계좌에 해당하는 보험은 제외한다)의 최초 연금액은 피보험자 1인당 1년에 900만원 이하로 한다.
③ 제35조 제1항 제3호의 연금보험 중 「소득세법 시행령」 제40조의2 제2항 제1호에 따른 연금저축계좌에 해당하는 보험의 보험료 납입금액은 피보험자 1인당 연간 900만원 이하로 한다.

---

10 우체국보험 상품 > 보험 관련 세제   답 ③

| 오답해설 | ① 무배당 어깨동무보험 2109의 경우, 연간 납입보험료 100만원 한도 내에서 연간 납입보험료의 15%가 세액공제 금액이 된다.
② 무배당 그린보너스저축보험플러스 2203은 보험계약자가 「조세특례제한법」 제88조의2 제1항에서 정한 요건을 충족하면 월적립식 저축성 보험 비과세를 받을 수 있다.
④ 우체국연금저축보험 2109에 가입한 만 65세 연금소득자가 종신연금형으로 연금수령 시 연금소득에 대해 적용되는 세율은 종신연금형을 기준으로 한다. 무배당 우체국연금보험 2109는 세액공제는 되지 않지만 관련 세법에서 정하는 요건에 부합하는 경우 이자소득 비과세 및 금융소득종합과세가 제외되는 상품이다.

| 함께 보는 이론 | 연금저축보험 수령 시 세율

구분	나이(연금수령일 현재)	세율(지방소득세 포함)
가. 연금소득자의 나이에 따른 세율	만 70세 미만	5.5%
	만 70세 이상 만 80세 미만	4.4%
	만 80세 이상	3.3%
나. 종신연금형	4.4%(지방소득세 포함)	

※ 가, 나를 동시 충족하는 경우에는 낮은 세율을 적용함

| 11 | 우체국보험 상품 > 보장성 보험 세액공제 | 답 ④ |

| 정답해설 | ④ 보장성 보험은 근로소득자(사업소득자, 일용근로자 등은 제외)가 보장성 보험에 가입한 경우, 납입한 연간 보험료(100만원 한도)의 12%(장애인전용 보험은 15%)에 해당하는 금액을 해당 과세기간의 종합소득산출세액에서 공제해주는 제도이다.

| 오답해설 | ① 주로 사망, 질병, 재해 등 각종 위험보장에 중점을 둔 보험으로, 만기 시 환급되는 금액이 없거나 기납입 보험료보다 적거나 같다.
② 특약으로 가입한 보장성 보험도 세액공제 대상 보험계약에 포함된다.
③ 보험료는 수지상등의 원칙에 의거하여 예정사망률(예정위험률), 예정이율, 예정사업비율의 3대 예정률을 기초로 계산한다.

| 12 | 우체국보험 상품 > 보장성 보험 | 답 ③ |

| 정답해설 | ③ 제시된 내용은 무배당 우체국건강클리닉보험(갱신형) 2109에 해당한다.

| 13 | 우체국보험 상품 > 보장성 보험 | 답 ③ |

| 정답해설 | ③ 무배당 우체국온라인암보험 2109는 보험료 인상 없이 처음과 동일한 보험료로 보험기간 동안 보장받을 수 있다.

| 14 | 우체국보험 상품 > 보장성 보험 | 답 ④ |

| 정답해설 | ④ 무배당 우리가족암보험, 무배당 우체국치아보험, 무배당 우체국간병비보험은 보장성 보험 상품에 해당한다.

| 함께 보는 이론 | 우체국보험의 종류

※ 밑줄 친 상품은 현재 판매 중지 진행 중에 있어 출제 범위에서 제외됩니다.

보장성 보험 (42종)	• 무배당 우체국든든한종신보험 2109 • 무배당 우체국New100세건강보험 2203 • 무배당 우체국와이드건강보험 2112 • 무배당 우리가족암보험 2109 • 무배당 어깨동무보험 2109 • 무배당 우체국예금제휴보험 2109 • 무배당 우체국단체보장보험 2301 • 무배당 우체국안전벨트보험 2109 • 무배당 우체국급여실손의료비보험(갱신형) 2109 • 무배당 우체국급여실손의료비보험(계약전환·단체개인전환·개인중지재개용)(갱신형) 2109 • 무배당 우체국건강클리닉보험(갱신형) 2109 • 무배당 우체국하나로OK보험 2109 • 무배당 우체국실속정기보험 2109 • 무배당 우체국더든든한자녀지킴이보험 2203 • 무배당 에버리치상해보험 2109 • 무배당 우체국노후실손의료비보험(갱신형) 2109 • 무배당 우체국간편실손의료비보험(갱신형) 2109 • 무배당 만원의행복보험 2109 • 무배당 우체국간편가입건강보험(갱신형) 2109 • 무배당 우체국더간편건강보험(갱신형) 2109 • 무배당 우체국치아보험(갱신형) 2109 • 무배당 내가만든희망보험 2109 • 무배당 우체국당뇨안심보험 2109 • 무배당 우체국나르미안전보험 2109 • 무배당 win-win단체플랜보험 2109 • <u>무배당 우체국온라인착한안전보험 2109(판매 중지 진행 중)</u> • 무배당 우체국온라인암보험 2109 • 무배당 우체국온라인정기보험 2109 • <u>무배당 우체국온라인와이드암보험 2112(판매 중지 진행 중)</u> • <u>무배당 우체국온라인요양보험 2112(판매 중지 진행 중)</u> • 무배당 우체국통합건강보험 2109 • 무배당 우체국치매간병보험 2109 • 무배당 우체국간병비보험 2309 • <u>무배당 우체국온라인당뇨보험 2109(판매 중지 진행 중)</u> • 무배당 우체국온라인어린이보험 2109 • 무배당 우체국온라인3대질병보험 2109 • <u>무배당 온라인내가만든희망보험 2109(판매 중지 진행 중)</u> • <u>무배당 우체국온라인미니암보험 2112(판매 중지 진행 중)</u> • 무배당 우체국온라인입원수술보험 2112 • 무배당 우체국온라인종합건강보험(갱신형) 2201 • <u>무배당 우체국온라인종신보험 2201(판매 중지 진행 중)</u> • 무배당 우체국온라인치매간병보험 2201
저축성 보험 (5종)	• 무배당 청소년꿈보험 2109 • 무배당 그린보너스저축보험플러스 2203 • 무배당 파워적립보험 2109 • 무배당 우체국온라인저축보험 2109 • 무배당 알찬전환특약 2109
연금보험 (6종)	• 무배당 우체국연금저축보험 2109 • 우체국연금저축보험 2109 • 무배당 우체국연금저축보험(이전형) 2109 • 무배당 우체국온라인연금저축보험 2109 • 무배당 우체국개인연금보험(이전형) 2109 • 어깨동무연금보험 2109

| 15 | 우체국보험 상품 > 보장성 보험 | 답 ① |

| 오답해설 | ② 1종(생활보장형)은 50세 이상의 자가 가입할 경우 80세 만기 5년납에 한한다.
③ 2종(암보장형)의 피보험자 가입 나이는 0~70세이다.
④ 3종(상해보장형)은 가입 후 매 2년마다 건강진단자금을 지급하므로, 각종 질환의 조기진단 및 사전예방자금으로 활용 가능하다.

| 16 | 우체국보험 상품 > 보장성 보험 | 답 ④ |

| 정답해설 | ④ 무배당 우체국간병비보험 2309는 장기요양 1~2등급으로 진단 확정되고, 매년 생존 시 최대 10년 동안 간병자금을 매월 지급(장기요양간병비특약Ⅱ 가입 시, 최대 120개월 한도)한다.

17 우체국보험 상품 > 보장성 보험, 저축성 보험   답 ④

| 오답해설 | ① 저축성 보험의 경우 2017년 4월 1일 이후 계약은 최초로 보험료를 납입한 날부터 만기일 또는 중도해지일까지의 기간이 10년 이상으로서, 계약자 1명당 납입할 보험료 합계액이 1억원 이하인 저축성 보험은 보험차익 비과세 요건에 해당한다(월적립식 또는 종신형 연금으로 분류되지 않은 경우).
② 연금저축보험을 중도에 해지하는 경우에는 분리과세를 적용한다. 이러한 경우에는 일반연금 외 수령으로 기타소득세(지방소득세 포함 16.5%)가 부과되나, 만약 부득이한 사유로 인한 연금 외 수령이 인정되는 경우에는 연금소득세(지방소득세 포함 3.3~5.5%)를 부과한다.
③ 장애인전용보험은 근로소득자가 기본공제대상자 중 장애인을 피보험자 또는 보험수익자로 하는 보험을 가입한 경우, 근로소득자가 실제로 납입한 보험료(연간 100만원 한도)의 15%에 해당하는 금액을 해당 과세기간의 종합소득산출세액에서 공제받을 수 있다.

18 우체국보험 상품 > 보장성 보험   답 ③

| 정답해설 | ③ 장애인전용 무배당 어깨동무보험 2109(2종)에서 암 보장 개시일은 계약일(부활일)로부터 그날을 포함하여 90일이 지난 날의 다음 날로 하며, 피보험자 나이가 15세 미만인 경우의 암 보장 개시일은 계약일(부활일)로 한다.

19 우체국보험 상품 > 보장성 보험   답 ①

| 정답해설 | ① 입원·통원 합산 5천만원, 통원(외래 및 처방 합산) 회당 20만원까지 보장된다.

20 우체국보험 상품 > 제도성 특약   답 ②

| 정답해설 | ② 옳은 것은 ㄱ, ㄷ이다.

| 오답해설 | ㄴ. 지정대리청구서비스특약 2109에서 지정대리청구인은 피보험자의 가족관계등록부상의 배우자 또는 3촌 이내의 친족이다.
ㄹ. 이륜자동차 운전 및 탑승 중 재해부담보특약 2109의 가입대상은 이륜자동차 운전자(소유 및 관리하는 경우 포함)이다.

21 우체국보험 상품 > 저축성 보험   답 ①

| 오답해설 | ② 무배당 알찬전환특약 2109에 가입이 가능한 계약은 에버리치복지보험(일반형), 무배당 에버리치복지보험(일반형), 복지보험, 파워적립보험, 무배당 파워적립보험, 무배당 빅보너스저축보험, 무배당 그린보너스저축보험(일반형), 무배당 그린보너스저축보험플러스(일반형) 및 무배당 우체국저축보험(확정금리형) 중 유효계약으로 무배당 알찬전환특약 2109를 신청한 계약이다. 전환 전 계약의 만기일 1개월 전부터 만기일 전일까지 가입 신청이 가능하다. 무배당 에버리치상해보험 2109는 가입 가능 계약이 아니다.
③ 무배당 파워적립보험 2109는 기본보험료 30만원 초과금액에 대해 수수료를 인하함으로써 수익률을 증대한 상품이다.
④ 무배당 우체국온라인저축보험 2109는 계약일 이후 1개월이 지난 후부터 보험기간 중에 보험년도 기준 연 12회에 한하여 적립금액의 일부를 인출할 수 있다.

22 우체국보험 상품 > 보장성 보험   답 ③

| 정답해설 | ③ 무배당 우체국치매간병보험 2109의 '해약환급금 50% 지급형'의 계약이 보험료 납입기간 중 해지될 경우의 해약환급금은 '표준형' 해약환급금의 50%에 해당하는 금액으로 한다. 다만, 보험료 납입기간이 완료된 이후 계약이 해지되는 경우에는 '표준형'의 해약환급금과 동일한 금액을 지급받는다.

23 우체국보험 상품 > 보장성 보험   답 ④

| 정답해설 | ④ 만 15세부터 70세까지 폭넓게 가입 가능한 간병비보험[1종(일반가입 기준)]이다. 30세부터 70세까지 병이 있어도 3가지(건강 관련) 간편고지로 간편하게[2종(간편가입 기준)] 가입할 수 있다.

24 우체국보험 상품 > 보장성 보험   답 ①

| 오답해설 | ② 무배당 우체국더간편건강보험(갱신형) 2109는 1가지(건강 관련) 간편고지로 간편하게 가입할 수 있고, 암보장형, 2대질병보장형으로 구성하여 꼭 필요한 보장만 가입 가능하다. 또한 15년 만기 생존 시마다 건강관리자금을 지급(주계약)한다.
③ 무배당 우체국당뇨안심보험 2109는 당뇨 중증도(당화혈색소 6.5%/7.5%/9.0%)에 따라 체계적인 보장금액을 설정할 수 있다. 당뇨보장개시일은 계약일(부활일)부터 그날을 포함하여 1년이 지난 날의 다음 날로 한다.
④ 무배당 우체국온라인3대질병보험 2109는 50% 이상 장해상태가 되었거나, 암, 뇌출혈 또는 급성심근경색증으로 진단 시 보험료 납입을 면제한다. 또한 비갱신형 상품으로 보험료 인상 없이 처음과 동일한 보험료로 만기까지 보장된다.

25 우체국보험 상품 > 보험료 납입   답 ③

| 정답해설 | ③ 무배당 우체국온라인정기보험 2109는 생존기간 6개월 이내 판단 시 사망보험금의 60%를 선지급한다.

| 함께 보는 이론 | 우체국 온라인보험 상품

- **무배당 우체국온라인3대질병보험 2109**
  - 경증질환(소액암·뇌혈관질환 및 허혈성심장질환)부터 중증질환(암·뇌출혈·급성심근경색증)까지 체계적으로 보장
  - 50% 이상 장해상태가 되었거나, 암, 뇌출혈 또는 급성심근경색증으로 진단 시 보험료 납입을 면제
  - 비갱신형 상품으로 보험료 인상 없이 처음과 동일한 보험료로 만기까지 보장
  - 근로소득자는 납입한 보험료(연간 100만원 한도)에 대하여 12% 세액공제
- **무배당 우체국온라인암보험 2109**
  - 보험료가 저렴하고, 일반암 진단 시 최대 3,000만원까지 지급(3구좌 가입 시)
  - 고액암(백혈병, 뇌종양, 골종양, 췌장암, 식도암 등) 진단 시 최대 6,000만원까지 지급(3구좌 가입 시)
  - 암 진단 시 보험료 납입 면제
  - 보험료의 인상 없이 처음과 동일한 보험료로 보험기간 동안 보장
  - 근로소득자는 납입한 보험료(연간 100만원 한도)에 대하여 12% 세액공제
- **무배당 우체국온라인정기보험 2109**
  - 보험료 납입면제 및 고액계약 할인으로 보험료 부담 완화
  - 생존기간이 6개월 이내라고 판단되는 경우 사망보험금의 60%를 선지급
  - 비갱신형 상품으로 보험료의 변동 없이 처음과 동일한 보험료로 보험기간 동안 보장
  - 근로소득자는 납입한 보험료(연간 100만원 한도)에 대하여 12% 세액공제
- **무배당 우체국온라인입원수술보험 2112**
  - 건강보험의 핵심보장인 입원 및 수술을 보장하는 온라인전용 보험 상품
  - 질병 또는 재해로 50% 이상 장해상태가 되었을 때 차회 이후의 보험료 납입을 면제
  - 비갱신형 상품으로 보험료 인상 없이 처음과 동일한 보험료로 만기까지 보장
  - 근로소득자는 납입한 보험료(연간 100만원 한도)에 대하여 12% 세액공제

---

26 우체국보험 상품 > 상속세 답 ④

| 정답해설 | ④ 「민법」상 사망보험금의 상속순위는 1순위는 직계비속과 배우자, 2순위는 직계존속과 배우자, 3순위는 형제자매, 4순위는 4촌 이내의 방계혈족이다.

---

27 우체국보험 상품 > 연금보험 답 ①

| 정답해설 | ① 관련 세법에서 정하는 요건에 부합하는 경우 <u>이자소득 비과세 및 금융소득종합과세가 제외</u>된다.

---

28 우체국보험 상품 > 보장성 보험 답 ③

| 정답해설 | ③ 보험계약자는 개별 보험계약자와 과학기술정보통신부장관을 공동 보험계약자로 하며, <u>개별 보험계약자를 대표자</u>로 한다.

| 오답해설 | ① 성별·나이에 상관없이 보험료가 1만원(1년 만기 기준)이며, 1회 납입 1만원(1년 만기 기준) 초과 보험료는 체신관서가 공익자금으로 지원한다.

---

29 우체국보험 상품 > 보장성 보험 답 ①

| 정답해설 | ① 업무상 이륜차운전자를 제외한 플랫폼 경제 운송업종사자가 피보험자 자격요건이다[1종(일반형) 기준].

※ 플랫폼 경제 운송업종사자: 디지털 플랫폼의 중개를 통해 일자리를 구하여 단속적(1회성, 비상시적, 비정기적) 일거리 건당 일정한 보수를 수취하거나, 고용계약을 체결하지 않고 특수고용직 형태로 노동을 수행하는 운송업종사자

| 함께 보는 이론 | 무배당 우체국나르미안전보험 2109

- 운송업종사자전용 공익형 교통상해보험
- 나이에 상관없이 성별에 따라 1회 보험료 납입으로 보장 가능(1년 만기)
- 보험료의 50%를 체신관서가 공익재원으로 지원
- 교통재해로 인한 사망, 장해 및 교통사고에 대한 의료비(중환자실 입원 등) 보장

---

30 우체국보험 상품 > 보장성 보험 답 ①

| 정답해설 | ① 옳은 것은 ㄱ, ㄴ이다.

| 오답해설 | ㄷ. 무배당 우체국와이드건강보험 2112은 재진단암 진단보험금 특약 가입 시 재진단암 보장개시일은 '첫 번째 재진단암 보장개시일'과 '두 번째 이후 재진단암 보장개시일'을 합한 것을 말하며, 첫 번째 재진단암 보장개시일은 '첫 번째 암(갑상선암, 기타피부암 및 대장점막내암 제외)' 진단 확정일부터 그날을 포함하여 <u>2년(갱신 계약을 포함)</u>이 지난 날의 다음 날이다. 두 번째 이후 재진단암 보장개시일은 직전 '재진단암(갑상선암, 기타피부암 및 대장점막내암 제외)' 진단 확정일부터 그날을 포함하여 <u>2년(갱신 계약을 포함)</u>이 지난 날의 다음 날이다.

ㄹ. 무배당 우체국통합건강보험 2109의 특정파킨슨병보장개시일은 계약일(부활일)부터 그날을 포함하여 <u>1년</u>이 지난 날의 다음 날이다.

---

31 우체국보험 상품 > 보장성 보험 답 ④

| 정답해설 | ④ 옳지 않은 것은 ㄱ, ㄴ, ㄷ, ㄹ 4개이다.

ㄱ. 무배당 우체국치매간병보험 2109의 치매보장개시일은 주계약일(부활일)부터 그날을 포함하여 <u>1년</u>이 지난 날의 다음 날이다. 다만, 질병으로 인한 '경도치매상태', '중등도치매상태' 및 '중증치매상태'가 없는 상태에서 재해로 인한 뇌의 손상을 직접적인 원인으로 '경도치매상태', '중등도치매상태' 및 '중증치매상태'가 발생한 경우 치매보장개시일은 계약일(부활일)이다.

ㄴ. 무배당 우체국치아보험(갱신형) 2109의 치과치료보장개시일 및 촬영보장개시일은 계약일(부활일)부터 그날을 포함하여 <u>90일</u>이 지난 날의 다음 날이다. 단, 재해를 직접적인 원인으로 치과치료, 구내 방사선 촬영 또는 파노라마 촬영을 받은 경우 치과치료보장개시일 및 촬영보장개시일은 계약일(부활일)이다.

ㄷ. 무배당 우체국당뇨안심보험 2109의 당뇨보장개시일은 계약일(부활일)부터 그날을 포함하여 <u>1년</u>이 지난 날의 다음 날이다.
ㄹ. 무배당 우체국간병비보험 2309의 장기요양상태 보장개시일은 계약일(부활일)부터 그날을 포함하여 <u>180일</u>이 지난 날의 다음 날이다. 단, 재해를 직접적인 원인으로 장기요양상태가 발생한 경우 장기요양상태 보장개시일은 계약일(부활일)이다.

| 32 | 우체국보험 상품 > 보장성 보험 | 답 ③ |

| 정답해설 | ③ 충전[치아치료 1개당 최대 <u>15만원</u>(인레이·온레이 충전치료 시)] 및 크라운(치아치료 1개당 최대 <u>30만원</u>) 치료보험금을 지급한다.

┌ 함께 보는 이론 | 무배당 우체국치아보험(갱신형) 2109 ─
• 보철치료(임플란트, 브릿지, 틀니), 크라운치료, 충전치료, 치수치료, 영구치 발거, 치석제거(스케일링), 구내 방사선·파노라마 촬영, 잇몸질환치료 및 재해로 인한 치과치료 등을 보장하는 치과치료 전문 종합보험
• 특약 가입 시 임플란트(영구치 발거) 1개당 최대 150만원, 브릿지(영구치 발거 1개당 최대 75만원), 틀니(보철물 1개당 최대 150만원) 치료보험금 지급
• 충전[치아치료 1개당 최대 15만원(인레이·온레이 충전치료 시)] 및 크라운(치아치료 1개당 최대 30만원) 치료보험금 지급
• 근로소득자는 납입한 보험료(연간 100만원 한도)에 대하여 12% 세액공제 혜택
• 피보험자가 가입 당시 61세 이상일 경우 보험가입금액 500만원 고정

| 33 | 우체국보험 상품 > 보장성 보험 | 답 ④ |

| 정답해설 | ④ 암진단생활비특약 가입 후 암 진단 시 소득상실을 보전하기 위해 암진단생활자금이 매월 최고 <u>50만원</u>씩 5년간 지급(1구좌 기준)된다.

┌ 함께 보는 이론 | 무배당 우리가족암보험 2109 ─
• 보험료가 저렴하며 암 진단 시 3,000만원까지 지급
• 고액암(백혈병, 뇌종양, 골종양, 췌장암, 식도암 등) 진단 시 6,000만원까지 지급
• 한 번 가입으로 평생 보장 가능(종신갱신형 혹은 100세 만기 중 선택)
• 고객의 필요에 따라 일반형 주계약 및 특약을 갱신(1종)·비갱신(2종) 선택형으로 가입 가능
• 실버형(3종)은 고연령이나 만성질환(고혈압 및 당뇨병질환자)이 있어도 가입 가능
• (소액암진단특약) 일반형 가입 시 소액암진단보험금을 100만원부터 최대 1,000만원까지, 고객이 필요에 따라 진단보험금 선택
• (이차암보장특약 가입) 두 번째 암 진단 시 보장
• (이차암보장특약 가입) 암 진단 시 종신까지 보험료 납입면제
• (암진단생활비특약 가입) 암 진단 시 소득상실을 보전하기 위해 암진단생활자금을 매월 최고 50만원씩 5년간 지급(1구좌 기준)
• 근로소득자는 납입한 보험료(연간 100만원 한도)에 대하여 12% 세액공제

| 34 | 우체국보험 상품 > 보장성 보험 | 답 ③ |

| 정답해설 | ③ 무배당 간편사망보장특약(갱신형) 2109의 경우, 갱신시점의 피보험자 나이가 85세 이상인 경우에는 이 <u>특약의 갱신</u>이 불가하다.

┌ 함께 보는 이론 | 무배당 우체국간편가입건강보험(갱신형) 2109 ─
• 병이 있거나 고령이어도 3가지(건강 관련) 간편고지로 간편하게 가입 가능
• 입원비·수술비 중심의 실질적 치료비 지급, 다양한 특약 부가 가능
• 종신토록 의료비 보장 가능(종신갱신형). 다만, 사망보장은 최대 85세까지 보장
• 15년 만기 생존 시마다 건강관리자금 지급(주계약)

| 35 | 우체국보험 상품 > 보장성 보험 | 답 ③ |

| 정답해설 | ③ 옳은 것은 ㄱ, ㄷ, ㄹ이다.

| 오답해설 | ㄴ. 무배당 우체국더간편건강보험(갱신형) 2109는 피보험자가 가입 당시 66세 이상인 경우 주계약 보험가입금액이 <u>500만원</u>이다.

| 36 | 우체국보험 상품 > 보장성 보험 | 답 ④ |

| 정답해설 | ④ 옳은 것은 ㄷ, ㄹ이다.

| 오답해설 | ㄱ. 무배당 우체국온라인치매간병보험 2201은 '중증치매상태'로 최종 진단이 확정되고, 매년 생존 시 최대 <u>15년</u> 동안 중증치매진단간병자금을 매월 지급한다. 비갱신형 상품으로 보험료 인상 없이 처음과 동일한 보험료로 만기까지 보장된다.
ㄴ. 무배당 우체국온라인정기보험 2109는 고객의 보험료 부담을 완화하기 위해 보험가입금액 2천만원 이상에서 3천만원 미만(1%), 3천만원 이상에서 4천만원 미만(2%), 4천만원 이상(3%)인 경우 보험료를 할인한다.

| 37 | 우체국보험 상품 > 저축성 보험 | 답 ② |

| 정답해설 | ② 옳지 않은 것은 ㄱ, ㄴ, ㄷ이다.
ㄱ. 최초계약은 0세부터, 갱신계약은 1세부터, 재가입은 5세부터 가입할 수 있고, <u>임신 23주</u> 이내의 태아도 가입 가능하다.
ㄴ. 보장내용 변경주기는 <u>5년</u>이고, 재가입 종료 나이는 종신까지이다.
ㄷ. 보험금 지급 실적이 없는 경우 보험료 할인은 <u>2회차</u> 갱신계약부터 적용하며, 주계약만 가입한 계약은 할인대상에서 제외된다.

| 38 | 우체국보험 상품 > 상속·증여 관련 세제 | 답 ① |

| 정답해설 | ① 보험차익이란 보험계약에 따라 만기에 받는 보험

금·공제금 또는 계약기간 중도에 해당 보험계약이 해지됨에 따라 받는 환급금에서 납입보험료를 뺀 금액을 의미한다. 보험차익은 「소득세법」상 이자소득으로 분류되어 이자소득세(지방소득세 포함 15.4%)가 과세된다. 다만, 저축성 보험의 보험차익 비과세 요건을 충족할 경우 이자소득세가 비과세된다.

39 우체국보험 상품 > 개별 보험 상품   답 ③

| 오답해설 | ① 무배당 우체국든든한종신보험 2109에 주계약 보험가입금액 2천만원 이상 가입할 경우, 주계약 보험료에 한하여 할인이 적용된다. 특약보험료는 할인에서 제외된다.
② 무배당 내가만든희망보험 2109는 20세부터 60세까지 가입 가능한 건강보험이다.
④ 어깨동무연금보험 2109는 장애인 부모의 부양능력 약화 위험 및 장애아동을 고려하여 20세부터 연금수급이 가능하다.

40 우체국보험 상품 > 보험 관련 세제   답 ②

| 정답해설 | ② 옳은 것은 ㄱ, ㄴ, ㄷ이다.

| 오답해설 | ㄹ. 연금저축보험이 연금수령 요건에 부합하는 경우에는 그 지급금액은 연금소득으로 인정하여 연금소득세를 부과한다[단, 연간 연금액이 연금수령한도를 초과하는 경우, 그 초과금액은 연금 외 소득으로 간주하여 기타소득세(지방소득세 포함 16.5%)를 부과함]. 다만, 연간 연금액이 1,200만원 이하인 경우에는 분리과세할 수 있고, 1,200만원을 초과하면 종합과세를 또는 15% 분리과세를 선택할 수 있다.

41 우체국보험 상품 > 연금보험   답 ④

| 정답해설 | ④ 우체국연금보험은 10년 이상 유지 시 비과세 대상이 된다.

> **함께 보는 이론** | 무배당 우체국연금보험 2109
> - **보장 내용**: 실세금리 등을 반영한 신공시이율Ⅳ로 적립되며, 시중금리가 하락하더라도 최저 1.0%(다만, 가입 후 10년 초과 시 0.5%)의 금리가 보장됨
> - **다양한 목적의 재테크 기회로 활용**
>   - 종신연금형: 평생동안 연금수령을 통한 생활비 확보가 가능하고, 조기 사망 시에도 20년 또는 100세까지 안정적인 연금을 수령할 수 있음
>   - 상속연금형·확정기간연금형: 연금개시 후에도 해지가 가능하므로 다양한 목적자금으로 활용이 가능함
>   - 더블연금형: 연금 개시 후부터 80세 계약해당일 전일까지 암, 뇌출혈, 급성심근경색증, 장기요양상태(2등급 이내) 중 최초 진단 시 연금액이 두 배로 증가됨
> - **45세 이후부터 연금 지급**: 노후를 위한 준비 가능
> - **세제혜택**: 관련 세법에서 정하는 요건에 부합하는 경우 이자소득 비과세 및 금융소득종합과세 제외

42 우체국보험 상품 > 복합형   답 ②

| 정답해설 | ② 옳지 않은 것은 ㄱ, ㅁ이다.
ㄱ. 보험료 고액할인은 주계약 보험료(특약보험료 제외)에 한해 적용한다.
ㅁ. 무배당 어깨동무보험 2109는 근로소득자가 납입한 보험료(연간 100만원 한도)에 대하여 15% 세액공제되고, 증여세가 면제(보험수익자가 장애인인 경우 연간 4,000만원 한도)된다.

43 우체국보험 상품 > 보장성 보험 세액공제   답 ②

| 정답해설 | ② 보장성 보험의 세액공제는 근로소득자(사업소득자, 일용근로자 등은 제외)가 보장성 보험에 가입한 경우, 납입한 보험료(연간 100만원 한도)의 12%에 해당하는 금액을 해당 과세기간의 종합소득산출세액에서 공제해주는 제도이다.

| 오답해설 | ① 보험료는 수지상등의 원칙에 의거하여 예정사망률(예정위험률), 예정이율, 예정사업비율의 3대 예정률을 기초로 계산한다.
③ 보장성 보험은 주로 사망, 질병, 재해 등 각종 위험보장에 중점을 둔 보험으로, 만기 시 환급되는 금액이 없거나 기납입 보험료보다 적거나 같다.

44 우체국보험 상품 > 보장개시일   답 ②

| 정답해설 | ② 옳은 것은 ㄴ, ㄷ 2개이다.

| 오답해설 | ㄱ. 암보장개시일은 계약일(부활일)부터 그날을 포함하여 90일이 지난 날의 다음 날로 한다. 다만, 피보험자 나이가 15세 미만인 경우 암보장개시일은 계약일(부활일)로 한다.
ㄹ. 이차암보장개시일은 첫 번째 암 진단 확정일부터 그날을 포함하여 1년이 지난 날로 한다.

45 우체국보험 상품 > 보장성 보험   답 ③

| 정답해설 | ③ 무배당 우체국온라인저축보험 2109는 가입 1개월 유지 후 언제든지 해약해도 납입보험료의 100% 이상을 보장하는 신개념 저축보험이다.

46 우체국보험 상품 > 보험 관련 세제   답 ③

| 정답해설 | ③ 비과세종합저축(보험)은 해당 저축에서 발생하는 이자소득 또는 배당소득에 대해서는 소득세를 부과하지 아니한다. 또한 만기뿐만 아니라 중도 해지 시에도 비과세가 적용된다.

47 우체국보험 상품 > 보험 관련 세제 답 ②

| 정답해설 | ② 옳은 것은 ㄱ, ㄴ 2개이다.

| 오답해설 | ㄷ. 금융재산상속공제는 순금융재산이 2천만원 초과 시 순금융재산가액의 20% 또는 2천만원 중 큰 금액으로 2억원 한도에서 공제해 주는 제도이다.
ㄹ. 연금소득은 연간 연금액이 1,200만원 이하인 경우에는 분리과세할 수 있고, 1,200만원을 초과하면 종합과세 또는 15% 분리과세를 선택할 수 있다.

| 함께 보는 이론 | 연금소득세의 부과

구분	연금수령 요건
1	가입자가 만 55세 이후 연금수령 개시를 신청한 후 인출할 것
2	연금계좌 가입일부터 5년이 경과된 후에 인출할 것
3	과세기간 개시일 현재 연금수령 한도 이내에서 인출할 것 • 연금수령 개시를 신청한 날이 속하는 과세기간에는 연금수령 개시를 신청한 날로 함 • 연금수령 한도 = $\frac{\text{연금계좌의 평가액}}{(11 - \text{연금수령연차})} \times \frac{120}{100}$ • 연금수령연차: 최초로 연금수령할 수 있는 날이 속하는 과세기간을 기산연차로 하여 그 다음 과세기간을 누적 합산한 연차를 말하며, 연금수령연차가 11년 이상이면 위 계산식 미적용

48 우체국보험 상품 > 계약보험금 한도액 답 ④

| 정답해설 | ④ 세액공제혜택이 없는 연금보험의 최초 연금액은 피보험자 1인당 1년에 900만원 이하이다(제36조).

┌ | 함께 보는 법령 | 「우체국예금·보험에 관한 법률 시행규칙」

제36조(계약보험금 및 보험료의 한도) ① 법 제28조에 따른 계약보험금 한도액은 보험종류별(제35조 제1항 제3호의 연금보험은 제외한다)로 피보험자 1인당 4천만원(제35조 제1항 제1호의 보장성 보험 중 우체국보험사업을 관장하는 기관의 장이 「국가공무원법」 제52조에 따라 그 소속 공무원의 후생·복지를 위하여 실시하는 단체보험상품의 경우에는 2억원으로 한다)으로 하되, 보험종류별 계약보험금 한도액은 우정사업본부장이 정한다.
② 제35조 제1항 제3호의 연금보험(「소득세법 시행령」 제40조의2 제2항 제1호에 따른 연금저축계좌에 해당하는 보험은 제외한다)의 최초 연금액은 피보험자 1인당 1년에 900만원 이하로 한다.
③ 제35조 제1항 제3호의 연금보험 중 「소득세법 시행령」 제40조의2 제2항 제1호에 따른 연금저축계좌에 해당하는 보험의 보험료 납입금액은 피보험자 1인당 연간 900만원 이하로 한다.

| 오답해설 | ① 제60조의 2(재보험의 가입 한도)
② 제35조(보험의 종류)
③ 제36조(계약보험금 및 보험료의 한도)

49 우체국보험 상품 > 연금저축보험 수령 시 세제 답 ②

| 정답해설 | ② 산출세액(지방소득세 포함) 계산은 다음과 같다.
• 연금수령 한도 이내의 연금소득금액은 연금소득세 적용
  1,000,000원 × 4.4%(종신연금형) = 44,000원
• 연금수령 한도 초과 연금액은 기타소득세 적용
  2,000,000원 × 16.5%(기타소득세) = 330,000원
• 합산 시: 44,000원 + 330,000원 = 374,000원

정답과 해설 제1회 실전동형 모의고사

문제편 P.76

01	②	02	④	03	④	04	④	05	①
06	③	07	①	08	①	09	③	10	③
11	④	12	②	13	④	14	③	15	③
16	②	17	②	18	③	19	③	20	①

01 보험개론 > 보험일반 이론 > 보험과 위험   답 ②

| 정답해설 | ② 순수위험은 손실이 발생하거나 발생하지 않는 불확실성이며, 사건 발생이 곧 손실의 발생이므로 이익이 발생하지 않는다.

| 오답해설 | ④ 위험의 발생상황에 따라 정태적 위험(개인적 위험)과 동태적 위험(사회적 위험)으로도 구분이 가능하다.

02 보험개론 > 생명보험 이론 > 생명보험계약   답 ④

| 정답해설 | ④ 보험수익자와 보험계약자가 동일한 경우 '자기를 위한 보험', 양자가 각각 다른 사람일 경우 '타인을 위한 보험'이라 한다.

03 보험개론 > 생명보험 이론 > 보험료 계산   답 ④

| 정답해설 | ④ 3이원방식은 상품개발 시 별도의 수익성 분석이 필요하고, 상품개발 후 리스크 관리가 어렵다.

04 보험개론 > 보험윤리와 소비자보호 > 보험범죄   답 ④

| 정답해설 | ④ 내적 도덕적 해이는 피보험자가 직접적으로 보험제도를 악용·남용하는 행위에 의해 야기된다.

05 보험개론 > 생명보험과 제3보험 > 제3보험   답 ①

| 정답해설 | ① 「보험업법」에서는 제3보험을 위험보장을 목적으로 사람의 질병·상해 또는 이에 따른 간병에 관하여 금전 및 그 밖의 급여를 지급할 것을 약속하고 대가를 수수하는 계약으로서 대통령령으로 정하는 계약으로 정의하고 있다. 「상법」에는 생명보험, 상해보험, 질병보험, 화재보험, 운송보험, 해상보험, 책임보험, 자동차보험 등에 대한 정의는 있지만 제3보험에 대해 정의하고 있지는 않다.

06 보험개론 > 생명보험과 제3보험 > 제3보험   답 ③

| 정답해설 | ③ 상해보험의 보험가입자는 피보험자의 직업이 위험한 직업으로 변경된 경우 보험회사에 알려야 한다.

07 보험개론 > 보험계약법(인보험편) > 보험계약의 효과   답 ①

| 정답해설 | ① 보험계약의 체결 후 보험계약자가 보험료의 전부 또는 제1회 보험료를 납입하여야 함에도 불구하고, 납입하지 아니하는 경우에 다른 약정이 없는 한 계약 성립 후 2월이 경과하면 그 계약은 해제된 것으로 본다.

08 보험개론 > 보험계약법(인보험편) > 보험계약   답 ①

| 정답해설 | ① 보험료의 납입연체로 인해 계약이 해지되었으나 해지환급금이 지급되지 아니한 경우, 계약자는 연체보험료에 약정이자를 붙여 보험자에게 지급하고 그 계약의 부활(효력회복)을 청구할 수 있다.

09 보험개론 > 리스크관리 및 자금운용 > 리스크와 위험   답 ③

| 오답해설 | ㄹ. 유동성리스크와 보험리스크는 재무리스크이다.

10 우체국보험 제도 > 우체국보험 모집 및 언더라이팅 > 우체국보험 모집   답 ③

| 오답해설 | ㄱ. 보험계약의 체결 시부터 보험금 지급 시까지의 주요 과정을 보험계약자에게 설명하여야 한다. 다만, 보험계약자가 설명을 거부하는 경우에는 그러하지 아니하다.
ㄹ. 보험계약의 체결에 종사하는 자 또는 보험모집자는 그 체결 또는 모집과 관련하여 보험계약자 또는 피보험자에 대하여 3만원을 초과하는 금품을 제공하여서는 아니 된다.

11 우체국보험 제도 > 우체국보험 및 언더라이팅 > 보험계약의 성립과 효력   답 ④

| 정답해설 | ④ 승낙을 통해 계약이 성립되면, 보장개시일을 계약일로 본다.

| 12 | 우체국보험 제도 > 우체국보험 계약유지 및 보험금 지급 > 우체국보험의 계약 유지 | 답 ② |

| 정답해설 | ② 보험계약자가 고의로 보험금 지급사유를 발생시킨 경우, 체신관서는 그 사실을 안 날부터 1개월 이내에 계약을 해지할 수 있으며 해약환급금을 보험계약자에게 지급한다.

| 13 | 우체국보험 상품 > 우체국보험 상품 > 우체국보험 상품의 종류 | 답 ③ |

| 오답해설 | ① 저축성 보험: 무배당 파워적립보험 2109
② 보장성 보험: 무배당 어깨동무보험 2109
④ 보장성 보험: 무배당 우체국하나로OK보험 2109

| 14 | 우체국보험 상품 > 우체국보험 상품 > 우체국보험 상품의 구별 | 답 ③ |

| 정답해설 | ③ 무배당 우체국간편가입건강보험(갱신형) 2109에 대한 설명이다.

┌─ **함께 보는 이론 |** 무배당 우체국간편가입건강보험(갱신형) 2109 ─
- 병이 있거나 고령이어도 3가지(건강 관련) 간편고지로 간편하게 가입 가능
- 입원비·수술비 중심의 실질적인 치료비를 지급하며 다양한 특약 부가 가능
- 종신갱신형으로 종신토록 의료비 보장 가능(다만, 사망보장은 최대 85세까지 보장)
- 15년 만기 생존 시마다 건강관리자금 지급(주계약)

| 15 | 우체국보험 상품 > 우체국보험 상품 > 우체국보험 상품의 특징 | 답 ③ |

| 정답해설 | ③ 무배당 우체국노후실손의료비보험(갱신형) 2109는 최대 75세까지 가입이 가능한 실버 전용보험이다.

| 16 | 우체국보험 상품 > 우체국보험 상품 > 우체국보험 상품의 특징 | 답 ② |

| 정답해설 | ② 무배당 파워적립보험 2109에 대한 설명이다.

| 17 | 우체국보험 상품 > 우체국보험 상품 > 우체국보험 상품의 특징 | 답 ② |

| 정답해설 | ② 우체국연금저축보험 2109의 연금개시나이는 만 55~80세이다.

| 18 | 우체국보험 상품 > 우체국보험 상품 > 우체국보험 상품의 특징 | 답 ③ |

| 정답해설 | ③ 피보험자 10명이 단체로 무배당 win-win단체플랜보험 2109에 가입 시 1.0% 할인된다.

| 19 | 우체국보험 상품 > 우체국보험 상품 > 우체국보험 상품의 특징 | 답 ③ |

| 정답해설 | ③ 실손보험 및 교육보험의 대출금액은 해약환급금의 최대 80% 이내이다.

| 오답해설 | ④ 무배당 우체국와이드건강보험 2112는 보장성 보험이며 실손보험이나 교육보험에 해당하지 않는다. 보장성 보험의 대출금액은 해약환급금의 최대 85% 이내이다(실손보험 및 교육보험은 최대 80% 이내).

| 20 | 우체국보험 상품 > 우체국보험 상품 > 우체국보험 상품의 특징 | 답 ① |

| 정답해설 | ① 과세기간 중 보장성 보험을 해지할 경우 해지 시점까지 납입한 보험료에 대해 세액공제가 가능하며 이미 세액공제받은 보험료에 대한 추징 또한 없다.

정답과 해설 제2회 실전동형 모의고사

문제편 P.81

01	④	02	④	03	④	04	②	05	③
06	③	07	③	08	③	09	③	10	①
11	④	12	④	13	④	14	②	15	①
16	③	17	①	18	②	19	③	20	③

01 보험개론 > 보험일반 이론 > 불확실성(위험)의 조건 　답 ④

| 정답해설 | ④ 경제적으로 부담 가능한 보험료 수준: 위험에 따른 보험료가 매우 높게 산정되어 가입자가 경제적으로 부담이 불가능한 경우 시장성이 없어 계약이 거래되지 않는다.

02 보험개론 > 생명보험 이론 > 생명보험계약 　답 ④

| 정답해설 | ④ 보험설계사는 보험회사, 대리점, 중개사에 소속되어 보험계약 체결을 중개하는 자이다.

┌ 함께 보는 이론 ┃ 보험설계사, 보험대리점, 보험중개사의 비교 ─┐

구분	내용
보험설계사	보험회사, 대리점, 중개사에 소속되어 보험계약 체결을 중개하는 자
보험대리점	보험자를 위해 보험계약 체결을 대리하는 자로, 계약체결권, 고지 수령권, 보험료 수령권의 권한을 가지고 있음
보험중개사	독립적으로 보험계약 체결을 중개하는 자로, 보험대리점과 달리 계약체결권, 고지수령권, 보험료 수령권에 대한 권한이 없음

03 보험개론 > 생명보험 이론 > 보험료 구성 　답 ④

| 정답해설 | ④ 계약관리비용 중 기타비용은 보험료 수금에 필요한 경비로 사용되는 보험료이다. 인건비, 관리비 등 계약이 소멸하기까지 계약을 유지해가는 데 사용되는 보험료는 계약관리비용 중 유지관련비용이다.

04 보험개론 > 보험윤리와 소비자 보호 > 보험소비자에 대한 정보 제공 　답 ②

| 정답해설 | ② 보험회사는 1년 이상 유지된 계약에 대해 보험계약 관리내용을 연 1회 이상 보험소비자에게 제공해야 하며, 변액보험에 대해서는 분기별로 1회 이상 제공해야 한다.

05 보험개론 > 생명보험과 제3보험 > 제3보험 　답 ③

| 정답해설 | ③ 보험사고 발생 불확정성은 손해보험으로서 제3보험의 특성이다.

06 보험개론 > 보험계약법(인보험편) > 보험계약 　답 ③

| 정답해설 | ③ 일반적으로 보험계약은 보험자의 보험금 지급책임이 우연한 사고의 발생으로 생성되는 소위 사행성계약이므로 보험계약자 측의 선의가 반드시 요청된다.

07 보험개론 > 보험계약법(인보험편) > 보험계약 　답 ③

| 정답해설 | ③ 보험계약 당시에 보험계약자 또는 피보험자가 고의 또는 중대한 과실로 인하여 중요한 사항을 고지하지 아니하거나 부실의 고지를 한 때에는 보험자는 그 사실을 안 날로부터 1월 내에, 계약을 체결한 날로 부터 3년 내에 한하여 계약을 해지할 수 있다.

08 보험개론 > 우체국보험 일반현황 > 우체국보험의 역사 　답 ③

| 정답해설 | ③ 1983년부터 본격적인 보험사업을 재개하기 시작하였다.

09 보험개론 > 리스크관리 및 자금운용 > 우체국보험 재무건전성 관리 　답 ③

| 정답해설 | ③ 지급여력비율은 100% 이상을 유지하도록 노력하여야 한다.

10 우체국보험 제도 > 우체국보험 모집 및 언더라이팅 > 우체국보험 모집자 　답 ①

| 정답해설 | ① 우정사업본부 소속 공무원·별정우체국 직원·상시집배원, 우편취급국장 및 우편취급국 직원은 우체국보험의 모집자이다.

| 11 | 우체국보험 제도 > 우체국보험 계약유지 및 보험금 지급 > 우체국보험의 보험료 납입방법 | 답 ④ |

| 정답해설 | ④ 카드납입의 경우 초회보험료(1회), 계속보험료(2회 이후)를 대상으로 하고 있으며, 선납 및 부활보험료는 납입이 불가하다.

| 12 | 우체국보험 제도 > 우체국보험 계약유지 및 보험금 지급 > 우체국보험계약 | 답 ④ |

| 정답해설 | ④ 즉시지급 대상 보험금에는 생존보험금, 해약환급금, 연금, 학자금, 계약자배당금 등이 있다.

| 13 | 우체국보험 상품 > 우체국보험 상품 > 우체국보험 상품의 구별 | 답 ④ |

| 정답해설 | ④ 무배당 우체국온라인정기보험 2109에 대한 설명이다.

| 14 | 우체국보험 상품 > 우체국보험 상품 > 우체국보험 상품의 특징 | 답 ② |

| 정답해설 | ② 무배당 우체국건강클리닉보험(갱신형) 2109의 보험가입금액은 1구좌(0.5구좌 단위)이다.

| 15 | 우체국보험 상품 > 우체국보험 상품 > 우체국보험 상품의 구별 | 답 ① |

| 정답해설 | ① 무배당 우체국노후실손의료비보험(갱신형) 2109에 대한 설명이다.

| 16 | 우체국보험 상품 > 우체국보험 상품 > 우체국보험 상품의 구별 | 답 ③ |

| 정답해설 | ③ 무배당 우체국간병비보험 2309에 대한 설명이다.

| 17 | 우체국보험 상품 > 우체국보험 상품 > 우체국보험 상품의 특징 | 답 ① |

| 정답해설 | ① 무배당 그린보너스저축보험플러스 2203은 5년 만기 유지 시 계약일부터 최초 1년간 1.5% 보너스금리를 추가 제공한다.

| 18 | 우체국보험 상품 > 우체국보험 상품 > 우체국보험 상품의 구별 | 답 ② |

| 정답해설 | ② 우체국연금저축보험 2109에 대한 설명이다.

| 19 | 우체국보험 상품 > 우체국보험 상품 > 우체국보험 상품의 특징 | 답 ③ |

| 정답해설 | ③ 무배당 어깨동무보험 2109는 체신관서가 보험료를 지원하지 않는다.

| 20 | 우체국보험 상품 > 우체국보험 상품 > 우체국보험 상품의 특징 | 답 ③ |

| 정답해설 | ③ 비과세종합저축 가입 대상은 ㄴ, ㄷ, ㄹ 3개이다.
| 오답해설 | ㄱ. 만 65세 이상 거주자가 비과세종합저축 가입 대상이다.

┌─ 함께 보는 이론 | 비과세종합저축 가입 대상 ─┐
- 만 65세 이상 거주자
- 「장애인복지법」 제32조에 따라 등록한 장애인
- 「독립유공자 예우에 관한 법률」 제6조에 따라 등록한 독립유공자와 그 유족 또는 가족
- 「국가유공자 등 예우 및 지원에 관한 법률」 제6조에 따라 등록한 상이자
- 「국민기초생활 보장법」 제2조 제2호에 해당되는 수급자(단, 생계급여 및 의료급여수급자에 한함)
- 「고엽제후유의증 등 환자지원 및 단체설립에 관한 법률」 제2조 제3호에 따른 고엽제후유의증환자
- 「5·18민주유공자 예우 및 단체설립에 관한 법률」 제4조 제2호에 따른 5·18민주화운동부상자

정답과 해설 제3회 실전동형 모의고사

문제편 P.86

01	④	02	③	03	④	04	③	05	②
06	③	07	④	08	④	09	③	10	④
11	①	12	②	13	④	14	②	15	④
16	①	17	④	18	④	19	④	20	①

01 보험개론 > 보험일반 이론 > 보험의 종류   답 ④

| 오답해설 | ① 보험은 「상법」상 손해보험과 인보험으로 분류된다.
② 보증보험은 각종 거래에서 발생하는 신용위험을 감소시키기 위해 보험의 형식으로 하는 보증제도로서 보증보험회사가 일정한 대가(보험료)를 받고 계약상의 채무이행 또는 법령상의 의무이행을 보증하는 특수한 형태의 보험이다.
③ 책임보험은 피보험자가 보험기간 중의 사고로 인하여 제3자에게 배상할 책임을 질 경우에 보험자가 이로 인한 손해를 보상할 것을 목적으로 하는 보험이다.

02 보험개론 > 생명보험 이론 > 생명보험계약   답 ③

| 오답해설 | ① 보험목적물(보험대상)은 보험사고 발생의 객체로 생명보험에서는 피보험자의 생명 또는 신체를 말한다. 보험의 목적물은 보험자(보험회사)가 배상하여야 할 범위와 한계를 정해준다.
② 보험료는 보험계약자가 보험사고에 의한 보장을 받기 위하여 보험자(보험회사)에게 지급하여야 할 금액으로 만약 보험료를 납부하지 않는다면 그 계약은 해제 혹은 해지된다.
④ 보험료 납입을 보험기간(보장기간)의 전 기간에 걸쳐서 납부하는 보험을 전기납(全期納)보험이라 하며, 보험료의 납입기간이 보험기간보다 짧은 기간에 종료되는 보험을 단기납(短期納)보험이라 한다.

03 보험개론 > 생명보험 이론 > 언더라이팅   답 ④

| 정답해설 | ㄷ. 환경적 언더라이팅은 표준직업분류 및 등급표에 따라 위험등급을 비위험직·위험직 1~4등급으로 구분한다.
ㄹ. 언더라이팅의 4단계 계약적부확인은 언더라이팅 부서에 의한 선택 과정에서 보험금액이 과도하게 크거나 피보험자의 잠재적 위험이 높은 것으로 의심되는 경우 또는 계약 성립 이후라도 역선택 가능성이 높다고 의심되거나 사후분쟁의 여지가 있는 계약에 대해 보험회사 직원이나 계약적부확인 전문회사 직원이 피보험자의 체질 및 환경 등 계약선택상 필요한 모든 사항을 직접 면담·확인하는 것을 말한다.

04 보험개론 > 생명보험과 제3보험 > 생명보험상품의 종류   답 ③

| 오답해설 | ① 생명보험상품은 스스로의 필요에 의해 자발적으로 가입하기도 하지만 대부분의 경우 보험판매자의 권유와 설득에 의해 가입하게 되는 비자발적인 상품이다.
② 연금보험은 소득의 일부를 일정 기간 적립했다가 노후에 연금을 수령하여 일정 수준의 소득을 계속 유지함으로써 노후의 생활능력을 보호하기 위한 보험이다.
④ 정기보험(定期保險)은 사망보험 중 보험기간을 미리 정해놓고 피보험자가 그 기간 내에 사망했을 때 보험금이 지급되는 보험이다.

05 보험개론 > 생명보험과 제3보험 > 제3보험   답 ②

| 오답해설 | ㄴ. 상해로 인한 질병의 발생은 상해보험의 대상에 포함된다.
ㄷ. 상해로 인한 사망은 상해보험의 보상에 포함된다(상해사망보험금).

06 보험개론 > 보험계약법(인보험편) > 보험계약   답 ③

| 정답해설 | ③ 보험자가 승낙할 경우 보험자의 책임은 최초 보험료가 지급된 때로 소급하여 개시된다.

07 보험개론 > 보험계약법(인보험편) > 보험계약   답 ④

| 정답해설 | ④ 최초 보험료의 부지급은 당연실효사유이다.

08 보험개론 > 우체국보험 일반현황 > 우체국보험의 특징   답 ④

| 정답해설 | ④ 우체국보험은 공영보험에 비해 가입이 자유롭고 납입료 대비 수혜 비례성이 강하다.

09 우체국보험 제도 > 우체국보험 모집 및 언더라이팅 > 우체국보험 모집 답 ③

| 정답해설 | ③ 보험계약 청약 단계에서는 보험계약청약서 부본과 보험약관을 제공해야 한다.

10 우체국보험 제도 > 우체국보험 모집 및 언더라이팅 > 우체국보험 청약 답 ④

| 정답해설 | ④ 보험나이는 계약일 현재 피보험자의 실제 만 나이를 기준으로 6개월 미만의 끝수는 버리고 6개월 이상의 끝수는 1년으로 하여 계산하며 이후 매년 계약 해당일에 나이가 증가하는 것으로 한다(다만, 계약의 무효사유 중 만 15세 미만자에 해당하는 경우에는 실제 만 나이를 적용).

11 우체국보험 제도 > 우체국보험 계약유지 및 보험금 지급 > 보험료 납입방법 답 ①

| 정답해설 | ① 계속보험료 실시간이체는 고객요청 시 즉시 계약자의 계좌 또는 보험료 자동이체 계좌에서 현금을 인출하여 보험료를 납부하는 제도로 자동이체 약정 여부에 관계없이 처리가 가능하다.

12 우체국보험 상품 > 우체국보험 상품 > 우체국보험 상품 분류 답 ②

| 오답해설 | ① 무배당 알찬전환특약 2109는 저축성 보험이다.
③④ 무배당 파워적립보험 2109는 저축성 보험이다.

13 우체국보험 상품 > 우체국보험 상품 > 우체국보험 상품 특징 답 ④

| 정답해설 | ④ 무배당 우체국온라인정기보험 2109는 생존기간 6개월 이내 판단 시 사망보험금의 60%를 선지급한다.

14 우체국보험 상품 > 우체국보험 상품 > 우체국보험 상품 구별 답 ②

| 정답해설 | ② 무배당 우체국온라인입원수술보험 2112에 대한 설명이다.

15 우체국보험 상품 > 우체국보험 상품 > 우체국보험 상품 특징 답 ④

| 정답해설 | ④ 무배당 우체국나르미안전보험 2109는 나이에 상관없이 성별에 따라 1회 보험료 납입으로 보장 가능(1년 만기)하다.

16 우체국보험 상품 > 우체국보험 상품 > 우체국보험 상품 구별 답 ①

| 정답해설 | ① 무배당 에버리치상해보험 2109에 대한 설명이다.

17 우체국보험 상품 > 우체국보험 상품 > 우체국보험 상품 특징 답 ④

| 정답해설 | ④ 무배당 우체국예금제휴보험 2109의 주계약에서 휴일재해사망보험금은 휴일에 재해로 사망하였거나 장해지급률이 80% 이상인 장해상태가 되었을 때 지급한다.

18 우체국보험 상품 > 우체국보험 상품 > 우체국보험 상품 특징 답 ④

| 정답해설 | ④ 무배당 우체국치매간병보험 2109의 치매보장개시일은 질병으로 인하여 치매상태가 발생한 경우, 계약일(부활일)부터 그날을 포함하여 1년이 지난 날의 다음 날로 한다.

19 보험개론 > 생명보험 이론 > 보험세제 답 ④

| 정답해설 | ④ 자영업을 영위하는 사람(장애인)이 본인 명의로 보장성 보험에 가입한 경우, 자영업자는 근로소득자에 해당하지 않으므로 세액공제 대상에서 제외된다.

20 우체국보험 상품 > 우체국보험 상품 > 보험세제 답 ①

| 정답해설 | ① 금융재산 상속공제액은 2천만원 이하의 경우 순금융재산가액의 전액이다.

에듀윌 계리직공무원 단원별 기출&예상 문제집 보험일반

발 행 일	2024년 3월 15일 초판
편 저 자	박상규 · 우정우
펴 낸 이	양형남
펴 낸 곳	(주)에듀윌
등록번호	제25100-2002-000052호
주 소	08378 서울특별시 구로구 디지털로34길 55 코오롱싸이언스밸리 2차 3층

* 이 책의 무단 인용 · 전재 · 복제를 금합니다.

www.eduwill.net
대표전화 1600-6700

여러분의 작은 소리
에듀윌은 크게 듣겠습니다.

본 교재에 대한 여러분의 목소리를 들려주세요.
공부하시면서 어려웠던 점, 궁금한 점,
칭찬하고 싶은 점, 개선할 점, 어떤 것이라도 좋습니다.
에듀윌은 여러분께서 나누어 주신 의견을
통해 끊임없이 발전하고 있습니다.

에듀윌 도서몰 book.eduwill.net
- 부가학습자료 및 정오표: 에듀윌 도서몰 → 도서자료실
- 교재 문의: 에듀윌 도서몰 → 문의하기 → 교재(내용, 출간) / 주문 및 배송

해설편

에듀윌 계리직공무원 단원별 기출&예상 문제집
보험일반

고객의 꿈, 직원의 꿈, 지역사회의 꿈을 실현한다

펴낸곳 (주)에듀윌　**펴낸이** 양형남　**출판총괄** 오용철　**에듀윌 대표번호** 1600-6700
주소 서울시 구로구 디지털로 34길 55 코오롱싸이언스밸리 2차 3층　**등록번호** 제25100-2002-000052호
협의 없는 무단 복제는 법으로 금지되어 있습니다.

에듀윌 도서몰
book.eduwill.net
- 부가학습자료 및 정오표: 에듀윌 도서몰 > 도서자료실
- 교재 문의: 에듀윌 도서몰 > 문의하기 > 교재(내용, 출간) / 주문 및 배송

에듀윌 직영학원에서 합격을 수강하세요

언제나 전문 학습 매니저와 상담이 가능한 안내데스크

고품질 영상 및 음향 장비를 갖춘 최고의 강의실

재충전을 위한 카페 분위기의 아늑한 휴게실

에듀윌의 상징 노란색의 환한 학원 입구

에듀윌 직영학원 대표전화

공인중개사 학원 02)815-0600	공무원 학원 02)6328-0600	편입 학원 02)6419-0600
주택관리사 학원 02)815-3388	소방 학원 02)6337-0600	세무사·회계사 학원 02)6010-0600
전기기사 학원 02)6268-1400	부동산아카데미 02)6736-0600	

공무원학원 바로가기

꿈을 현실로 만드는 에듀윌

DREAM

공무원 교육
- 선호도 1위, 신뢰도 1위! 브랜드만족도 1위!
- 합격자 수 2,100% 폭등시킨 독한 커리큘럼

자격증 교육
- 8년간 아무도 깨지 못한 기록 합격자 수 1위
- 가장 많은 합격자를 배출한 최고의 합격 시스템

직영학원
- 직영학원 수 1위
- 표준화된 커리큘럼과 호텔급 시설 자랑하는 전국 21개 학원

종합출판
- 온라인서점 베스트셀러 1위!
- 출제위원급 전문 교수진이 직접 집필한 합격 교재

어학 교육
- 토익 베스트셀러 1위
- 토익 동영상 강의 무료 제공
- 업계 최초 '토익 공식' 추천 AI 앱 서비스

콘텐츠 제휴·B2B 교육
- 고객 맞춤형 위탁 교육 서비스 제공
- 기업, 기관, 대학 등 각 단체에 최적화된 고객 맞춤형 교육 및 제휴 서비스

부동산 아카데미
- 부동산 실무 교육 1위!
- 상위 1% 고소득 창업/취업 비법
- 부동산 실전 재테크 성공 비법

학점은행제
- 99%의 과목이수율
- 16년 연속 교육부 평가 인정 기관 선정

대학 편입
- 편입 교육 1위!
- 업계 유일 500% 환급 상품 서비스

국비무료 교육
- '5년우수훈련기관' 선정
- K-디지털, 산대특 등 특화 훈련과정
- 원격국비교육원 오픈

에듀윌 교육서비스 **공무원 교육** 9급공무원/7급공무원/경찰공무원/소방공무원/계리직공무원/기술직공무원/군무원 **자격증 교육** 공인중개사/주택관리사/감정평가사/노무사/전기기사/경비지도사/검정고시/소방설비기사/소방시설관리사/사회복지사1급/건축기사/토목기사/직업상담사/전기기능사/산업안전기사/위험물산업기사/위험물기능사/유통관리사/물류관리사/행정사/한국사능력검정/한경TESAT/매경TEST/KBS한국어능력시험/실용글쓰기/IT자격증/국제무역사/무역영어 **어학 교육** 토익 교재/토익 동영상 강의/인공지능 토익 앱 **세무/회계** 회계사/세무사/전산세무회계/ERP정보관리사/재경관리사 **대학 편입** 편입 교재/편입 영어·수학/경찰대/의치대/편입 컨설팅·면접 **직영학원** 공무원학원/소방학원/공인중개사 학원/주택관리사 학원/전기기사학원/세무사·회계사 학원/편입학원 **종합출판** 공무원·자격증 수험교재 및 단행본 **학점은행제** 교육부 평가인정기관 원격평생교육원(사회복지사2급/경영학/CPA)/교육부 평가인정기관 원격 사회교육원(사회복지사2급/심리학) **콘텐츠 제휴·B2B 교육** 교육 콘텐츠 제휴/기업 맞춤 자격증 교육/대학 취업역량 강화 교육 **부동산 아카데미** 부동산 창업CEO/부동산 경매 마스터/부동산 컨설팅 **국비무료 교육 (국비교육원)** 전기기능사/전기(산업)기사/소방설비(산업)기사/IT(빅데이터/자바프로그램/파이썬)/게임그래픽/3D프린터/실내건축디자인/웹퍼블리셔/그래픽디자인/영상편집(유튜브)디자인/온라인 쇼핑몰광고 및 제작(쿠팡, 스마트스토어)/전산세무회계/컴퓨터활용능력/ITQ/GTQ/직업상담사

교육문의 **1600-6700** www.eduwill.net

•2022 소비자가 선택한 최고의 브랜드 공무원·자격증 교육 1위 (조선일보) •2023 대한민국 브랜드만족도 공무원·자격증·취업·학원·편입·부동산 실무 교육 1위 (한경비즈니스) •2017/2022 에듀윌 공무원 과정 최종 환급자 수 기준 •2023년 성인 자격증, 공무원 직영학원 기준 •YES24 공인중개사 부문, 2024 공인중개사 오시훈 합격서 부동산공법 이론+체계도 (2024년 2월 월별 베스트) 그 외 다수 교보문고 취업/수험서 부문, 2020 에듀윌 농협은행 6급 NCS 직무능력평가+실전모의고사 4회 (2020년 1월 27일~2월 5일, 인터넷 주간 베스트) 그 외 다수 YES24 컴퓨터활용능력 부문, 2024 컴퓨터활용능력 1급 필기 초단기끝장(2023년 10월 3~4주 주별 베스트) 그 외 다수 인터파크 자격서/수험서 부문, 에듀윌 한국사능력검정시험 2주끝장 심화 (1, 2, 3급) (2020년 6~8월 월간 베스트) 그 외 다수 •YES24 국어 외국어사전 영어 토익/TOEIC 기출문제/모의고사 분야 베스트셀러 1위 (에듀윌 토익 READING RC 4주끝장 리딩 종합서, 2022년 9월 4주 주별 베스트) •에듀윌 토익 교재 입문~실전 인강 무료 제공 (2022년 최신 강좌 기준/109강) •2023년 종강반 중 모든 평가항목 정상 참여자 기준, 99% (평생교육원, 사회교육원 기준) •2008년~2023년까지 약 220만 누적수강학점으로 과목 운영 (평생교육원 기준) •A사, B사 최대 200% 환급 서비스 (2022년 6월 기준) •에듀윌 국비교육원 구로센터 고용노동부 지정 "5년우수훈련기관" 선정 (2023~2027) •KRI 한국기록원 2016, 2017, 2019년 공인중개사 최다 합격자 배출 공식 인증 (2024년 현재까지 업계 최고 기록)